依法行政从入门到精通

政府信息依申请公开实操指南
（第二版）

主　编　吴婷婷
副主编　李豆豆

中国财经出版传媒集团
中国财政经济出版社
·北京·

图书在版编目（CIP）数据

政府信息依申请公开实操指南 / 吴婷婷主编.—
2版.——北京：中国财政经济出版社，2025.6.
（依法行政从入门到精通）.——ISBN 978-7-5223-3694-7

Ⅰ.D630.1-62

中国国家版本馆CIP数据核字第20254LM516号

责任编辑：赵天天	责任校对：胡永立
封面设计：陈宇琰	责任印制：史大鹏

政府信息依申请公开实操指南（第二版）

ZHENGFU XINXI YI SHENQING GONGKAI SHICAO ZHINAN（DI ER BAN）

中国财政经济出版社 出版

URL：http://www.cfeph.cn

E-mail：cfeph@cfeph.cn

（版权所有　翻印必究）

社址：北京市海淀区阜成路甲28号　邮政编码：100142

营销中心电话：010-88191522

天猫网店：中国财政经济出版社旗舰店

网址：https://zgczjjcbs.tmall.com

涿州汇美亿浓印刷有限公司印刷　各地新华书店经销

成品尺寸：170mm×240mm　16开　16印张　260 000字

2025年6月第2版　2025年6月河北第1次印刷

定价：65.00元

ISBN 978-7-5223-3694-7

（图书出现印装问题，本社负责调换，电话：010-88190548）

本社质量投诉电话：010-88190744

打击盗版举报热线：010-88191661　QQ：2242791300

编写委员会

主　　　编：吴婷婷
副　主　编：李豆豆
编委会成员：罗赢政　李程浩　乔　旭

序 言

2008年5月1日,《中华人民共和国政府信息公开条例》(国务院令第492号,以下称原条例)正式施行。原条例的出台,一方面尊重并保护了公众的知情权,打破了公众与政府"信息不对称"的状态;另一方面也进一步提高了政府工作的透明度,在相当程度上推进了法治政府建设。而更为现实的问题是,在步入政府信息公开"有法可依"的时代后,各行政机关的压力与挑战也随之而来。2019年4月3日,国务院发布第711号令,公布了修订后的新条例,新条例对原条例进行了较大幅度的调整,对行政机关也提出了更高的要求。

嘉观自2010年开始接触政府信息公开工作,2020年出版第一版《政府信息依申请公开实操指南》时,刚好是第十个年头。十年间,我们代理了800余件政府信息公开复议、诉讼案件,为行政机关出具了近8000份法律文书。我们从最初的摸着石头过河,到逐渐总结出一套行之有效的政府信息公开答复类型判断方法,并实现了业务服务的"0投诉"。这十年,收获的成绩与客户的认可自然值得喜悦,但我们同时也发现,与行政许可、行政处罚等领域相比,行政机关对政府信息公开领域较为陌生,加之立法较晚,市面上并没有具有业务指导作用的实操工具书,导致因错误地拒绝受理政府信息公开申请、未尽到信息的查找检索义务、答复类型判断有误、未做好证据留存工作等而败诉案件时有发生。

正是基于这样的客观情况,"写一本看了就能用的实操指南"的想法便诞生了。本书从动笔到付梓出版,历时近2年。为了使本书内容更具有普适性,在实操指导方面,除条例外,我们还参考了部分地方性法规;在案例选择方面,除我们代理过的典型案例外,我们还查阅了大量其他省市的司法实践案例。同时,在撰写过程中,随着新条例的出台、北京市等地方性法规的立改废,本书的内容也在不断地调整与完善。

2025 年，距第一版《政府信息依申请公开实操指南》出版已是第五个年头，且在市面上已售罄。嘉观为此向所有支持第一版实操指南的读者鞠躬致谢！

这五年，政府信息依申请公开的业务实践中不断出现新问题需要探讨，比如"政府信息公开义务主体的确定""接诉即办信息性质的认定""个人隐私信息的认定"以及"内部信息、过程性信息的认定"等。此外，2023 年修订的《中华人民共和国行政复议法》规定，行政机关答复政府信息"不予公开"的行为应当复议前置。这一规定也导致第一版《政府信息依申请公开实操指南》中的部分政府信息公开文书模板需要调整。因此，嘉观启动了指南的修订工作，结合自己的业务实践经验，在第一版《政府信息依申请公开实操指南》的基础上增加新的案例和优化了部分内容。

政府信息依申请公开业务可谓"常干常新"，嘉观在法律服务实践中亦不断努力升级，不变的初心仍是"写一本看了就能用的实操指南"。受经验、地域等局限，本书仍难免存在一些不足之处，敬请各位读者批评指正。

最后，本书的修订从内容撰写到付梓出版，离不开嘉观每位伙伴的支持与付出，上下同欲者胜且幸，再次感谢嘉观全体伙伴。

目　录

第 1 章　政府信息公开申请的提出与受理 ……………………………（ 1 ）
　1.1　提出政府信息公开申请的方式 ………………………………（ 1 ）
　1.2　受理政府信息公开申请的注意事项 …………………………（ 8 ）

第 2 章　政府信息公开申请的补正和答复的延期 ……………………（ 17 ）
　2.1　政府信息公开申请的补正 ……………………………………（ 17 ）
　2.2　政府信息公开答复的延期 ……………………………………（ 26 ）

第 3 章　政府信息的判定与查找 ………………………………………（ 33 ）
　3.1　不属于政府信息公开处理范围的判定 ………………………（ 33 ）
　3.2　政府信息的查找义务 …………………………………………（ 44 ）

第 4 章　政府信息公开答复类型的判断 ………………………………（ 52 ）
　4.1　申请公开的信息不属于政府信息 ……………………………（ 52 ）
　4.2　申请公开的信息不属于应予公开的范围 ……………………（ 64 ）
　4.3　申请公开的信息不属于本机关公开范围 ……………………（ 89 ）
　4.4　申请公开的信息不存在 ………………………………………（ 93 ）
　4.5　公开申请获取的信息 …………………………………………（ 98 ）
　4.6　申请公开的信息已主动公开 …………………………………（104）

第 5 章　政府信息公开需要征求第三方意见 …………………………（108）
　5.1　具体内容介绍 …………………………………………………（108）
　5.2　实操指导 ………………………………………………………（108）

  5.3　法条链接 …………………………………………………（111）
  5.4　以案说法 …………………………………………………（112）

第6章　政府信息公开的答复和送达 ……………………………（118）
  6.1　政府信息公开的答复 ……………………………………（118）
  6.2　政府信息公开的送达 ……………………………………（123）

附录 ………………………………………………………………（129）
  政府信息公开业务流程图 ……………………………………（129）
  政府信息公开答复判定流程图 ………………………………（130）
  政府信息公开案件应诉流程图 ………………………………（131）
  政府信息公开文书模板 ………………………………………（134）
  政府信息公开相关法律、法规、指导文件汇编 ……………（159）

案例问题索引

1. 案例：能否以信息公开申请表未填写详细信息为由拒绝答复？ ……（4）
2. 案例：申请表填写的受理机关并非本机关应如何处理？ …………（5）
3. 案例：信息公开申请邮寄给行政首长的，应如何处理？ …………（6）
4. 案例：申请人以邮寄方式申请信息公开，应如何认定收到申请的时间？ ……………………………………………（11）
5. 案例：登记回执中的信息填写错误是否影响答复行为的合法性？ ………………………………………………（12）
6. 案例：信息公开主体能否拒绝提供与申请人生产、生活和科研需要无关的信息？ …………………………………（13）
7. 案例：行政机关收到政府信息公开申请后不出具登记回执是否会导致程序违法？ …………………………………（15）
8. 案例：补正告知行为是否可诉？ ………………………………（21）
9. 案例：申请内容里有"相关材料""相关信息"的表述，是否必须补正？ ……………………………………………（23）
10. 案例：在补正时，告知的补正期限未届满即作出答复是否程序违法？ …………………………………………（24）
11. 案例：若地方性法规、规章要求信息公开主体以书面形式告知申请人延期事宜，信息公开主体能否以电话沟通并保存通话录音的形式告知申请人延期？ …………………………………（29）
12. 案例：信息公开主体能否为节约行政成本，在作出信息公开答复书后，再将延期告知书与信息公开答复书一并向申请人送达？ ……（31）
13. 案例：如何认定申请人是以信息公开名义进行信访、投诉、举报活动？ ……………………………………（37）

14. 案例：以程序性事项为由拒绝公开信息，申请人再次申请的，信息公开主体可否以重复申请为由拒绝答复？ ………………（38）
15. 案例：申请公开大量政府信息是否属于需要信息公开主体加工、汇总、分析信息？ …………………………………………（39）
16. 案例：如何认定申请的数量和频次明显超过合理范围？ ………（41）
17. 案例：如何判断申请人是提出政府信息公开申请还是提出咨询事项？ …………………………………………………（42）
18. 案例：信息公开主体如何才算尽到信息查找义务？ ……………（48）
19. 案例：在作出答复后形成的证据能否用于证明答复的合法性？ …（51）
20. 案例：党政联合发文是否属于政府信息？ ………………………（54）
21. 案例：信访信息是否属于政府信息？ ……………………………（59）
22. 案例：国有资产监督管理机构在履职过程中产生的信息，是否属于政府信息？ …………………………………………（62）
23. 案例："接诉即办"产生的信息是否属于政府信息？ ……………（63）
24. 案例：信息公开主体以信息被依法确定为国家秘密为由不予公开时，应进行哪些应诉准备？ ……………………………（67）
25. 案例：如何判断政府信息是否涉及商业秘密？ …………………（71）
26. 案例：哪些信息可能被认定为个人隐私信息？ …………………（75）
27. 案例：常见的个人隐私信息有哪些？ ……………………………（76）
28. 案例：内部工作汇报的信息是否应当公开？ ……………………（81）
29. 案例：行政机关不对外发布的文件即属于内部管理信息吗？ …（82）
30. 案例：《会议纪要》是否属于内部信息？ ………………………（84）
31. 案例：哪些信息属于过程性信息？ ………………………………（85）
32. 案例：无法确认信息性质时能否笼统适用条例第十六条不予公开？ …………………………………………………（86）
33. 案例：行政执法案卷类型都有哪些？ ……………………………（87）
34. 案例：不属于本机关公开范围又无法确定由哪个主体负责公开的，应如何处理？ ……………………………………（91）
35. 案例：申请公开的信息属于政府信息但本机关不存在该信息，亦不属于本机关公开范围的，如何选择答复类型？ ………（94）
36. 案例：信息客观不存在，性质上又不属于政府信息的，

如何选择答复类型？ ………………………………………（96）
37. 案例：仅在告知书中告知申请人其所需信息的内容，是否属于已履行信息公开义务？ …………………………………………（100）
38. 案例：申请人同时选择多种获取信息的方式，是否必须都满足？ …（101）
39. 案例：如何确定信息公开义务主体？ ………………………（102）
40. 案例：对于主动公开的信息，信息公开主体是否仍有依申请提供信息的义务？ ……………………………………………（105）
41. 案例：是否任何涉及第三方的信息都要征求意见？ ………（112）
42. 案例：第三方人数众多时应如何征求意见？ ………………（115）
43. 案例：如何判断第三人不同意公开的理由是否合理？ ……（116）
44. 案例：信息公开答复是否必须采用书面形式？ ……………（120）
45. 案例：政府信息公开答复书能否不告知起诉期限？ ………（122）
46. 案例：申请人要求当面领取却迟迟不来领取时，应如何处理？ …（126）
47. 案例：邮寄信息公开答复时，可以邮寄到付方式送达吗？ ………（127）

第1章　政府信息公开申请的提出与受理

1.1　提出政府信息公开申请的方式

1.1.1　具体内容介绍

2008年5月1日,《中华人民共和国政府信息公开条例》(中华人民共和国国务院令第492号,以下称原条例)正式施行。2019年4月3日,国务院发布第711号令,对原条例进行了修订,修订后的条例自2019年5月15日起正式施行。此次修改也是原条例在施行11年后的首次修改。本书的"具体内容介绍"及"实操指导"均以修订后的《中华人民共和国政府信息公开条例》(中华人民共和国国务院令第711号,以下简称条例)为依据;在"以案说法"部分,由于原条例适用期间仍有较为典型的案例能有效指导实务工作,且援引的法条内容与条例内容不冲突,故选取了部分适用原条例审理的典型案例进行分析。

条例规定,公民、法人或其他组织可通过当面、邮寄、互联网等多种方式向政府信息公开义务主体(以下简称信息公开主体)申请公开政府信息。但实践中,有的信息公开主体因对信息公开申请方式缺乏全面认识,对是否应当受理申请存在诸多犹疑,导致未能及时受理或者盲目拒收,进而因不履职涉诉甚至败诉。本节内容主要通过对政府信息公开申请方式展开讲解,指导信息公开主体正确理解和应对政府信息公开申请。

1.1.2　实操指导

(1)政府信息公开申请方式。政府信息公开申请方式包括:当面提交书面申请；邮寄书面申请；互联网方式申请；口头提出申请，受理机关代为填写；传真提出书面申请。

（2）政府信息公开申请表应具备的内容。政府信息公开申请表应具备以下内容：

①申请人的姓名（自然人）或者名称（法人或其他组织）、身份证明、联系方式；

②申请人有代理人的，填写代理人姓名、证件名称和号码、电话和通信地址等有效联系方式；

③申请公开的政府信息的名称、文号或者便于行政机关查询的其他特征性描述；

④申请公开的政府信息的形式要求，包括获取信息的方式、途径；

⑤受理机关的名称。

（3）收到申请后的注意事项。收到申请后的注意事项包括：

①确定收到申请的时间，见表1-1。

表1-1　　　　　　　　收到申请日期判断表

申请方式	收到申请的日期	注意事项
当面申请	提交申请之日	要确保申请表记载的申请日期与实际收到日期一致，不一致的应要求申请人更正
邮寄申请	收件部门①签收邮件之日	并非承办部门收到之日 签收时应准确清晰写明实际签收日期，避免因实际签收日期与邮戳日期不一致而无法确认收到申请日期
互联网渠道	双方共同确认的时间	互联网渠道包括电子邮件申请和官方网页申请 已对外公布网络接收信息公开申请渠道的主体，建议应每日查看申请情况
传真或其他渠道	双方共同确认的时间	收到申请后需及时与申请人联系确认收件时间

注意："收到申请的日期"与"答复期限开始计算的第1日"并非同一时

---

① 此处的"收件部门"是指受理机关的第一个接收到信息公开申请信件的部门，如收发室、传达室、门卫等统一负责信件收发工作的部门。此外，实践工作中有时会因寄件人填写的收件人信息有误，或邮递员工作失误等原因导致信息公开申请的信件未直接由信息公开业务承办部门签收，而是由其他业务科室首先从邮递员处签收，此时该业务科室亦属于"收件部门"。

间。收到申请日后的第 1 个工作日为答复期限开始计算的第 1 日。①

②妥善保存收到申请日期的记录：申请人当面申请的，要确保申请表填写日期与实际收到日期一致，不一致的，应要求申请人作出相应修改；通过邮寄申请的，收发室或其他实际收到邮件的科室应在邮寄快递单回执上明确填写实际签收日期，并妥善保存快递单、信封等来信凭证；通过互联网、传真等方式申请的，应注意保存与申请人确认收到申请时间的通话录音，同时应注意保存申请截图或传真记录。其中，申请截图应包含接收时间、发件信箱及申请内容等。

③可要求申请人提供相应的身份证明：申请人仅提交申请表，未提交身份证明的，信息公开主体可根据条例第二十九条第二款第（一）项的规定，要求申请人提供身份证明信息，但不建议仅以申请人未提供身份证明为由拒绝受理。

④审查代理人的权限：申请人有代理人的，应确认代理人是否提供相关授权文件。申请人为法人或其他组织的应在申请表上加盖公章，提供其合法存续的证明文件，如营业执照、统一社会信用代码证书等。

⑤审查地方性法规对申请材料是否有特殊规定。

1.1.3　法条链接

《中华人民共和国政府信息公开条例》（中华人民共和国国务院令第 711 号）

第二十九条　公民、法人或者其他组织申请获取政府信息的，应当向行政机关的政府信息公开工作机构提出，并采用包括信件、数据电文在内的书面形式；采用书面形式确有困难的，申请人可以口头提出，由受理该申请的政府信息公开工作机构代为填写政府信息公开申请。

政府信息公开申请应当包括下列内容：

（一）申请人的姓名或者名称、身份证明、联系方式；

（二）申请公开的政府信息的名称、文号或者便于行政机关查询的其他特征性描述；

---

① 《国务院办公厅政府信息与政务公开办公室关于政府信息公开期限有关问题的解释》（国办公开办函〔2015〕207 号）一、关于"收到信息公开申请"的时点确定问题信息公开处理期限，自收到申请之日的次日起计算。

（三）申请公开的政府信息的形式要求，包括获取信息的方式、途径。

第三十一条　行政机关收到政府信息公开申请的时间，按照下列规定确定：

（一）申请人当面提交政府信息公开申请的，以提交之日为收到申请之日；

（二）申请人以邮寄方式提交政府信息公开申请的，以行政机关签收之日为收到申请之日；以平常信函等无须签收的邮寄方式提交政府信息公开申请的，政府信息公开工作机构应当于收到申请的当日与申请人确认，确认之日为收到申请之日；

（三）申请人通过互联网渠道或者政府信息公开工作机构的传真提交政府信息公开申请的，以双方确认之日为收到申请之日。

1.1.4　以案说法

（1）案例：能否以信息公开申请表未填写详细信息为由拒绝答复？

【结论】

如申请人未填写的信息不影响答复的作出，则不能拒绝答复。

【案情简介】

2015年12月，朱某通过中国邮政EMS向某市政府寄送政府信息公开申请。该市政府收到申请后，电话通知朱某在法定期限内补充其身份证复印件、通信信息、公开信息的形式要求，同时告知其无正当理由拒绝补充材料的，视为放弃申请。朱某未按该市政府的要求补充信息。朱某认为该市政府收到信息公开申请后未在法定期限内予以答复，故请求法院确认该市政府不履行信息公开法定职责的行为违法，判令其依法公开信息并承担本案诉讼费。

【裁判理由】

法院认为，根据原条例第二十条第二款的规定，政府信息公开申请应当包括申请人的姓名或者名称、联系方式以及申请公开的政府信息的形式要求。原条例作出这种要求，是为了确保信息公开主体能够更准确、更迅速、更符合申请人需求地提供政府信息。对于这种本质上有利于申请人的要求，申请人应当遵循。在上述内容欠缺的情况下，信息公开主体告知申请人作出补充，应属必要。故本案中，朱某未按照该市政府的告知提供补充材料，导致该市政府作出答复的前提不能成就，朱某起诉的时机并不成熟。法院裁定驳回了朱某的起诉。

【律师点评】

本案直接体现的是申请人提交政府信息公开申请应符合法定条件，若因提交的申请不符合法定条件导致该市政府未能处理申请的，政府信息公开申请的不利后果由申请人自行承担。

但是本书选取这个案例，意在从另一个角度提醒信息公开主体，申请人未完整填写政府信息公开申请表的，信息公开主体不能武断地拒绝处理该申请，而是应注意未填写的信息是否影响信息公开主体作出答复。

条例修订后，进一步完善了政府信息公开申请应当包括的内容，要求申请人提出政府信息公开申请时应提供身份证明。因此，信息公开主体有权在受理信息公开申请时要求申请人补充提供身份证明，但不建议仅以申请人未提供身份证明为由拒绝受理进而不予答复，只有当申请人未提供的信息导致答复前提无法成就时，信息公开主体才可不予答复。

【应对方式】

申请人提交的信息公开申请表未能明确所需政府信息的，应在收到申请后及时要求申请人补充、更正所需政府信息的内容。申请人拒绝补充、更正的处理方式，详见本书第2章"2.1 政府信息公开申请的补正"部分的内容。

申请人提交的信息公开申请表未填写身份证信息、获取信息的方式以及提供信息的形式要求，经沟通仍拒绝明确该内容的，信息公开主体应判断前述信息的缺失是否影响作出答复：不影响作出答复的，建议仍应继续作出答复；影响作出答复的，信息公开主体未能作出答复的不利后果由申请人自行承担。

（2）案例：申请表填写的受理机关并非本机关应如何处理？

【结论】

申请表填写的受理机关并非本机关，应主动联系申请人确认申请对象，不要贸然作出答复。

【案情简介】

吴某以邮寄的方式提出政府信息公开申请。申请表显示：受理机关名称为"某区房屋征收办"，申请公开的事项为"某文件包括但不限于申报立项时间，审批决策会议内容等信息"。吴某邮寄的地址为"某区某街道某号"。由于该区房屋征收办与该区房管局均在该地点办公，故签收人为该区房管局。该区房管局作出被诉《告知书》，告知吴某其申请的内容非本机关公开范围。吴某不服，以该区房管局不履行信息公开义务为由提起诉讼。

【裁判理由】

法院认为，原条例第十一条规定，设区的市级人民政府、县级人民政府及其部门重点公开的政府信息包括征收或者征用土地、房屋拆迁及其补偿、补助费用的发放、使用情况。据此，各区、县人民政府及其部门具有公开征收或征用土地等相关政府信息的法定职责。本案中，吴某填写的政府信息公开申请表及EMS邮政单均显示，吴某提出申请的机关为某区房屋征收办，所申请公开的政府信息内容也均为有关土地征收、补偿的相关信息。因此，应由该区房屋征收办履行答复职责。该区房管局作为房屋行政主管机关，并无公开上述信息的法定职权。但由于该区房屋征收办与该区房管局办公地点一致，其机构设置的特殊性导致本案答复主体错误，故法院判决，确认该区房管局作出的《告知书》违法。

【律师点评】

如果不同信息公开主体的办公地点相同，在接收申请时，信息公开主体应特别注意审查申请表显示的受理机关名称、邮件封皮上的收件人名称等信息。尤其是当信息公开主体属于"一个机构，两块牌子"的情况时，更应注意"两块牌子"所对应的职责范围，避免因办公地点、机构设置的特殊性，导致答复主体错误。

【应对方式】

申请人寄送政府信息公开申请的机关与申请表显示的受理机关不一致的，应先同申请人进行沟通，明确其欲向哪个机关提出信息公开申请，并做好电话录音和工作记录。

申请人确认邮寄错误的，应告知申请人向受理机关提交信息公开申请。申请人拒绝重新申请的，可不予答复，由此带来的信息公开申请答复被耽误等不利后果，应当由申请人承担。

（3）案例：信息公开申请邮寄给行政首长的，应如何处理？

【结论】

信封上能明确辨识来信是申请信息公开的，不应按个人信件处理。

【案情简介】

2015年12月1日，张某通过中国邮政EMS向某省省长邮寄政府信息公开申请书，快递单品名一栏为空白。该省政府的收发部门于2015年12月2日签收该快递。该省政府收到来信后，将信件按信访程序转到信访局处理。2016年1月4日，该省信访局发现该信件是信息公开申请，遂将该信件转到该省政府信息公开办公室处理。2016年1月18日，该省政府作出政府信息公开答复书并向张某送达。张某不服，以该省政府超期答复、程序违法为由提起诉讼。

【裁判理由】

法院认为，根据原条例第四条的规定，各级人民政府及县级以上人民政府部门均应当指定专门的政府信息公开工作机构，负责具体承办本行政机关的政府信息公开事宜，公民、法人或者其他组织申请政府信息公开，也应当向政府信息公开工作机构提出，向其他机构甚至向行政机关法定代表人个人提出，都不符合法律规定，由此带来的耽误、丢失等不利后果，应当由申请人承担。行政机关答复政府信息公开申请的期限，也应当从申请书到达政府信息公开工作机构之日起计算。

张某通过邮寄的方式申请信息公开，将收件人写为某省省长，内件品名一栏为空白，且未在快递详情单上注明"政府信息公开"字样，致使该信件被作为省长的个人信件并按信访处理，其责任就不能归咎于行政机关。该省信访局发现来信属于政府信息公开申请，为及时保障张某知情权并减轻其负担，于2016年1月4日转由该省政府信息公开办公室处理，该省政府信息公开办公室将2016年1月4日确定为收到之日，并无不当。张某关于该省政府超期答复的主张法院不予支持，判决驳回了张某的诉讼请求。

【律师点评】

信息公开申请邮寄给行政首长的，处理方式以信封或申请内容能否辨识该信件是政府信息公开申请而有所不同：不能辨识是政府信息公开申请的，因此耽误的期限由申请人承担；能够辨识的，收到政府信息公开申请的日期为邮件签收之日。

【应对方式】

来信收件人是行政机关首长，但邮件封皮能辨析是政府信息公开申请的，收件部门应直接将信件转交政府信息公开工作机构。

来信收件人是行政机关首长，但邮件封皮不能辨析是政府信息公开申请的，收件部门打开信件才发现是政府信息公开申请的，应及时转交政府信息公开机构。政府信息公开机构应及时联系申请人，告知其信息公开申请日期自政府信息公开机构收到之日起算。

此外，建议在信息公开指南中注明通过信函方式提交申请的要求，如可要求收信人名称注明"某局信息公开办公室"（应为具体负责信息公开工作的科室），信封空白处注明"政府信息公开申请"字样等。

1.2 受理政府信息公开申请的注意事项

1.2.1 具体内容介绍

现有法律法规并未规定信息公开申请的"受理条件"，亦未赋予信息公开主体"不予受理"的权力。因此，信息公开主体对于收到的信息公开申请均应受理并答复。条例第四十五条规定，行政机关应当建立健全政府信息公开申请登记、审核、办理、答复、归档的工作制度，加强工作规范。目前上海、广东、江苏、浙江、安徽、贵州、江西、陕西、宁夏、山东、辽宁等地区均已通过地方法规、规章或规范性文件等方式对信息公开主体制作受理告知文书进行了规定。而实践中，不少信息公开主体在出具受理告知文书时，会因文书内容、程序、送达或保存等瑕疵导致涉诉甚至败诉。

本节内容以作为受理告知文书之一的登记回执为例，通过讲解何时出具登记回执、如何填写登记回执的内容、如何明确收到申请的时间、如何送达登记回执等内容，指导信息公开主体出具受理告知文书的相关工作。

1.2.2 实操指导

（1）登记回执的内容。登记回执一般应载明文书编号、申请人姓名或名称、收到申请的日期、申请内容、答复期限、受理机关名称、登记回执制作时间等内容，并且应加盖信息公开主体的公章或信息公开专用章。登记回执应一式两份，两份之间加盖骑缝章，一份作为信息公开主体留存联，一份送达申请人。

（2）登记回执中的"收到申请的时间"。登记回执中的"收到申请的时间"详见本书第 1 章 1.1.2 小节中"收到申请后的注意事项"部分的内容。

（3）登记回执中的"申请内容"。建议原文复制申请人的表述，避免未与申请人确认，擅自对申请人表述的内容进行概括和修改。如申请人表述的内容过多，可在登记回执中写明"具体申请内容详见政府信息公开申请表"或"具体申请内容详见附件"。

（4）登记回执中的"答复期限"。条例将政府信息公开申请的答复期限由原条例的 15 个工作日修改为 20 个工作日，即信息公开主体应在收到申请之日起 20 个工作日内作出答复。因此，信息公开主体收到申请之日的下 1 个工作日即为答复期限开始计算的第 1 日，而第 20 个工作日即为登记回执中填写的"答复期限"届满日。

例如：2023 年 1 月 3 日收到信息公开申请，则 2023 年 1 月 4 日为信息公开答复期限 20 个工作日的第 1 日。以此计算 20 个工作日，则 2023 年 2 月 3 日为第 20 个工作日，需在 2023 年 2 月 3 日之前作出答复并向申请人送达。

（5）登记回执的制作时间。建议信息公开主体在收到申请当日，制作登记回执并向申请人送达。因客观原因无法当日制作登记回执的，建议信息公开主体最迟在收到申请之日起 5 个工作日内，制作登记回执并向申请人送达。

（6）登记回执的送达。登记回执送达时应注意以下事项：

①送达时间：登记回执一般应于制作的当日送达。因客观原因无法于制作当日送达的，可于下个工作日送达。

②送达方式：建议根据申请人在政府信息公开申请表中填写的"获取信息的方式"来决定登记回执的送达方式。

当面送达的，应要求申请人在信息公开主体留存联上签字，并填写送达当日的日期。申请人要求当面送达，但信息公开答复期限届满前仍未领取的，信息公开主体应在答复期限届满前主动采用邮寄方式将登记回执寄出。

邮寄送达的，应当使用挂号信、EMS 等中国邮政邮寄方式，不建议使用民营快递，并且不得选择"到付"的方式邮寄。此外，还应在邮寄的信件封皮或快递单上明确填写收件人信息、收件地址、寄出日期、邮寄材料名称等信息；如是通过网上输入邮寄信息的方式邮寄快递的，需在快递凭证上标注收件人、邮寄材料等信息，同时妥善保存快递单、挂号信收据等邮寄凭证。

1.2.3 法条链接

《中华人民共和国政府信息公开条例》（中华人民共和国国务院令第711号）

第三十一条　行政机关收到政府信息公开申请的时间，按照下列规定确定：

（一）申请人当面提交政府信息公开申请的，以提交之日为收到申请之日；

（二）申请人以邮寄方式提交政府信息公开申请的，以行政机关签收之日为收到申请之日；以平常信函等无须签收的邮寄方式提交政府信息公开申请的，政府信息公开工作机构应当于收到申请的当日与申请人确认，确认之日为收到申请之日；

（三）申请人通过互联网渠道或者政府信息公开工作机构的传真提交政府信息公开申请的，以双方确认之日为收到申请之日。

第三十三条　行政机关收到政府信息公开申请，能够当场答复的，应当场予以答复。

行政机关不能当场答复的，应当自收到申请之日起20个工作日内予以答复；需要延长答复期限的，应当经政府信息公开工作机构负责人同意并告知申请人，延长的期限最长不得超过20个工作日。

行政机关征求第三方和其他机关意见所需时间不计算在前款规定的期限内。

第四十五条　行政机关应当建立健全政府信息公开申请登记、审核、办理、答复、归档的工作制度，加强工作规范。

《国务院办公厅政府信息与政务公开办公室关于政府信息公开期限有关问题的解释》（国办公开办函〔2015〕207号）

信息公开处理期限，自收到申请之日的次日起计算。

《国务院办公厅政府信息与政务公开办公室关于政府信息公开处理决定送达问题的解释》（国办公开办函〔2016〕235号）

一、行政机关作出的信息公开处理决定，是正式的国家公文，应当以权威、规范的方式依法送达申请人。参照有关法律规定，送达方式包括直接送达、委托其他行政机关代为送达和邮寄送达。

二、采取邮寄送达方式送达的，根据《中华人民共和国邮政法》第五十五条规定，以及我国国家公文邮寄送达实际做法，应当通过邮政企业送达，不得通过不具有国家公文寄递资格的其他快递企业送达。

三、采取邮寄送达方式送达的，行政机关可以依照《政府信息公开条例》及有关规定收取邮寄成本费用，但不得以要求申请人向邮政企业支付邮寄费的方式收取。

1.2.4 以案说法

（1）案例：申请人以邮寄方式申请信息公开，应如何认定收到申请的时间？

【结论】

无论是信息公开主体的门卫还是其他业务科室，只要签收了申请人的邮件，一般均视为信息公开主体于签收日收到了信息公开申请。

【案情简介】

2017年5月22日，某区公安局的门卫签收了伍某以中国邮政EMS特快专递形式寄送的信息公开申请，但未转交给该区公安局的信息公开业务部门。2017年6月26日，该区公安局的信息公开业务部门发现了该申请，并向伍某出具登记回执。2017年7月12日，该区公安局作出信息公开答复书并向伍某送达。伍某认为，该区公安局作出的答复书已超过法定期限，故请求法院确认该区公安局作出的信息公开答复书违法。

【裁判理由】

法院认为，根据原条例第二十四条第一款、第二款的规定，行政机关收到政府信息公开申请，能够当场答复的，应当当场予以答复；行政机关不能当场答复的，应当自收到申请之日起15个工作日内予以答复；如需延长答复期限的，应当经政府信息公开工作机构负责人同意，并告知申请人，延长答复的期限最长不得超过15个工作日。无论是信息公开主体的信件收发部门还是门卫，只要签收了申请人的邮件，一般均视为信息公开主体收到了申请书，因此应认定该区公安局于2017年5月22日即收到了伍某的申请。但该区公安局于2017年7月12日才作出被诉答复，明显超过法定期限，属于怠于履行法定职责。至于门卫未及时将申请材料转送信息公开经办部门办理一事，属于信息公开主体内部转送材料的问题，不能成为信息公开主体对外逾期答复的合法理由。因此，法院最终判决，确认该区公安局逾期作出的信息公开答复书违法。

【律师点评】

虽然条例第二十九条规定，申请人应当向行政机关的信息公开工作机构提出申请，信息公开主体也可在指南中要求申请人将具体办理信息公开工作的部门注明为收件人，但此规定是为了区分信息公开申请与其他诉求，而非规定信息公开主体收到申请的时间。

一般情况下，信息公开主体收到申请的时间应根据条例第三十一条的规定进行判断。因此，信息公开主体收到申请的日期，一般应以最先收到申请材料的部门签收的日期为准，而非信息公开承办科室收到之日。

【应对方式】

完善机关内部的信件收发流程及制度。要求门卫、传达室、收发室等统一代收信件的部门，每日均应及时移交当日接收的信件。

加强各部门间的信件流转协作。各部门收到信件后应及时查看内容，一经发现信息公开申请材料，应于当天将材料转交信息公开承办部门。

(2) 案例：登记回执中的信息填写错误是否影响答复行为的合法性？

【结论】

登记回执中的申请人名称、申请内容登记错误，且依据错误的登记回执作出答复的，该答复行为的合法性存在瑕疵。

【案情简介】

2016年6月17日，宋某向某区公安局申请公开"你公安局2015年9月3日制作的，因本人扰乱公共场所秩序而对本人立案并移送A公安分局的移送案件通知书"。该区公安局当日即向宋某出具登记回执。但因工作人员笔误，登记回执将申请内容中的"A公安分局"错误登记为"B公安分局"。2016年7月1日，该区公安局基于登记回执作出信息公开答复，告知宋某其申请的信息不存在。宋某认为该区公安局所作答复与宋某的实际申请内容无关，故诉至法院，要求撤销并重新答复。

【裁判理由】

法院认为，信息公开主体如未按申请表中填写的信息特征描述出具登记回执，则可能导致作出的登记回执存在错误。信息公开主体按照申请内容错误的登记回执作出的信息公开答复书，属于主要事实不清。故法院判决，撤销该区公安局所作的信息公开答复。

【律师点评】

对于申请内容简洁明了的信息公开申请，信息公开主体在制作登记回执时应仔细核对申请人名称、申请内容等信息，确保记载准确。实际工作中，因申请人与信息公开主体之间存在信息不对称的情况，故双方对同一事实可能产生的政府信息的理解与描述不同。申请人只能根据自己的理解描述所申请的政府信息。因此，信息公开主体应尊重申请人对信息的理解与描述，完整准确登记申请内容；如未准确登记申请内容，或贸然按本机关的理解对申请内容进行总结概括，均可能导致"答非所问"的结果。

【应对方式】

原文复制申请人的表述，避免删改、概括。如申请人表述的内容过多，可在登记回执中写明"具体申请内容详见政府信息公开申请表"或"具体申请内容详见附件"，并将相应材料作为登记回执的附件一并送达申请人。

如需对申请内容进行删减、概括，应取得申请人的认可，并保存相应证明材料，如申请人变更申请内容的书面文件，或与申请人沟通确认的通话录音。

如在答复前发现此前的文书中存在错误，可在答复文书中一并告知更正；如答复后发现向申请人送达的文书中存在笔误，建议及时向申请人出具更正告知文书。

（3）案例：信息公开主体能否拒绝提供与申请人生产、生活和科研需要无关的信息？

【结论】

"生产、生活和科研需要"（以下简称"三需要"）并不构成对申请人资格的限制，不能作为拒绝公开信息的理由。

【案情简介】

刘某向某县政府提出信息公开申请，申请公开的事项之一为"某建设项目涉及的某村所有村民的房屋拆迁补偿费用发放情况的具体明细"。该县政府仅对涉及刘某的补偿费用发放情况明细予以公开，认为其余信息属于个人隐私而拒绝公开。刘某不服，提起诉讼。

一审和二审法院均认为，刘某申请公开其他村民房屋拆迁补偿费用发放情况的具体明细，不属于其生产、生活、科研等需要，并不符合原条例第十三条"对于除行政机关应主动公开的政府信息外，公民、法人或者其他组织应当基于自身生产、生活、科研等特殊需要向有关行政机关申请获取相关政府信息"的规定，刘某的诉讼请求没有法律依据，不予支持。刘某不服，向最高院申请再审。

【裁判理由】

最高院认为，原条例虽然在第十三条提到了"自身生产、生活、科研等特殊需要"，但其意在规定，除了行政机关主动公开信息之外，公民、法人或者其他组织还可以通过申请获取政府信息，"三需要"并非对申请人资格的限制。

根据当时有效的《最高人民法院关于审理政府信息公开行政案件若干问题的规定》（法释〔2011〕17号）第五条第六款的规定，只有当"被告以政府信息与申请人自身生产、生活、科研等特殊需要无关为由不予提供"的情况下，法院才"可以要求原告对特殊需要事由作出说明"。根据该司法解释第十二条第（六）项的规定，只有同时具备以下三个条件的，法院才可以判决驳回原告的诉讼请求：第一，原告不能合理说明申请获取政府信息系根据自身生产、生活、科研等特殊需要；第二，被告据此不予提供；第三，被告已经履行法定告知或者说明理由义务。除此之外，人民法院通常不宜主动审查"三需要"问题，更不能主动以不符合"三需要"为理由判决原告败诉。

此外，对于"三需要"的"合理说明"，并不是一种证明责任，无须要求原告提供相关证明材料。因此，一审和二审法院直接以刘某申请公开的政府信息"不属于其生产、生活、科研等需要"为由判决驳回其诉讼请求，不符合前述司法解释的规定。故最高院最终撤销了一审、二审的判决。

【律师点评】

由于原条例第十三条存在"三需要"的规定，故信息公开主体在受理信息公开申请过程中，围绕"三需要"问题产生了"申请事项是否应当受理""申请内容是否应予公开"等讨论与争议，且各地区信息公开主体对于"三需要"问题认识并不统一，更加剧了类似问题的争论和分歧。条例修订后，删除了"三需要"的表述，表明公民、法人或者其他组织提出政府信息公开申请没有资格和条件的限制，从根本上化解了因"三需要"产生的纠结和争论。

【应对方式】

信息公开主体收到信息公开申请后,可以询问申请人与所申请信息之间的关系。但一般情况下,不建议仅因申请人未作说明,或认为申请人与所申请信息之间无利害关系,而拒绝受理信息公开申请,或拒绝公开政府信息。

(4)案例:行政机关收到政府信息公开申请后不出具登记回执是否会导致程序违法?

【结论】

收到政府信息公开申请未出具登记回执,不必然导致程序违法,需结合各地政府信息公开程序规定及是否侵害申请人的权益进行判断。

【案情简介】

2018年3月6日,张某通过电子邮件的方式向某市交通委提交政府信息公开申请表。2018年3月16日,该市交通委作出《政府信息公开申请答复告知书》。在程序上,该市交通委没有向其出具登记回执。

张某不服涉案答复,提起诉讼。

【裁判理由】

法院认为,根据《中华人民共和国行政诉讼法》第六十三条规定,人民法院审理行政案件,以法律、行政法规和地方性法规为依据,参照规章。《中华人民共和国政府信息公开条例》及相关法律法规没有要求行政机关收到信息公开申请后出具登记回执,地方性规定如《北京市政府信息公开规定》系北京市人民政府(以下简称市政府)制定的关于本市政府信息公开的行政规章,《北京市交通委员会政府信息公开指南(试行)》系市交通委制定的关于本机关政府信息公开的规范性文件,其中均规定了在收到政府信息公开申请后应该出具登记回执,这是市政府和市交通委为提高政府公开工作的透明度和效率而设定的更高工作标准,是对政府信息公开行为的管理性规范。对于市政府的规章,市交通委作为政府职能部门应该予以遵照执行,对于自己的规范性文件,可以理解为市交通委对自身信息公开行为的一种公开承诺,亦应该在具体的信息公开工作中予以遵守。

本案中,该市交通委在通过电子邮件系统接收到张某的申请后,没有按照市政府规章及其自身规范性文件的要求出具登记回执,确有不妥。但是,无论是对行政相对人权益保护,还是对法治政府建设而言,一个不完美的积极履职行为,远胜于一个严格程序运转下的变相拒绝和消极拖延。纵观本案整个答复行为,该市交通委并未因未出具登记回执而拖延答复,没有延长答复期，而是在政府信息公开条例规定的期限内作出答复，没有对张某获取政府信息的实体权利和法定程序权利造成侵犯。因而，就本案而言，不宜认定该市交通委行政行为违反法定程序。但是，市交通委作为市政府部门，是诚信政府建设的重要参与者，应该在今后的政府信息公开工作中严格执行政府规章及其自身规范性文件的相关规定。

【律师点评】

本案的市交通委作出政府信息公开答复的时间是在原条例施行期间，且现行条例未吸收市政府信息公开条例关于出具登记回执的规定。但是，案件中对政府信息公开答复程序合规的判断思路仍有借鉴意义。

本案的焦点在于，在上位法对具体行政行为程序环节没有作出具体规定，下位法细化了程序环节时，行政机关未按下位法规定的程序作出具体行政行为时，该具体行政行为应属程序违法，还是程序瑕疵。

具体到本案中，市交通委作出政府信息公开答复前未出具登记回执，客观上违反了彼时施行有效的市政府信息公开规定关于收到政府信息公开申请后应该出具登记回执的规定。但法官从以下几个角度对案涉政府信息公开答复的程序合法性进行判断：第一，判断市政府关于收到政府信息公开申请应当出具登记回执的规定的性质，即政府信息公开主体是否承诺将出具登记回执；第二，判断未按规定出具登记回执的行为是否客观造成政府信息公开答复程序的拖延；第三，判断未按规定出具登记回执的行为是否客观影响申请人政府信息公开实体权利的实现。

综合以上判断认为未出具登记回执的行为没有造成对申请人获取政府信息的实体权利和法定程序权利的侵犯后，法院未确认市交通委作出政府信息公开答复的行为程序违法。

延伸到其他程序的合规上，我们难以一刀切地认定未出具相应的程序文书一定属于程序违法，或者属于程序瑕疵。我们需要进一步判断，该程序文书的缺失，是否最终导致相对人实体权利和法定程序权利受到侵犯。

【应对方式】

确认本地区或本行业是否对政府信息公开程序作出细化规定，且对政府信息公开程序应出具的文书有具体要求。如有具体的程序文书要求，则应按规定在相应程序出具相应的文书，比如收到政府信息公开申请后出具登记回执等。

如本地区或本行业未对政府信息公开程序作出细化规定，则应确保收到政府信息公开申请后，按照条例规定的程序在法定期限内作出答复。

第 2 章　政府信息公开申请的补正和答复的延期

2.1　政府信息公开申请的补正

2.1.1　具体内容介绍

要求申请人对内容不明确的政府信息公开申请进行补充、更正,这是条例赋予信息公开主体的程序性权力。条例之所以赋予信息公开主体这种程序性权力,是为了使信息公开主体能够准确、有效地查找到申请人希望获取的政府信息,进而及时、准确地作出最终能够直接影响申请人知情权的实体答复意见。但在实践工作中,由于"申请内容不明确"并非一个明确的、能够统一量化标准的概念,且原条例对于补正的规定较为简单,导致很多信息公开主体在处理补正相关问题时模棱两可、无法可依。

本节内容主要结合条例中关于补正的最新规定,对实务中关于补正应如何正确操作进行分析解读,指导信息公开主体合法、准确地作出答复。

2.1.2　实操指导

(1) 作出补正告知的条件。"申请内容不明确"是信息公开主体向申请人作出补正告知的前提条件,但实务中对"申请内容不明确"的情形及判断标准存有较大争议。

主要争议之一是，关于申请公开的政府信息的名称、文号或者便于信息公开主体查询的其他特征性描述是否"明确"一事，并没有可量化的法定标准。因此，信息公开主体在判断申请公开的实体信息内容是否"明确"时，往往具有一定的主观性，导致相应的补正告知行为经常被司法机关认为是"不适宜的补正行为""变相拒绝履行信息公开义务"。

针对这一问题，我们通过对大量司法案例的研究，发现司法机关往往是从语言和逻辑常理两方面，对信息描述是否"明确"进行分析判断。因此，建议信息公开主体亦从这两个方面分析，并向司法机关论述申请人对信息的描述确实无法指向具体信息。此外，建议信息公开主体在作出补正告知前，先通过口头方式与申请人沟通其申请内容的实质含义，以便更为准确地判定是否需要补正，并从根本上解决申请人的诉求，避免申请人反复提出内容相似的信息公开申请，导致行政资源的浪费，甚至是矛盾的激化。

另一项主要争议是，申请人未提供名称、身份证明、联系方式之一，或未说明申请公开的信息的形式要求、获取方式、获取途径的，能否认定为"申请内容不明确"。针对该问题，条例第二十九条第二款第（一）项和第（三）项规定了信息公开申请应当包括的内容，其中有申请人的名称、身份证明、联系方式、信息获取方式和途径等。因此，该类信息的缺失理论上应当属于"申请内容不明确"的情形，信息公开主体可以要求申请人补正。但实践工作中，此类信息的缺失往往不会影响信息公开主体的信息查找、答复等实体工作。故基于便民原则和建设服务型政府的工作要求，建议信息公开主体在要求申请人补正此类信息时，继续正常计算答复期限，并且不为申请人设定补正期限，也不设定逾期补正视为放弃申请的法律后果，同时按照一般的答复期限规定作出答复。

（2）作出补正告知的时间。信息公开主体应自收到申请之日起7个工作日内，一次性告知申请人作出补正。但该规定不意味着超过7个工作日就不能再与申请人进行补正沟通。

超过7个工作日的，信息公开主体亦可以联系申请人进行补正。但此时的"补正行为"并非条例第三十条所规定的补正行为，故此时信息公开主体不能对申请人设定补正期限及逾期后果；且此时无论申请人是否进行补正，信息公开主体都需要继续正常计算答复期限，并按照一般的答复期限规定作出答复。

（3）申请人的补正期限及逾期后果。信息公开主体可综合考虑申请人自身情况、申请内容、当地日常工作速度等各项因素，确定合理的补正期限，并在告知书中载明。同时，应当在告知书中载明申请人未按期补正的后果，即申请人无正当理由逾期未补正的，视为放弃申请，信息公开主体不再处理该申请。

（4）补正对信息公开答复期限的影响。信息公开主体的答复期限自信息公开主体收到申请人的补正材料之日起计算。但信息公开主体未在收到申请之日起7个工作日内一次性告知申请人补正的，则不属于条例第三十条所规定的补正行为。故相应的答复期限亦不适用前款规定，而是仍自信息公开主体收到申请人的原始申请材料之日起，按照一般的答复期限规定连续、正常计算。

（5）要求申请人补正的方式及补正告知内容。信息公开主体应以书面形式告知申请人补正要求，并在告知书中引用法律依据。同时，信息公开主体应在告知书中明确告知申请人需要补充和更正的内容，尽到对补正内容、方向的指导和释明义务。

（6）补正告知书的送达。补正告知书的送达应注意以下事项：

①送达时间：一般应于制作的当日进行送达。因客观原因无法于制作当日送达的，建议于下个工作日完成送达工作。

②送达方式：建议根据申请人在信息公开申请表中填写的"获取信息的方式"来决定补正告知书的送达方式。

当面送达的，应要求申请人在信息公开主体留存联上签字，并填写送达当日的日期。申请人在补正期限届满前仍未当面领取的，信息公开主体应在期限届满前主动采用邮寄方式送达。

邮寄送达的，根据《中华人民共和国邮政法》（中华人民共和国主席令第25号）第五十五条等相关规定，应当使用挂号信、EMS等中国邮政邮寄方式，而不应使用民营快递；除申请人主动要求外，信息公开主体不能主动选择"到付"的方式邮寄信息公开相关文书材料，为申请人增加不必要的负担。此外，信息公开主体还应在邮寄的信件封皮或快递单上明确填写寄件人信息、收件人信息、收件地址、寄出日期、邮寄材料名称，同时及时、妥善保存快递单、挂号信收据、物流签收情况查询记录等邮寄凭证，避免在涉诉时因时间较久而无法查证送达情况。

（7）申请人未反馈补正内容应如何处理。原条例虽然赋予了信息公开主体要求申请人补正的权力，但并未进一步规定申请人有限期补正的义务及逾期补正的法律后果，导致实践中信息公开主体时常"有头无尾"，无限期搁置未获得反馈的信息公开申请，迟迟不能办结。

针对原条例在实务上的此种缺憾，条例则作出了明确规定。在信息公开主体确定并告知申请人的合理补正期限内，如申请人未向信息公开主体反馈补正内容，信息公开主体可直接按照条例第三十条的规定不再处理该申请，而无须另行通知申请人。但信息公开主体在此前需要确认是否满足以下三个条件：第一，信息公开主体应能够说明自身所确定的补正期限具有合理性；第二，信息公开主体已将补正期限以及逾期补正的法律后果书面告知申请人；第三，申请人以互联网、邮寄等形式反馈补正内容的，应将申请人发出或寄出补正内容之日作为补正日期，而不以信息公开主体实际收到补正内容的日期为准。

2.1.3 法条链接

《中华人民共和国政府信息公开条例》（中华人民共和国国务院令第711号）

第二十九条 公民、法人或者其他组织申请获取政府信息的，应当向行政机关的政府信息公开工作机构提出，并采用包括信件、数据电文在内的书面形式；采用书面形式确有困难的，申请人可以口头提出，由受理该申请的政府信息公开工作机构代为填写政府信息公开申请。

政府信息公开申请应当包括下列内容：

（一）申请人的姓名或者名称、身份证明、联系方式；

（二）申请公开的政府信息的名称、文号或者便于行政机关查询的其他特征性描述；

（三）申请公开的政府信息的形式要求，包括获取信息的方式、途径。

第三十条 政府信息公开申请内容不明确的，行政机关应当给予指导和释明，并自收到申请之日起7个工作日内一次性告知申请人作出补正，说明需要补正的事项和合理的补正期限。答复期限自行政机关收到补正的申请之日起计算。申请人无正当理由逾期不补正的，视为放弃申请，行政机关不再处理该政府信息公开申请。

《最高人民法院关于审理政府信息公开行政案件适用法律若干问题的解释》（法释〔2025〕8号）

第十条第二款第（二）项 有下列情形之一的，人民法院裁定不予立案；

已经立案的，裁定驳回起诉：

（二）行政机关作出延长答复期限或者要求申请人补正等程序性告知行为的。

2.1.4 以案说法

（1）案例：补正告知行为是否可诉？

【结论】

未对申请人的政府信息知情权产生直接影响的补正告知行为，属于政府信息公开的过程性工作环节，不具有终局性效果，故不可诉；但能够影响申请人的政府信息知情权的补正告知行为可诉。

【案情简介】

2017年1月3日，郑某向某工信部门提出信息公开申请，申请公开的信息为"工信公开〔2012〕1号至10号等10份信息公开答复告知书与对应的信息公开申请书及答复过程中所产生的其他资料、收到申请书的日期、该申请与答复的全部文档的入档日期"。同时，郑某在信息公开申请表中注明其申请信息用途为民事诉讼需要，并提供了相关民事案件的案号。2017年1月19日，该工信部门作出71号《政府信息公开申请答复告知书》，请郑某逐项提供所申请公开事项与自身生产、生活、科研相关的证明材料。2017年2月3日，该工信部收到郑某提交的补正材料，内容系郑某自己对其申请相应信息的起因和背景情况，以及其所述民事案件与本次申请内容的关联情况的具体解释说明。2017年2月15日，该工信部门再次向郑某作出被诉的《政府信息公开申请补正告知书》，告知因郑某未按71号告知书中的有关要求提供相关的证明材料，故请郑某逐项提供所申请公开事项与其自身生产、生活、科研相关的证明材料后，再予以答复。郑某不服，遂就该《政府信息公开申请补正告知书》提起诉讼。

【裁判理由】

法院认为，根据当时有效的《最高人民法院关于审理政府信息公开行政案件若干问题的规定》（法释〔2011〕17号）第二条第（一）项的规定，公民、法人或者其他组织对因申请内容不明确，信息公开主体要求申请人作出更改、补充且对申请人权利义务不产生实际影响的告知行为提起行政诉讼的，人民法院不予受理。根据前述规定，信息公开主体要求申请人作出更改、补充的告知行为，人民法院并非一概不予受理。人民法院不予受理的告知行为仅限基于行政法上的成熟性原则，信息公开主体对申请人作出的程序性处置及中间阶段的行为，该类告知行为可待信息公开主体的最后决定作出之时一并进行审查。但如果前述告知行为影响到申请人的实体权利义务，即信息公开申请迟迟得不到处理时，申请人就前述告知行为提起诉讼，法院则应对此进行实体审理。

本案中，郑某在最初申请公开涉案信息时、工信部门作出71号告知书后、诉讼过程中均具体阐明了其申请案涉信息的目的是满足民事诉讼需要。此时，工信部门在被诉补正告知书中再次要求郑某提供所申请公开事项与其自身生产、生活、科研相关的证明材料，缺乏正当充分的理由。因此，被诉补正告知书妨碍郑某的信息公开申请于法定期限内得到处理，对郑某的权利义务产生了实际影响，属于行政诉讼的受案范围，且被诉告知书的内容缺乏正当充分理由，故依法应予撤销。

【律师点评】

一般而言，补正告知行为本身并不具有终局性效果，仅仅是信息公开主体答复信息公开申请之前的一个过程性的环节，不会对申请人的信息知情权产生实际、直接的影响，因此不具有可诉性及败诉风险。

但由于条例明确规定，补正后的信息公开申请答复期限自信息公开主体收到补正之日起计算，并且申请人无正当理由逾期不补正的后果是信息公开主体不再处理该信息公开申请。因此，当信息公开主体作出补正告知的理由和补正要求不合理，或补正事项不符合补正条件时，此种补正告知行为即客观上对申请人能否获取信息、何时能获取信息的知情权产生了直接的终局性影响，进而由于符合行政法的"成熟性原则"，具备了可诉性。

【应对方式】

建议信息公开主体在作出补正告知前，先通过口头方式与申请人沟通其申请内容的实质含义，以便更为准确地判定是否需要补正。

对于难以充分解释补正合理性及必要性的申请内容，不要贸然通过书面方式告知申请人补正、暂停计算答复期限，以及为其限定补正期限和逾期补正的不利后果。信息公开主体可在正常计算答复期限的情况下，通过电话沟通的方式向申请人核实确认申请内容，并保存通话录音；无法与申请人进行有效沟通的，可直接按照常人的一般性理解来解读申请内容，并进行查找和答复。

（2）案例：申请内容里有"相关材料""相关信息"的表述，是否必须补正？

【结论】

申请内容中存在较为明确的信息指向，尚未达到无法查找的程度时，即便其中包含"相关材料"或"相关信息"等模糊化表述，亦非必须要求申请人补正。

【案情简介】

王某向某区政府申请获取"关于某村定向安置房项目小学校、幼儿园的建设情况及相关材料"。该区政府收到申请后向王某出具《补正申请告知书》，告知其需对"建设情况""相关材料"的形式或内容作出进一步补充说明。王某向该区政府反馈了《补正说明》，但该说明实际并未对原申请内容作出进一步补充说明。因此，该区政府在收到《补正说明》后，向王某作出被诉答复，告知其提交的材料不符合《北京市政府信息公开规定》第二十四条规定的信息公开申请要求，故不再按照《北京市政府信息公开规定》作出答复。王某不服，提起诉讼。

【裁判理由】

法院认为，根据《北京市政府信息公开规定》第二十四条第一款第（二）项的规定，申请公开信息的内容描述，包括能够指向特定政府信息的文件名称、文号或者其他详尽、准确的特征描述。本案中，王某将申请公开的信息内容描述为"关于某村定向安置房项目小学校、幼儿园的建设情况及相关材料"，该申请内容包含了较为明确的信息指向。该区政府应在本机关政府信息范围内以"某村定向安置房项目小学、幼儿园的建设"为关键词进行搜索、查找，如存在相关信息且能够公开，应向王某公开；如相关信息不存在，应答复王某信息不存在；如认为不属于本机关公开范围，对能够确定该信息公开机关的，应告知王某该机关的名称及联系方式。而本案中，该区政府却以王某提交的材料不符合信息公开的申请要求为由作出被诉答复，属于认定事实不清、证据不足，依法应予撤销。

【律师点评】

理论上，为方便信息公开主体查找检索并及时提供政府信息，申请人在进行内容描述时一般应当提供明确的文件名称、文号或者其他特征性描述。但在实践中，判断信息公开申请中"内容描述"是否明确具体、是否能够检索并查找到该政府信息时，还需要考虑到申请人的知识背景和认知水平、申请人是否已在其认知范围内对需要的信息内容进行了较为充分的特征描述，以及从信息公开主体自身的角度考虑申请人的内容描述是否已达到无法查找的程度。

对此，司法裁判的一般标准是，只要申请材料中对信息内容或特征的描述能够被理解和识别、不会发生歧义、可以进行查找检索，那么信息公开主体就不能以内容描述不明确、不具体为由拒绝答复。此外，信息公开主体更不能因自身制作或保存的政府信息内容、名称等与申请人的具体表述不完全一致，而直接以此为由不予提供。

【应对方式】

政府信息公开申请内容中有"相关材料""相关信息"等模糊表述时，可先行与申请人电话沟通，了解其申请意愿，并保存通话录音。如申请人能够进一步明确其申请获取信息的具体内容、形式、种类等情况，则向其解释说明补正的工作流程，并向其出具补正告知书。

当无法与申请人进行有效沟通，且申请内容中又有较为明确的信息指向时，信息公开主体应当直接按照申请内容中较为确定和清晰的部分进行检索查找，正常作出信息公开答复。

在申请内容中有较为明确的信息指向的情况下，如信息公开主体已经向申请人作出补正告知，且申请人未反馈补正内容，则信息公开主体仍应根据原有申请描述进行相应查找、判断，并按期答复。

（3）案例：在补正时，告知的补正期限未届满即作出答复是否程序违法？

【结论】

行政机关在履行了补正告知义务后收到申请人的补正申请内容，于法定期限内作出答复，应属合法适当，不存在须在补正期限届满之后才能作出答复的必要性。

【案情简介】

2014年11月5日，董某通过邮寄申请书的方式向某镇政府提交政府信息公开申请，要求获取"被告关于截至2014年6月30日所有未安置的安置房现房空置或出租的情况,以及出租租金及入账情况的相关材料"。该镇政府于次日收到申请,经审查后认为董某要求获取的信息内容不明确。11月17日,该镇政府作出《告知书》(编号:2014-11-8)并送达董某,告知其提出的申请内容不明确,请董某于12月8日前补正申请。

11月28日,董某向该镇政府提交对上述信息的补正,补正内容为"截至2014年6月30日,被告未安置的房屋出租情况及收入入账情况(报表)"。12月2日,该镇政府收到上述补正申请。同日,该镇政府作出被诉《告知书》并送达董某。

董某对此不服,诉至法院。董某认为,该镇政府告知其于2014年12月8日前提交补正申请,但期限尚未届满就作出答复,剥夺了董某继续补正的权利。

【裁判理由】

董某认为该镇政府在其指定的补正期限届满之前作出答复属程序违法,对此,本院认为,该镇政府在履行了补正告知义务后收到董某补正申请内容,于法定期限内作出答复,其给予申请人的补正期限系为了避免申请人怠于行使其补正申请的权利,提高政府信息公开工作的效率,该镇政府在董某确已提交补正申请的情况下作出被诉《告知书》,应属合法适当,不存在须在补正期限届满之后才能作出答复的必要性。

【律师点评】

在信息公开业务办理过程中,如进行了补正程序,在申请人提前补正的情况下,是否需要等补正期限届满再进行答复?还是收到申请人的补正即可进行答复?

从本案来看,上述问题可参考的判断标准为:申请人在该程序的权利是否被剥夺,进而影响到政府信息公开实体权利的实现。本案中,该镇政府给予申请人补正期限,是赋予申请人补正的权利,而非为自身设定程序期限。申请人在补正期限内对申请内容进行补正,行使了补正的权利。因此,法院认定申请人在补正阶段的权利未被剥夺,该镇政府的行为合法适当。

【应对方式】

在信息公开业务办理过程中,如政府信息公开主体要求申请人对申请内容进行补正,申请人已补正且满足政府信息公开答复条件的情况下,即便补正期限未届满,政府信息公开主体亦可依法作出答复。

2.2 政府信息公开答复的延期

2.2.1 具体内容介绍

在信息公开实务工作中,由于申请人往往是通过描述信息大致内容的方式提出申请,而较少直接写明信息名称或文号,并且信息公开工作机构往往不是直接接触相关信息的具体业务部门,因此信息公开主体在判断及查找信息的过程中往往需要多个内部部门,甚至多个外部其他机关单位的共同配合。这就导致,虽然信息公开申请的标准答复周期不短,但一些职责领域广、受理数量多的信息公开主体仍经常难以按期答复、需要延期答复。而信息公开主体在办理延期答复的过程中,虽然不涉及实体问题,但却经常因"实体无误、程序瑕疵"而在司法审判中遭遇尴尬。

本节内容将结合条例中关于依法推迟答复时间的两种情形,主要对相应程序问题的实操要点及常见误区进行分析介绍,避免信息公开主体因程序问题而功亏一篑。

2.2.2 实操指导

(1)信息公开的标准答复周期。根据条例第三十三条第二款的规定,信息公开的标准答复周期是20个工作日。但部分地区在地方性法规、规章中将标准答复周期进行了缩减,此时信息公开主体应按照当地的地方性法规、规章执行。

(2)信息公开主体依法推迟答复时间的两种情形。

延长答复期限:即在原条例实施期间通常所说的"延期"。具体是指,非因申请人的原因,但信息公开主体仍无法在条例或地方性法规、规章规定的信息公开标准答复周期内向申请人作出答复时,需要依法开展的程序性工作。

延迟答复:条例根据政府信息公开制度实施以来的实务工作情况,新增设的一种依法推迟答复时间的情形。具体是指,在申请人申请公开政府信息的数量、频次明显超过合理范围，但能够说明合理原因时，信息公开主体若无法在条例或地方性法规、规章规定的信息公开标准答复周期或延长答复期限内答复申请人，则可以依法采取的措施。

(3) 延长答复期限的条件、程序及时长。延长答复期限的条件、程序及时长如下：

①条件：信息公开主体收到申请后，在标准答复周期内无法作出答复的，即可延长答复期限，并无其他附加条件。

②程序：首先，信息公开主体应在标准答复周期内取得本机关信息公开工作机构负责人的审批同意。其次，在取得同意后，信息公开主体应当在标准答复周期内将延期事宜告知申请人。最后，地方性法规、规章对告知的形式、程序等事宜有其他特别规定的，还应按照相应规定执行。

③时长：根据条例第三十三条第二款的规定，信息公开主体最多可以将答复期限延长20个工作日；部分地区在地方性法规、规章中对前述时长上限做了缩减，此时信息公开主体应按照当地的地方性法规、规章执行。总体来看，无论是条例还是地方性法规、规章，对延长答复期限时长上限的规定一般均与其对标准答复周期的时长规定一致。

(4) 延迟答复的条件、程序及时长。延迟答复的条件、程序及时长如下：

①条件：在申请人的信息公开申请数量、频次"明显超过合理范围"，但能够向信息公开主体说明合理原因的情况下，若信息公开主体认为申请理由合理，但无法在标准答复周期或延长答复期限内完成答复工作，则可决定延迟答复。

②程序：首先，信息公开主体应结合实际申请频次、申请内容的数量、申请内容所涉信息的数量、申请内容涉及的背景情况、申请人的实际目的、本机关日常办理其他信息公开申请的频次和数量等因素，综合判断后认定本次申请的数量或频次是否明显超过合理范围。其次，信息公开主体应要求申请人说明理由。最后，信息公开主体在听取申请人的解释说明后，即可以确定延迟答复的合理期限并告知申请人。

③时长：条例目前并未对延迟答复的时长作出具体规定，并且各地、各部门受到职责领域、人员编制、发达程度等客观因素的限制，处理信息公开申请的具体情况及处理能力、水平等因素均有差异，难以形成统一的标准。

因此，建议各信息公开主体结合具体申请人的申请频次、申请内容的数量、申请内容所涉信息的数量、申请内容涉及的背景情况，以及本机关的信息公开办理效率、总体工作量等因素，综合考虑并确定个案延迟答复的时长。此外，亦可结合前述各类因素制定本机关内部统一的判断标准及制度。

（5）延期告知。延期告知应注意以下事项：

①告知时间：信息公开主体应在标准答复周期届满前，将延期事宜告知申请人。

②告知形式：条例本身并未限制延期告知的形式，但部分地区的地方性法规、规章则进一步要求信息公开主体应以书面形式告知申请人延期事宜。因此，若地方性法规、规章亦未对延期告知的形式作出限制，则信息公开主体可自行选择告知形式，但应留存告知凭证，如通话录音、短信内容及发送记录等。

需要注意的是，若地方性法规、规章要求信息公开主体以书面形式告知申请人延期事宜，但信息公开主体仅电话告知申请人延期并保存通话录音的，即使申请人认可信息公开主体已在法定期限内电话告知延期的事实，该口头告知行为亦属于程序违法。

③延期告知书：信息公开主体以书面形式告知申请人延期的，延期告知书的文号建议与登记回执文号一致，以便未来能够准确、快速地查找到信息公开办案材料。同时，延期告知书的内容中应引用条例或地方性法规、规章中关于延期的程序、时长等规定，作为延期的法律依据。

（6）延期告知书的送达。延期告知书的送达应注意以下事项：

①送达时间：一般应于制作的当日进行送达。因客观原因无法于制作当日送达的，建议于下个工作日进行送达。

②送达方式：建议根据申请人在政府信息公开申请表中填写的"获取信息的方式"来决定延期告知书的送达方式。

当面送达的，应要求申请人在信息公开主体留存联上签字，并填写送达当日的日期。申请人于标准答复周期届满前仍未当面领取的，信息公开主体应在标准答复周期届满前主动采用邮寄方式将告知书寄出。

邮寄送达的，根据《中华人民共和国邮政法》（中华人民共和国主席令第25号）第五十五条等相关规定，应当使用挂号信、EMS等中国邮政邮寄方式，而不应使用民营快递；除申请人主动要求外，信息公开主体亦不应主动选择"到付"的方式邮寄信息公开相关文书材料，为申请人增加不必要的负担。此外，信息公开主体还应在邮寄的信件封皮或快递单上明确填写寄件人信息、收件人信息、收件地址、寄出日期、邮寄材料名称，同时及时、妥善保存快递单、挂号信收据、物流签收情况查询记录等邮寄凭证，避免在涉诉时因时间较久而无法查证送达情况。

2.2.3 法条链接

《中华人民共和国政府信息公开条例》（中华人民共和国国务院令第711号）

第三十三条　行政机关收到政府信息公开申请，能够当场答复的，应当当场予以答复。

行政机关不能当场答复的，应当自收到申请之日起20个工作日内予以答复；需要延长答复期限的，应当经政府信息公开工作机构负责人同意并告知申请人，延长的期限最长不得超过20个工作日。

行政机关征求第三方和其他机关意见所需时间不计算在前款规定的期限内。

第三十五条　申请人申请公开政府信息的数量、频次明显超过合理范围，行政机关可以要求申请人说明理由。行政机关认为申请理由不合理的，告知申请人不予处理；行政机关认为申请理由合理，但是无法在本条例第三十三条规定的期限内答复申请人的，可以确定延迟答复的合理期限并告知申请人。

2.2.4 以案说法

（1）案例：若地方性法规、规章要求信息公开主体以书面形式告知申请人延期事宜，信息公开主体能否以电话沟通并保存通话录音的形式告知申请人延期？

【结论】

即使申请人认可信息公开主体提交的录音证据，亦认可信息公开主体在法定期限内通过电话将延期事宜口头告知了申请人，信息公开主体仍应在法定期限内以书面形式告知申请人延期事宜。

【案情简介】

2017年3月21日，李某向某区房管局申请获取"某某房屋征收全部档案材料，包括但不限于：征收补偿协议（含预签协议）、补充协议、申请书"等信息。该区房管局于同日受理该申请。后因无法按期答复，2017年4月7日，该区房管局电话通知李某将延期作出答复告知，并留存了通话录音，但未将书面的延期告知材料送达给李某。该区房管局经查找相关信息，认为李某申请公开的信息涉及第三方的个人隐私，遂于2017年4月17日向第三方征询意见；第三方当场明确表示不同意公开。2017年4月25日，该区房管局向李某作出不予公开的答复书，并连同延长答复期告知书一并邮寄送达李某。李某不服该区房管局的实体答复内容，起诉主张撤销该答复。诉讼中，李某明确认可该区房管局于2017年4月7日与其沟通延期答复事宜的通话录音，但同时仍主张某区房管局的延期告知程序违法。

【裁判理由】

法院认为，根据《北京市政府信息公开规定》第二十五条的规定，行政机关收到政府信息公开申请，能够当场答复的，应当当场予以答复。行政机关不能当场答复的，应当自收到申请之日起15个工作日内予以答复；如需延长答复期限的，应当经本行政机关政府信息公开工作机构负责人同意，并书面告知申请人，延长答复的期限最长不得超过15个工作日。

本案中，该区房管局收到李某的信息公开申请后未能在15个工作日内答复，故应当依法在法定期限内向李某书面告知延长答复及期限。尽管该区房管局提交了经李某认可的电话录音，能够证实该区房管局于2017年4月7日曾致电李某并口头告知将延期答复的事实，但仍须认定该区房管局未履行书面告知义务，系行政程序违法。考虑到该告知程序仅具有辅助功能，且对李某的权利义务不产生实际影响，应属程序轻微违法，故依法确认被诉告知行为违法，但未撤销该行政行为。

【律师点评】

虽然条例并未对信息公开主体告知申请人延长答复期限的形式进行限制，但部分地区的地方性法规、规章则进一步要求信息公开主体应以书面形式告知申请人延期事宜。若地方性法规、规章要求信息公开主体以书面形式告知申请人延期事宜，但信息公开主体仅电话告知申请人延期并保存通话录音，则即使信息公开主体保存有通话录音证据，且申请人也认可信息公开主体曾在法定期限内通过电话告知其延期答复的事实，该信息公开主体的口头告知行为亦属于程序违法。

对于不影响信息公开申请人实质权利义务的轻微程序违法行为，法院一般会以确认信息公开答复违法的方式判决信息公开主体败诉，而不会撤销该答复。

【应对方式】

除条例外,信息公开主体还应充分重视地方性法规、规章的具体规定。

如地方性法规、规章中对告知申请人延长答复期限的形式有具体要求,则应严格按照地方性法规、规章中规定的形式告知申请人。

对于需要延长答复期限的信息公开申请,无论地方性法规、规章中有无具体规定,均建议信息公开主体优先采用书面形式告知申请人。

(2) 案例:信息公开主体能否为节约行政成本,在作出信息公开答复书后,再将延期告知书与信息公开答复书一并向申请人送达?

【结论】

延期告知书应在首个答复期限届满前作出,并向申请人送达,否则属于程序违法。

【案情简介】

张某向某区房管局申请获取"某项工程的房屋拆迁许可证、拆迁计划、拆迁方案、拆迁公告"。2017年3月2日,该区房管局作出《政府信息延长答复期告知书》,告知张某将答复期限延长至2017年3月23日。2017年3月13日,该区房管局作出《政府信息公开答复告知书》。2017年3月31日,张某到该区房管局一并签字领取了《政府信息延长答复期告知书》和《政府信息公开答复告知书》。其后,张某不服,提起诉讼。

【裁判理由】

法院认为,该区房管局作出《政府信息延长答复期告知书》后没有通知张某领取,而是与其后作出的《政府信息公开答复告知书》一并送达张某,且该区房管局作出《政府信息公开答复告知书》后也没有及时通知张某领取,属于程序违法。鉴于该程序违法对张某的权利不产生实际影响,故依法确认该区房管局作出《政府信息公开答复告知书》的程序违法,但未撤销该告知书。

【律师点评】

一般情况下,行政机关应在作出某项行政行为的法定期限届满前完成对该行为的告知送达。行政行为作出后的"告知送达"是一种重要的行政程序,书面的行政行为自送达相对人及已知的利害关系人时才对其发生效力,未予告知送达的行政行为属于无效行政行为。故行政行为的作出和送达往往被视为一体,除非法律法规对行政行为的告知送达时间另有规定。若行政机关未在法定履行期限内将行政行为告知送达相对人，则该行政行为不能在法定履行期限内生效，就会导致该行政行为违反关于时间期限的程序性规定。

因此，信息公开主体应在未经延期的答复期限内，将延期告知送达申请人，否则可能被司法机关认定为程序违法。

【应对方式】

对于需要延长答复期限的信息公开申请，信息公开主体应在未经延期的答复期限届满前，将延期告知送达申请人。

对于需要书面告知申请人延长答复期限，且申请人要求当面领取材料的，如申请人在未经延期的答复期限届满前没有按时领取延期告知书，建议信息公开主体主动采用邮寄方式将延期告知书寄出。

第 3 章　政府信息的判定与查找

3.1　不属于政府信息公开处理范围的判定

3.1.1　具体内容介绍

信息公开主体受理信息公开申请后，首先，要对申请的内容和性质进行判断，即先判断申请人申请的信息是否属于条例调整范围。实践中，申请人往往将信息公开申请扩大理解为"与政府沟通的渠道"，在信息公开申请中提出政府信息公开处理范围以外的事项，如以信息公开申请的形式进行信访、投诉、举报活动等。其次，因申请人、信息公开主体获取政府信息的渠道不对称，双方对政府信息的状态和性质也存在理解上的偏差。因此，只有信息公开主体对政府信息的内容和性质进行准确的判断，才能高效准确地查找政府信息，从而向申请人作出正确且理由充分的答复。

3.1.2　实操指导

（1）判断申请内容的指向。申请内容指向具体信息的，属于信息公开申请。实践中，有的申请人会在信息公开申请表中对申请信息的理由和背景作出详细描述，该种描述很容易与信访相混淆。对于此类申请，需要信息公开主体从描述中判断，确认申请人的意思表示是否为获取具体的信息。申请内容如果是反映问题、提出投诉、进行举报，或要求信息公开主体对所描述事项作出处理的,属于以信息公开名义进行信访、投诉、举报活动,不属于信息公开范围,不作为信息公开申请处理。只有申请获取具体信息的,才能按信息公开申请处理。需要注意的例外情况是,申请获取的具体信息如果为公开出版物,也不能作为信息公开申请处理。

(2)判断是否属于重复申请。判断是否属于重复申请一般应同时考虑以下问题。

①是否为同一申请人:只有在前后申请均有且只有同一申请人时,才能认为该申请为"同一申请人"提出的申请。需注意,"同一申请人"并非仅指数量上的"同一个人",也包括申请人为多人的情况。

同一申请人提出相同申请内容的情况一般包括两种:一种是前后两次或多次申请均为同一个人;另一种是前后两次申请或多次申请包含相同的申请人。《国务院办公厅关于施行〈中华人民共和国政府信息公开条例〉若干问题的意见》(国办发〔2008〕36号)第(十三)项规定,对于同一申请人向同一行政机关就同一内容反复提出公开申请的,行政机关可以不重复答复。申请人为多人的情况下,即使其中一人此前向同一机关申请过相同政府信息,也只能认为此人系重复申请,不能将本次多人共同提出的申请视为重复申请,因为其他申请人未曾就该项申请获得过信息公开主体的明确答复。

②是否为同一申请内容:判断是否为重复申请的难点在于"如何判断前后两份或多份申请内容为同一申请内容"。从业务实践来看,常见情形包括以下几种:

申请内容包含之前申请过的部分内容:该类申请一般为同一份申请中包含多项申请内容,并且其中部分内容为之前申请过的内容。此时,信息公开主体不能笼统地认为整份申请为重复申请,而应在作出答复时将申请内容拆开分别答复:对重复申请的事项,告知申请人该项内容为重复申请,不重复答复;对其余事项,则根据查找情况作出相应答复。

前后申请的信息名称完全一致:申请的信息名称完全一致不代表申请内容必然重复。虽然一般情况下,申请信息的名称完全相同即可认定为重复申请。但此处需要特别注意,信息名称相同时,信息的内容和答复结论也有可能不同。举个例子,申请人申请获取"关于某项目的征地补偿安置协议"。同一项目的征地补偿安置协议名称均相同,但同一项目下的补偿安置协议内容可能因为区域、面积、主体情况不同而内容有所不同;或首次申请时,尚未签署补偿安置协议,第二次申请时则已签署。因此,不能简单以名称完全一致即认定为重复申请,还需结合完整的信息描述综合判断。

申请内容描述不同但指向信息相同:所谓申请公开相同的政府信息,并不要求申请人对申请内容的描述完全一致。例如,申请人向某房管局申请公开"关于确认刘某为某房屋共有产权人的文件",该房管局向申请人答复其申请获取的信息不存在后,同一申请人又向同一房管局申请公开"关于确认刘某为某房屋共有产权人的决定"。此时,"决定"与"文件"虽在表述上略有不同,但该不同并不属于可区别于其他信息的特征性描述,即两次申请均指向"确认刘某为某房屋共有产权人的相关信息"。此种情形即属于内容描述不同但指向信息相同,此类申请一般可认定为重复申请公开相同信息。需要提示的是,由于申请人、信息公开主体获取信息的渠道不对称,双方对信息的理解可能会存在偏差。因此,信息公开主体在作出"重复申请"答复时,应当尽到解释说明义务,向申请人说明本次申请属于重复申请的理由。

③对同一申请内容是否已经作出答复:首次答复未对所申请信息的状态进行实质回复,再次申请不属于重复申请。结合条例第三十六条第(六)项的规定可知,《国务院办公厅关于施行〈中华人民共和国政府信息公开条例〉若干问题的意见》(国办发〔2008〕36号)第(十三)项关于重复申请可不予答复的规定实质是指,信息公开主体已经对申请人作出了符合条例三十六条规定的实质答复后,申请人再次反复申请的,方可不予答复。因此,如果信息公开主体在首次答复中仅是从程序上对申请行为作出处理,申请人再次向该信息公开主体提出相同申请内容的,信息公开主体不宜认为已对该申请内容作出答复,而应对申请内容是否存在以及能否公开等情形作出实质答复。

(3)判断是否属于需要行政机关对现有政府信息进行加工、分析。判断是否需要行政机关加工、分析信息一般可参考以下标准:

①判断申请内容能否指向既有的、具体的政府信息:条例第二条规定,政府信息是指行政机关在履行行政管理职能过程中制作或者获取的,以一定形式记录、保存的信息。因此,公开的政府信息应是以一定形式记录、保存的信息,且是在受理政府信息公开申请时即已经以一定形式记录、保存的信息。

②判断所申请内容是否为既有信息的物理整合:因查找政府信息的过程涉及对信息关联性的主观判断,故行政机关在查找信息的过程中,容易将信息检索过程的主观判断和信息创制的分析判断相混淆。因此,需要信息公开主体在查找信息过程中注意区分,判断申请公开的信息是否属于对既有信息

的物理整合。如果属于对既有信息仅仅进行物理整合的，即便工作量巨大难以完成收集工作，亦不宜以"需要加工、汇总、分析"为由不予公开。

③判断申请内容是否需要对既有信息内容进行分析后另行制作而成：需要信息公开主体加工、分析信息的前提是该信息并非既有的信息，因此需要予以加工、分析而成。但需要注意，对多份文件的搜集整理并不等同于对信息进行"分析、加工"。此处的"分析、加工"指的是"创制"政府信息。例如，申请公开"某市监局的大案要案情况"，如果该市监局在履行行政管理职能过程中未曾制作过符合申请内容描述的"大案要案情况"，则对于此申请，该市监局需要对既有案件进行筛选和提取，分析哪些属于"大案要案"，作出"大案要案"属性判定后，该市监局还需要对"大案要案"的相关情况进行汇总，并创制出符合申请内容描述的"大案要案情况"的信息。故此申请内容属于需信息公开主体进行分析、加工的信息，不属于信息公开范围。

（4）判断申请的数量和频次是否超出合理范围。目前在司法实践中，申请的数量和频次达到何种程度属于超出合理范围，尚没有统一的判断标准。因为各地区发展程度不同，各信息公开主体办理的信息公开申请数量亦不同，难以划定统一标准，需要各行政机关根据本地区及本机关的情况综合判断。建议从以下三方面对申请数量和频次的合理范围作出判断：

①信息公开主体在一个标准答复周期内，受理信息公开申请的平均数量。

②同一申请人在一个标准答复周期内，提出信息公开申请的平均频次。

③本地区信息公开主体在一个标准答复周期内，办理信息公开申请的平均数量。

需要提示的是，并非申请的数量和频次超出合理范围，便可一刀切地不予处理，而应在贸然作出不予处理决定前，先要求申请人说明理由。信息公开主体认为申请理由不合理的，才可告知申请人不予处理。

3.1.3 法条链接

《中华人民共和国政府信息公开条例》（中华人民共和国国务院令第711号）

第三十五条　申请人申请公开政府信息的数量、频次明显超过合理范围，行政机关可以要求申请人说明理由。行政机关认为申请理由不合理的，告知申请人不予处理；行政机关认为申请理由合理，但是无法在本条例第三十三条规定的期限内答复申请人的，可以确定延迟答复的合理期限并告知申请人。

第三十六条第(六)项　对政府信息公开申请，行政机关根据下列情况分别作出答复：

(六) 行政机关已就申请人提出的政府信息公开申请作出答复、申请人重复申请公开相同政府信息的，告知申请人不予重复处理。

第三十八条　行政机关向申请人提供的信息，应当是已制作或者获取的政府信息。除依照本条例第三十七条的规定能够作区分处理的外，需要行政机关对现有政府信息进行加工、分析的，行政机关可以不予提供。

第三十九条　申请人以政府信息公开申请的形式进行信访、投诉、举报等活动，行政机关应当告知申请人不作为政府信息公开申请处理并可以告知通过相应渠道提出。

申请人提出的申请内容为要求行政机关提供政府公报、报刊、书籍等公开出版物的，行政机关可以告知获取的途径。

3.1.4　以案说法

(1) 案例：如何认定申请人是以信息公开名义进行信访、投诉、举报活动？

【结论】

申请内容是反映问题、提出投诉、进行举报，要求信息公开主体对所描述事项作出处理的，则属于以信息公开名义进行信访、投诉、举报活动。

【案情简介】

2019年8月5日，胡某等4人向国务院某部委提交信息公开申请表，申请公开"请求：该部委对于某市下发文件执行文件走。请求给予督办，尽快给予回复。"8月15日，该部委作出被诉告知书，告知胡某等人其行为属于以信息公开申请的形式进行信访、投诉、举报等，该部委不作为信息公开申请处理，并建议胡某等人向相关信访部门反映。胡某不服，提起诉讼。

【裁判理由】

法院认为，胡某等人要求某部委对某市下发的文件给予督办，显然系信访事项。该部委对胡某等人作出被诉告知书，告知其不作为信息公开申请处理，并告知可以通过相应渠道提出，明显对胡某等人的合法权益不产生实际影响，故裁定驳回胡某等人的起诉。

【律师点评】

虽然胡某等人申请的前半部分内容"某部委对于某市下发文件执行文件走"存在语病和表述不清的问题,但结合后半部分的内容可知,胡某等人系要求该部委对该市下发的文件给予"督办",其目的不在于获取某项具体信息,而在于通过申请,启动该部委对该市政府的监督,且该部委并无该项法定职责。故胡某等人的行为属于当时有效的《信访条例》第二条规定的"反映情况,提出建议、意见或者投诉请求",胡某等人的申请属于以信息公开名义进行信访、投诉、举报活动,而非提出信息公开申请。故该部委的告知行为不属于行政行为,法院据此认定该行为对胡某等人的权益不产生实际影响,裁定驳回其起诉。

【应对方式】

信息公开主体可通过判断申请人的目的,区分该申请属于信息公开申请还是信访、投诉、举报活动。如果申请人的目的在于获取信息,则一般属于信息公开申请范畴;如果申请人的目的在于要求信息公开主体对某事项进行查处,则一般属于信访、投诉、举报活动范畴。

(2)案例:以程序性事项为由拒绝公开信息,申请人再次申请的,信息公开主体可否以重复申请为由拒绝答复?

【结论】

信息公开主体以程序性事项为由拒绝公开信息的,因其未对申请内容进行实质性回复,故申请人的再次申请不属于重复申请,信息公开主体不能以重复申请为由拒绝答复。

【案情简介】

2017年9月11日,张某向某市规自委递交政府信息公开申请表,要求公开10项信息。同日,该市规自委作出〔2017〕20号《政府信息公开答复书》,以张某的申请不符合"一事一申请"原则为由,拒绝公开张某申请的信息。2018年5月20日,张某再次向该市规自委提出信息公开申请,申请获取此前10项申请中的8项信息。同年5月30日,该市规自委作出〔2018〕6号《信息公开告知书》,以张某的申请属重复申请为由,再次拒绝公开张某申请的信息。张某不服,提起诉讼。

【裁判理由】

法院认为,重复申请可不予答复的规定实质是指:申请人已经通过申请获得了政府信息，或信息公开主体明确答复申请的政府信息不存在、涉及国家秘密、个人隐私等法定事由后，申请人再次反复申请的，方可不予答复。本案诉讼中，某市规自委表示张某申请的信息均存在且属于其制作或保存，依法应当公开。而该市规自委先以"一事一申请"为由，未向张某公开上述信息，此后又以属于重复申请为由再次未予公开张某5月20日申请公开的信息，从程序上实质性地终结了张某获得上述信息的途径。因此，法院最终判决撤销〔2018〕6号《信息公开告知书》，责令规自委公开张某申请的信息。

【律师点评】

重复申请不再重复答复，是兼顾保护申请人知情权和避免浪费行政资源的做法。不再重复答复的前提是，信息公开主体已对申请内容作出实质答复。本案中，该市规自委的两次答复均未对张某的申请作出实质回复，故不符合不再重复答复的前提。该市规自委利用程序的空转，实质性剥夺了张某申请获取信息的权利。

【应对方式】

信息公开主体应注意以下几个问题。

①判断申请人申请的信息是否与其此前申请的内容重复。

②信息公开主体对此前相同的申请内容是否进行过判断、查找，并是否就判断和查找情况对信息的存在状态、是否应予公开、公开主体等事项作出符合条例第三十六条规定的实质答复。

③首次答复涉及程序性问题不予处理，再次申请仍存在程序性问题的，建议信息公开主体告知申请人对申请内容和方式进行补充更正，而非以"重复申请"为由拒绝答复。

（3）案例：申请公开大量政府信息是否属于需要信息公开主体加工、汇总、分析信息？

【结论】

判断是否属于需要加工、汇总、分析信息，具体要看是否需要信息公开主体创制信息。

【案情简介】

2017年1月20日，胡某向某市住建委提出政府信息公开申请，申请公开"在某市住建委备案的某项目的所有协议"。同年2月1日，该市住建委作出住建委〔2017〕第32号《政府信息公开答复书》，告知胡某其提出的申请实质上是要求该市住建委对存在的既有信息进行汇总、整理、加工，不属于信息公开申请，故对胡某的申请不予处理。胡某不服，提起诉讼。

【裁判理由】

法院认为，根据原条例第二条的规定，信息公开主体在履行职责过程中已经以一定形式记录、保存了信息，是政府信息可以公开的前提。信息公开主体一般只提供已存在的信息，不因申请人的请求而承担为其制作政府信息的义务。根据当时有效的《最高人民法院关于审理政府信息公开行政案件若干问题的规定》（法释〔2011〕17号）第二条第（三）项的相关规定，信息公开主体一般不承担对若干信息进行汇总、分析、加工之义务，不负有创制信息之义务，但不能排除信息公开主体针对申请内容在现有的信息中进行必要的查找、检索之法定义务。

本案中，某市住建委认为其需对涉案全部项目信息进行汇总、加工，无法直接答复胡某。但根据申请的内容，该市住建委可在涉案项目涉及的档案中进行必要的查找、检索，该查找、检索并不属于创制信息的范畴。另，该市住建委提交的证据亦不能证明其需要创制性地汇总、加工才能作出答复，故法院对涉案信息需要加工、汇总、分析的主张不予采信。

【律师点评】

根据条例第三十八条及《国务院办公厅关于做好政府信息依申请公开工作的意见》（国办发〔2010〕5号）第二条第三款的规定，信息公开主体向申请人提供的信息，应当是现有的、已制作或者获取的政府信息。除能够作区分处理的以外，需要信息公开主体对现有政府信息进行加工、分析的，信息公开主体可以不予提供。但同时也需注意，对信息必要的查找和检索不等于对信息进行加工、汇总、分析，二者的区别在于是对多项信息的物理叠加还是需主动创制。信息公开主体单纯围绕某一背景事件进行相关具体类别文件的查找、检索，并不属于创制信息。

此外，一般而言，对于确实需要信息公开主体创制的信息，信息公开主体虽然均需充分说明理由，但却并非必须提供证据予以证明。但是，对于某些不提供证据则难以证明确需信息公开主体创制的信息，信息公开主体应当承担举证责任。本案中，对于胡某申请的内容，该市住建委可在档案中进行必要的查找、检索，但由于该查找、检索并不属于创制信息的范畴，因此，该市住建委应当提供其他证据，证明其确需进行信息创制。而由于该市住建委提交的证据亦不能证明其需要创制信息才能作出答复，故法院对该市住建委的主张未予支持。

【应对方式】

查找本机关档案,判断申请人所申请的信息是否为既有的、现存的信息,能否以既有的信息作出答复。

判断答复的困难在于,信息公开主体往往将收集海量信息与创制信息相混淆。如果仅是申请信息数量巨大,但不需要信息公开主体对现有的内容加以分析判断后创制新信息,则不宜以需要"加工、分析"为理由不予公开。

申请人申请公开的信息确属需要加工、分析的信息,应在答复告知书中阐明需要加工、分析的理由。

(4) 案例:如何认定申请的数量和频次明显超过合理范围?

【结论】

可综合考量本机关在一个标准答复周期内,受理信息公开申请的平均数量;同一申请人在一个标准答复周期内,提出信息公开申请的平均频次;本地区信息公开主体在一个标准答复周期内,办理信息公开申请的平均数量等因素,对申请的数量和频次是否明显超过合理范围作出判断。

【案情简介】

2019年4月24日,钱某向某街道提出政府信息公开申请,申请公开"某扩建工程所涉及的某居委会1组、2组、3组、7组、11组、12组、14组等所有被拆迁农户的分户补偿情况真实信息,包括拆迁评估结果分户报告、拆迁货币安置补偿审批结算表、房屋拆迁调查评估结果确认书、拆迁货币补偿结算表、房屋拆迁补偿安置协议、拆迁房屋验收合格证、房屋平面示意图等明细资料"。6月3日,该街道作出《政府信息公开申请答复书》,告知钱某"某扩建工程共涉及166户搬迁户,协议搬迁体现了协议当事人之间的合意和自治,有一定的私密性。钱某申请公开的信息内容繁多且涉及其他165户搬迁户的财产权及隐私权,该街道不能如实提供。如钱某确需某一户搬迁信息,可明确具体户主姓名及信息名称,该街道将在征求第三方意见后予以答复"。钱某不服,提起诉讼。

【裁判理由】

法院认为,涉案扩建工程范围内有被搬迁户180余户,因此,钱某所需信息量内容庞大,涉及面广,若该街道按需全部予以书面提供近2000份材料，必然增加行政机关的负担，影响行政机关的正常运作。事实上，钱某已经通过信息公开的途径从该街道获取了某产业创意园项目工程补偿公示表，获知了该项目工程内被搬迁户的房屋面积、总补偿款、房款、实付补偿款等信息。在此情况之下，钱某向该街道提出本案申请，所需信息数量明显超过了合理性。故该街道要求钱某进一步明确哪一户再行公开并无不当，钱某亦应依据其自身生产、生活等需要，选择一户或几户申请公开。法院判决，驳回钱某的诉讼请求。

【律师点评】

申请的数量和频次明显超过合理范围是指，一定时间内申请人大量提出信息公开申请，申请的数量、频次超过一般民众申请信息公开的合理次数和频率，存在滥用信息公开申请权、严重占用行政资源的情形。所谓的申请数量、频次超过合理范围，包含在一次申请中申请了大量的、超过合理范围的信息内容的情形，本案中钱某的申请就属于这种情况；申请数量、频次超过合理范围的其他情形，还包括在一段时间内，反复提出信息公开申请，超过合理的频次。

【应对方式】

申请的数量和频次是否明显超过合理范围，除可综合考量信息公开主体在一个标准答复周期内，受理信息公开申请的平均数量；同一申请人在一个标准答复周期内，提出信息公开申请的平均频次；本地区信息公开主体在一个标准答复周期内，办理信息公开申请的平均数量等以上三种因素外，还可从以下几个方面进行判定。

①申请目的。即是否为连环申请，是否为连环复议、诉讼，是否为了服务自身的生产、生活和经济社会活动。

②申请内容。即是否多次、大量围绕一个事项提出申请。

③处理成本。即是否超出信息公开主体一般运行负担，造成挤占、浪费行政资源。

（5）案例：如何判断申请人是提出政府信息公开申请还是提出咨询事项？

【结论】

通过信息公开方式对行政机关的行政行为合法性进行质疑的，不属于政府信息公开申请范围。

【案情简介 1】

2019 年 12 月,王某向某区政府提出信息公开申请,申请获取的政府信息为"区政府制作或者获取保存的含有规定村民代表大会授权村委会对拒不拆迁腾退村民家的建筑物进行帮拆的内容的政策文件"。该区政府向王某作出《政府信息公开申请答复告知书》,主要内容为:您申请的"某区人民政府制作或者获取保存的含有规定村民代表大会授权村委会对拒不拆迁腾退村民家的建筑物进行帮拆的内容的政策文件"属于咨询事项。根据条例第二条的规定,本机关不作为政府信息公开申请处理。

【裁判理由】

法院认为,王某的政府信息公开申请指向了特定内容的政策文件,具有较强的特征性,描述内容较为明确,故该区政府以王某申请的信息属于咨询事项为由作出被诉告知书,属于认定事实不清,主要证据不足,应予撤销。

【案情简介 2】

2021 年 6 月,曹某以邮寄方式向某镇政府提出信息公开申请,申请获取的政府信息为"请求公布某种植专业合作社自 2011 年 7 月 5 日成立以来到 2021 年以前的国家补助款和占地面积以及补助款具体补助的什么项目"。7 月 28 日,该镇政府作出答复告知书,对"某种植专业合作社自 2011 年 7 月 5 日成立以来到 2021 年以前的国家补助款以及补助款具体补助的什么项目"的申请,以回复的形式对相关信息检索情况进行了告知;对"公开某种植合作社占地面积"的申请,告知曹某经检索未找到的情况,并说明了信息不存在的理由。曹某不服此答复,起诉至法院。

【裁判理由】

法院认为,曹某的申请属于通过信息公开的方式向行政机关提出咨询,不符合政府信息公开申请的要求。该镇政府的回复对曹某的合法权益明显不产生实际影响,根据法律规定,应当裁定驳回起诉。

该案是 2022 年北京市密云区人民法院发布的行政审判典型案例之一。法院认为,本案的典型意义在于:当事人提出政府信息公开申请,应当符合条例的规定。如果当事人提出的申请,无法让行政机关直接以既有信息回应,而是需要进行一定的主观判断或加工整理,可认定该申请构成咨询事项,而不是信息公开申请。如要求行政机关回答"是什么""为什么""是否合法"等内容的,一般视为咨询事项。咨询事项不属于条例调整范围,行政机关无须按照政府信息公开有关规定办理。相应地,此类起诉也不属于法院可受理的信息公开案件范围。

【律师点评】

申请人提出信息公开申请,意在获取或获知某些信息。具体到政府信息的描述中,有的能以信息文本的载体体现,比如上述"案情简介1"的内容;有的则体现为就具体事项提出咨询,比如上述"案情简介2"的内容。但正如"案情简介2"中的案例,实务中行政机关难以判断该申请到底属于咨询还是属于申请公开具体的政府信息,在作出答复时有的以咨询解答的方式答复,有的则按条例的规定答复"该政府信息不存在"。

对于"名为政府信息公开,实为提出咨询"的申请,不属于条例调整范畴。无论信息公开主体选择按照条例的有关规定作出答复,还是选择基于便民原则对申请人的咨询作出解答,均对申请人的合法权益不产生实质影响。

【应对方式】

信息公开主体收到信息公开申请时,不能简单地以"是否为疑问句"作为"咨询事项"的判断标准。综合以上两类案件,信息公开主体可以从以下三个方面判断某一申请是否属于"咨询事项":

①申请人描述的信息是否能指向特定内容的文件,是否具有较强的特征性,描述内容是否较为明确,如是,则不能认定为"咨询事项"。

②申请人描述的信息是否能通过特定文件的内容直接反映出来,如是,则不能认定为"咨询事项"。

③申请人描述的信息不属于"法律咨询""合法性质疑"和"政策咨询"范畴,即无须信息公开主体回答"是什么""为什么""是否合法"。

3.2 政府信息的查找义务

3.2.1 具体内容介绍

信息公开主体收到信息公开申请后,需要根据申请人对所需信息的描述查找信息是否存在。有的信息公开主体会认为履行信息查找义务是答复"政府信息不存在"的"专属"义务,实则不然。条例第三十六条规定了信息公开申请的答复类型：主动公开、依申请公开、不予公开、政府信息不存在、非本机关公开范围、重复答复及有关法律、行政法规对信息的获取有特别规定。无论是作出何种类型的答复，均是基于政府信息查找结果的基础上作出的判断。即便是不属于本机关公开范围的信息，亦需要经过查找后才能确定不属于本机关公开范围的具体理由。因此，信息的查找结果是作出信息依申请公开答复书的事实基础，充分履行信息查找义务对答复的合法性和合理性有着举足轻重的作用。

3.2.2 实操指导

信息公开主体对申请公开的信息，应当做到能举证证明其尽到了合理的、勤勉的检索义务。这种合理和勤勉的检索主要通过两大方面体现，其一是检索范围，其二是检索方法。检索范围包括电子档案和纸质档案，检索方法包括信息公开主体内部查找和关联主体协助查找。

（1）信息公开主体内部查找信息。信息公开主体对信息的查找，应首先从内部档案开始。内部档案的检索范围应当包括电子档案和纸质档案。

①电子档案范围内查找。查找电子档案容易犯的错误是输入申请人所需信息即视为完成查找。从司法实践来看，合理、勤勉的电子档案查找至少具备以下三个条件。

电子档案时间范围合理。电子档案所保存信息的时间范围应包含申请人申请信息的时间范围。举个例子：申请人申请 2012 年的信息，若电子档案仅保存 2013 年之后的信息，则该电子档案的检索范围是无效的，不能证明信息公开主体尽到了合理、勤勉的信息查找义务。

电子档案数据库选择合理。信息公开主体电子档案保存方式各不相同。有的是所有电子档案保存在同一个文件夹或同一个数据库中。有的则是按信息产生方式（如"收文""发文"）进行区分，分别保存在不同的数据库中。因此，在查询电子档案的过程当中，信息公开主体应从"制作""获取""保存"三种角度，在不同的数据库中全面查找信息。

查找使用的关键字合理。因申请人难以知道所需信息的准确名称，故信息公开主体在电子档案中查找申请人申请的信息时，应避免全文输入申请人对信息的描述。例如，申请人申请公开的信息为"动物园批发市场危旧房改造的信息"，信息公开主体则应分组变换关键词"动物园批发市场"和"动批"，"危房""旧房"和"危旧房"，"改造"和"改建"等，并可在数据库的"标题""正文"的部分，通过变换关键词的方式分别进行检索。

②纸质档案范围内查找。有的机关纸质档案由文书部门统一保存，有的机关则由各个内设部门根据各自职责分别保存。合理、勤勉的纸质档案查找至少具备以下几种条件。

一是纸质档案查找范围合理。需要根据申请信息的时间、内容、文种等特征在相应的纸质档案范围查找信息。

二是协助查找的部门为适格部门。申请人申请的信息涉及具体业务部门负责的，需要向该业务部门协助查找相关信息。因此，协查过程需要判定该部门是否掌握全部关联信息，若涉及其他部门，还需要其他部门协助查找。

此外，无论是电子档案范围查找还是纸质档案范围查找，信息公开主体均可分别通过制作检索截图或查找证明等方式将查找过程及结果留痕。电子档案的检索截图应载明制作时间、查找的关键词等，制作人一般还应当在检索截图上签字。如果是通过纸质档案进行查找，一般可提供纸质档案保存部门出具的查找证明作为证据，查找证明一般应包含查找范围、查找部门、查找时间、查找结果等，查找人也应当在查找证明上签字。

（2）关联主体协助查找。如申请公开的信息是信息公开主体与其他机关共同制作的，或信息公开主体通过内部查找，仍难以判断信息的适格公开义务主体、存在状态的，需要向关联机关协助查找。

①书面要求协助查找。机关之间的信息协查，一般通过书面往来函件进行。信息公开主体去函说明需要协助查找的信息名称、信息关联情况；协查机关书面回函说明信息的制作、获取和保存状态。协查函一般应包含信息是否属于本机关职责、信息的制作主体、信息的存在状态、其他背景情况等内容。信息不存在的，一般会要求协查机关在书面回函中说明信息不存在的理由。

②有线索指向信息存在时的处理方式。有线索指向信息存在的，信息公开主体一般可通过行政机关之间的往来协查函等证明已尽到充分合理的查找、检索义务。例如，在信息公开主体官方网站的某篇公开报道中曾提到申请公开的信息，此时信息公开主体可向该公开报道的发文机关或部门、该公开报道中提及的行政机关或责任部门等进行发函协查，要求各协查机关或部门分别在协查函中对该信息的存在状态进行解释说明，并妥善保存

往来函件。

③按常理推断信息可能存在时的处理方式。按常理推断信息可能存在的，且申请公开的信息可能涉及信息公开主体法定职责的，信息公开主体应向具体负责相关工作的部门发函协查。如申请人向某市政府申请公开"国有土地上某房屋征收项目的房屋征收决定"，根据《国有土地上房屋征收与补偿条例》（中华人民共和国国务院令第590号）第八条的规定，房屋征收决定涉及某市政府的法定职责。但实际工作中，房屋征收工作通常由房屋征收主管部门实际执行。此时，作为信息公开主体的某市政府应向房屋征收主管部门（如房屋征收办公室）发函协查，房屋征收主管部门应在协查函中对该房屋征收决定的存在状态进行解释说明，由此证明该市政府已尽到充分、合理的查找、检索义务。

④其他证明已尽到查找、检索义务的处理方式。如申请公开的信息存在共同的制作机关时，根据条例第三十四条的规定，申请公开的信息由两个以上行政机关共同制作的，牵头制作的行政机关收到信息公开申请后可以征求相关行政机关的意见，被征求意见机关应当自收到征求意见书之日起15个工作日内提出意见，逾期未提出意见的视为同意公开。即此时，信息公开主体可向共同制作的机关发函协查，要求各共同制作的机关在协查函中对信息的存在状态进行解释说明，并妥善保存往来函件。

3.2.3 法条链接

《中华人民共和国政府信息公开条例》（中华人民共和国国务院令第711号）

第十一条　行政机关应当建立健全政府信息公开协调机制。行政机关公开政府信息涉及其他机关的，应当与有关机关协商、确认，保证行政机关公开的政府信息准确一致。

行政机关公开政府信息依照法律、行政法规和国家有关规定需要批准的，经批准予以公开。

第三十四条　申请公开的政府信息由两个以上行政机关共同制作的，牵头制作的行政机关收到政府信息公开申请后可以征求相关行政机关的意见，被征求意见机关应当自收到征求意见书之日起15个工作日内提出意见，逾期未提出意见的视为同意公开。

3.2.4 以案说法

（1）案例：信息公开主体如何才算尽到信息查找义务？

【结论】

结合本单位的信息管理、保存制度，用合理的方法，在合理的范围内查找信息，并对申请内容进行合理延伸后检索。有线索指向信息可能存在却仍未检索到信息的，需要对查找结果作出合理的说明。

【案情简介1】

付某向某区政府申请公开"某区某镇征收土地面积为675.581亩对应的征地批文的政府信息"。该区政府通过电子办公系统要求该镇政府、该区国土资源局提供相关信息资料。2017年7月31日，该镇政府回复：该镇并非信息的制作和保存单位，请转交该区国土局查实回复。2017年8月25日，该区国土局回复：该镇集体土地已于1993年征收完毕，现将已查到的征地批复予以提供，其他征地批复因未查到而无法提供。2017年8月28日，该区政府作出《政府信息公开申请告知书》，告知付某"某区某镇集体土地已于1993年征收完毕，现将已查找到的征地批复以复印件的方式提供予你，其他征地批复未能查找到，故无法提供。"付某不服，提起诉讼。

【裁判理由】

本案审查过程中，某区政府向法院提交了该区国土资源局耕地资源保护科《关于档案检索情况的说明》及该区人民政府办公室《政府信息检索情况说明》，主要内容为，经查询该区国土资源局档案室、该区档案局、该市国土资源局档案室、该区政府办公室机要室，仅找到已向付某公开的征地批复信息。最高院认为，该区政府对付某申请公开的政府信息已尽到检索义务，其根据检索结果作出被诉《告知书》并向付某提供找到的征地批复复印件，已履行法定的公开和告知义务。

【律师点评】

法院从信息查找义务与告知义务两个方面对某区政府的信息公开答复作出审查。该区政府通过内部查找与外部协查两个途径，对付某申请公开的信息进行了全面查找，妥善保存了查找的相关证据，并履行了法定的告知义务。据此，法院认为该区政府已尽到检索、查找义务。

【案情简介2】

2015年10月9日,叶某向某区政府提出信息公开申请,申请公开"某区政府做出的将A村整建制划转并入该区开发建设总公司的某政发〔2001〕30号文全部文件(包括附件),以及所依据的法律、法规和履行法定程序等信息"。该区政府认可叶某申请的信息属于其审批职责,但以该信息年份久远,需要多渠道查找为由作出延长答复期告知后,派员到区档案馆,以文号检索的方式查询,未检索到叶某申请的文件。据此,该区政府作出了〔2015〕8号政府信息公开告知书,告知叶某其申请的信息不存在。叶某不服,认为该区政府以查找工作量大为由延期答复,在延期答复后又以该信息不存在为由拒绝提供,属于故意拖延和隐瞒信息,故提起诉讼。

【裁判理由】

法院认为,某区政府认可叶某申请的信息属其审批职责,但以"叶某申请公开的信息,自形成距今已长达15年之久,虽经多渠道查找,均未能查询到叶某所申请公开的相关信息"为由,告知叶某未找到其申请的信息。该区政府仅提供了档案局检索"某政发〔2001〕30号文"的证据,未提供其他更多证据。虽如该区政府所述,申请公开文件的形成时间较为久远,可能存在文件查找不到的情形,但叶某申请公开文件的内容清楚明确,因此,该区政府至少应进行必要的检索,以充分保障叶某的知情权。本案中,该区政府仅提供了曾进行文号检索的证据,不能证明其尽到了必要的、多渠道查找的检索义务,故对其关于未找到叶某申请公开信息的答复,法院未予支持。

【律师点评】

申请公开的信息描述中有具体文号的,仅就文号进行检索不属于尽到了勤勉、充分的查找义务。除根据文号进行检索外,信息公开主体还应从信息描述中选取关键词查找信息。同时,对于此类年代久远的信息,信息公开主体除在档案馆进行查找外,还应当通过其他渠道查找,如在本机关内部查找等。

有线索证明申请公开的信息属于信息公开主体职责范围,且信息可能存在的,信息公开主体不予提供信息必须说明理由,且该理由一般应有证据予以支持,否则作出的答复可能属事实不清、证据不足。

【应对方式】

判断申请公开的信息是否属于本机关公开范围。申请公开的信息属于本机关公开范围但不存在的,信息公开主体应尽到更高程度的勤勉查找义务,并应说明理由，提供证据。如信息因超出本机关档案保存年限而不存在的，信息公开主体应从内部、外部、电子档案、纸质档案四个角度，变换不同关键词，穷尽查找途径，并提供查找记录、本机关档案保存管理制度等证据予以佐证。

【案情简介3】

张某向某市规划和国土资源管理局申请获取"本市116地块项目土地出让金缴款凭证"政府信息。该市规划和国土资源管理局至其档案中心以"缴款凭证"为关键词进行手工查找，未找到名为"缴款凭证"的116地块土地出让金缴款凭证的政府信息，遂认定其未制作过原告申请获取的政府信息，并告知张某其申请获取的政府信息不存在。张某不服，提起诉讼。

【裁判理由】

张某申请公开的相关缴款凭证，应泛指该市规划和国土资源管理局收取土地使用权受让人缴纳的该市116地块国有土地使用权出让金后形成的书面凭证。在日常生活中，这种证明缴纳款项凭证的名称或许为缴款凭证，或许为收据、发票等，并不局限于缴款凭证的表述。张某作为普通公民，认为其无法知晓相关缴款凭证的规范名称，仅以此缴款凭证描述其申请获取的政府信息内容的主张具有合理性。相反地，该市规划和国土资源管理局系本市土地行政管理部门，应知晓其收取土地使用权出让金后开具给土地使用权受让人的凭证的规范名称，但在未与张某确认的前提下，该市规划和国土资源管理局擅自认为张某仅要求获取名称为缴款凭证的相关政府信息，并仅以缴款凭证为关键词进行检索，显然检索方式失当，应为未能尽到检索义务。

【律师点评】

在政府信息公开诉讼中，答复信息不存在时，行政机关是否已尽到充分的检索义务是审查重点。在对申请人的申请内容进行检索时，鉴于行政机关和申请人对政府信息知悉的不对称性，在证明已尽到充分检索义务的方面，司法机关对行政机关提出了更高的要求，需要根据工作实际对申请人的申请内容进行适当延伸，选取一些与申请内容字面意思相关的词语作为关键词进行充分检索，才可认为已尽到了充分的检索义务。

【应对方式】

在对申请人的申请内容进行检索时，除将字面词语作为关键词进行查找外，行政机关还需要结合信息描述的背景，对申请人所描述的信息进行适当延伸，选取一些与申请内容字面词语相关的词语作为关键词进行充分检索。

（2）案例：在作出答复后形成的证据能否用于证明答复的合法性？

【结论】

行政机关在作出信息公开答复前，需充分收集证据以证明答复的合法性，不可在涉诉时再进行证据收集工作。

【案情简介】

2018年9月23日，何某向某区政府邮寄政府信息公开的申请表，申请获取的信息为"公开出售某水泥厂的批复，包括某街道办事处的报批件"。2018年9月25日，该区政府收到该申请表。2018年10月11日，该区政府作出《答复》，主要内容为：经查，原某县某水泥厂改制前系原某县某街道集体企业，原某街道根据有关文件精神决定对该企业实施改制，原某县政府未作出有关批复，何某申请获取的信息不存在，请何某向某街道申请公开有关信息。何某不服，提起诉讼。

【裁判理由】

本案中，某区政府举示的该区档案馆和该区政府办公室于2018年10月31日出具的证明，因是作出被诉《答复》后收集，违反了"先取证、后裁决"的规则，不能作为证明被诉《答复》合法性的证据。

【律师点评】

根据"先取证、后裁决"的规则，行政机关在作出行政行为前，即应充分收集相关证据，而后方可作出行政行为。在实务中，有的信息公开主体所需处理的信息公开申请量较大，故在办理信息公开申请时，将关注的重点放在对信息的检索、收集和研判上，却忽略了信息检索过程的证据保存工作。例如，在答复信息不存在时，仅通过沟通或档案检索确认信息的状态，但未能在作出答复前进行电子档案和纸质档案的检索并及时保存证据。

【应对方式】

信息公开主体应强化两个意识。

①先取证、后裁决。行政机关作出的行政行为需要基于充分的证据，否则作出的行为可能因主要证据不充分而被撤销。

②证据存在灭失的可能性，不能抱着涉诉时再还原检索场景的侥幸心理。首先，此种做法并不合规；其次，亦可能因系统、数据、人员的变化等因素，导致无法完全还原检索场景，进而无法通过证据体现此前的履职过程，导致所作的信息公开答复面临被确认违法或被撤销的风险。

第4章　政府信息公开答复类型的判断

4.1　申请公开的信息不属于政府信息

4.1.1　党务信息

（1）具体内容介绍。条例第二条规定，本条例所称政府信息，是指行政机关在履行行政管理职能过程中制作或者获取的，以一定形式记录、保存的信息。因此，党组织制作的信息一般属于党务信息而非政府信息。实践中，信息公开主体一般能够较为准确地判断"党组织单独制发的文件"属于党务信息，但对于"党政联合发文"是属于党务信息还是属于政府信息则普遍存在判断困难。本节内容主要通过对党务信息的判断标准展开讲解，指导信息公开主体准确理解和辨别党务信息。

（2）实操指导。首先，根据《中国共产党党务公开条例（试行）》第二条的规定，党务是指党组织实施党的领导活动、加强党的建设工作的有关事务。故党务信息一般是指党组织在实施党的领导活动、加强党的建设工作过程中形成的信息。据此，带有党组织文号且以党组织名义单独制发的文件，内容涉及党的领导活动、党的建设工作等，一般属于党务信息范畴。

其次，党政联合发文的信息是否属于政府信息，主要有以下两个判断标准：其一，文件内容是否属于行政机关履行公共管理职责范畴。如果文件内容属于行政机关履行公共管理职责范畴，则文件即便以党组织文号制发，也可能属于政府信息。其二，文件内容是否给相对人设定具体的权利义务。如果文件内容给相对人设定了具体的权利义务,则文件即便以党组织文号制发,也可能属于政府信息。但由于不同地区的司法裁量标准不尽相同,故建议信息公开主体结合当地司法实践,综合判断并作出答复。

此外,当党政联合发文的信息属于政府信息范畴时,对于该信息是否可以公开,建议信息公开主体书面征询党组织意见。若该信息由两个以上行政机关及党组织联合发文,建议同时向党组织及相关行政机关书面征询意见。如果信息公开主体认为党政联合发文的信息不属于政府信息,或属于政府信息但不应当公开时,信息公开主体应当进行充分解释说明,并承担举证责任,一般可提供信息公开主体与其他行政机关、党组织之间的去函及回函等证据,对前述事项予以证明。

最后,机构改革后,行政机关职权划入党的机关的,如果党的机关对外加挂行政机关牌子,则可以"行政机关牌子"作为信息公开主体,信息公开申请仍应当按照"谁收到、谁处理"的原则办理,相关信息仍属于条例调整范畴;如果党的机关未对外加挂行政机关牌子,则不再作为信息公开主体,相关信息公开事项按照《中国共产党党务公开条例(试行)》办理,相关信息不再属于条例调整范畴。

(3)法条链接。

《中华人民共和国政府信息公开条例》(中华人民共和国国务院令第711号)

第二条 本条例所称政府信息,是指行政机关在履行行政管理职能过程中制作或者获取的,以一定形式记录、保存的信息。

第十条 行政机关制作的政府信息,由制作该政府信息的行政机关负责公开。行政机关从公民、法人和其他组织获取的政府信息,由保存该政府信息的行政机关负责公开;行政机关获取的其他行政机关的政府信息,由制作或者最初获取该政府信息的行政机关负责公开。法律、法规对政府信息公开的权限另有规定的,从其规定。

行政机关设立的派出机构、内设机构依照法律、法规对外以自己名义履行行政管理职能的,可以由该派出机构、内设机构负责与所履行行政管理职能有关的政府信息公开工作。

两个以上行政机关共同制作的政府信息,由牵头制作的行政机关负责公开。

《国务院办公厅政府信息与政务公开办公室关于机构改革后政府信息公开申请办理问题的解释》（国办公开办函〔2019〕14号）

第五，行政机关职权划入党的机关的，如果党的机关对外加挂行政机关牌子，相关信息公开事项以行政机关名义参照前述规定办理；如果党的机关没有对外加挂行政机关牌子，相关信息公开事项按照《中国共产党党务公开条例（试行）》办理。

（4）以案说法。

案例：党政联合发文是否属于政府信息？

【结论】

如党政联合发文的内容涉及信息公开主体的公共管理职责，给相对人设定具体的权利义务或对外产生其他影响，则一般应纳入政府信息范畴。

【案情简介1】

张某向北京市某区政府提交信息公开申请，要求获取"轨道交通××线征地拆迁实施方案的纸质文本"。该区政府查找后书面答复张某：经查，您申请获取的"轨道交通××线征地拆迁实施方案"信息为《中共某区委 某区政府关于成立轨道交通××线征地拆迁指挥部的通知》（京××文〔2009〕3号）（以下称3号文件）文件附件，由中共某区委印发，根据原条例第二条相关规定，该信息不属于政府信息公开范围。张某不服，向法院提起诉讼，请求撤销该区政府作出的答复，并责令该区政府向张某公开其所需的信息。一审、二审法院判决驳回张某的诉讼请求后，张某向最高院申请再审。

另外，3号文件是中共某区委以党组织文号制发的党政联合文件，"轨道交通××线征地拆迁实施方案"是该文件附件，包括"总体目标""工作进度安排""保障措施""工作要求"等内容，但不含"拆迁补偿和安置"等为拆迁人、被拆迁人设定权利义务的内容，并非《北京市城市房屋拆迁管理办法》（北京市人民政府令第87号）、《北京市集体土地房屋拆迁管理办法》（北京市人民政府令第124号）规定的、由拆迁人制定并由拆迁行政主管机关批准的、以拆迁补偿和安置为具体内容的拆迁方案或拆迁实施方案。

【裁判理由】

最高人民法院认为，根据原条例第二条的规定，政府信息是指行政机关在履行职责过程中制作或者获取的，以一定形式记录、保存的信息。据此，信息公开制度的适用主体和参照执行主体是行政机关、法律法规授权的组织等，党组织发布的党务信息以及由党组织制发的党政联合文件，一般不属于条例调整的范围。

本案中，张某申请公开的"轨道交通××线征地拆迁实施方案"是以中共某区委为制定主体，并以党委文号制发的党政联合文件3号文件的附件，且仅是有关单位在开展轨道交通××线征地拆迁工作中，对其目标进度、措施保障、分工安排等予以宏观指导，不涉及对拆迁人、被拆迁人相关具体权利义务的设定，其既不是《中华人民共和国土地管理法实施条例》（中华人民共和国国务院令第653号）第二十三条、第二十五条规定的由被征收土地所在地的市、县人民政府组织实施的土地征收行政行为，也不是《北京市集体土地房屋拆迁管理办法》（北京市人民政府令第124号）第十条第一款规定的经区、县国土房管部门批准执行的拆迁实施方案。因此，最高院认为，张某申请公开的信息不属于原条例第二条规定的政府信息，该区政府以其所申请公开的信息不属于政府信息为由告知张某不予公开并无不当，一审、二审法院在查明该信息具体内容后，判决驳回张某的诉讼请求亦无不当。

【案情简介2】

袁某向某县政府提交信息公开申请，要求获取"《关于印发〈某县农村危旧土坯房改造工作实施方案（试行）的通知〉》"。该县政府收到后，未对袁某的申请作出回复。袁某向法院提起诉讼，请求判决确认该县政府未履行信息公开答复职责的行为违法，要求该县政府对其提出的信息公开申请作出答复。

另外，该县政府在此前的信访答复中曾告知袁某，按照《关于印发〈某县农村危旧土坯房改造工作实施方案（试行）〉的通知》文件精神，袁某不能列为农村危旧土坯房改造对象。

【裁判理由】

法院认为，根据原条例第二条的规定，政府信息是指行政机关在履行职责过程中制作或获取的，以一定形式记录、保存的信息。党委履行其职责过程中制作或获取的信息，一般不属于政府信息公开范围。但党委制作的信息涉及履行社会公共管理职责内容的，应纳入政府信息范畴。

本案中，袁某申请公开的《某县农村危旧土坯房改造工作实施方案（试行)》虽以党委文号发布，但该文件系由该县委员会办公室和该县人民政府办公室联合发文，文件的内容属于履行公共管理职责范畴，应纳入政府信息范畴。故该县政府在庭审中提出该文件属党委发文、不属于政府信息的理由不能成立，该县政府未对袁某的申请作出回复的行为亦不符合法律规定。因此，袁某提出的判决该县人民政府履行该项公开政府信息的诉讼请求成立，法院予以支持。

【律师点评】

判断党政联合发文是否属于政府信息的关键在于，文件内容是否涉及行政机关的公共管理职责，或是否给相对人设定具体的权利义务。

在案例1中，张某申请公开"轨道交通××线征地拆迁实施方案"，该文件仅是有关单位对征地拆迁工作的目标进度、措施保障、分工安排等进行的宏观指导，未对拆迁人、被拆迁人设定具体的权利义务。同时，该文件虽然被命名为"实施方案"，但文件内容与《北京市集体土地房屋拆迁管理办法》（北京市人民政府令第124号）第十条第一款规定的经区、县国土房管部门批准执行的拆迁实施方案并不相同，相关主体亦不能够依据该文件直接开展拆迁工作，该文件并非某区政府履行公共管理职责所制作的信息，因此不属于政府信息。

而在案例2中，袁某申请公开《某县农村危旧土坯房改造工作实施方案（试行）》，该方案将包含袁某在内的部分村民排除在改造对象范围之外，故该方案对袁某等部分村民的权利义务产生了实质影响，属于行政机关履行公共管理职责过程中制作的信息。因此，该方案即便以党委文号发文，亦属于政府信息。

【应对方式】

党政联合发文原则上不属于政府信息，但也不宜仅根据文号进行一刀切式地认定，还应对文件内容进行审查，若文件内容涉及行政机关的公共管理职责，给相对人设定了具体的权利义务或对外产生影响，则仍可能属于政府信息。同时，信息公开主体如果认为党政联合发文不属于政府信息，应当承担举证责任。

4.1.2 信访信息

（1）具体内容介绍。实践中，许多信访人会采用书信等书面形式向行政机关提出信访诉求，同时，由于《信访工作条例》明确规定，行政机关在收到信访事项后，应当对信访人进行答复。因此，行政机关在履行信访职责过程中也会制作、获取并保存部分信息。此类在信访活动中产生的信息即为信访信息。

而根据条例第三十九条的规定，申请人以信息公开申请的形式进行信访、投诉、举报等活动时，行政机关应当告知申请人不作为信息公开申请处理，并可以告知通过相应渠道提出。结合条例与《信访工作条例》不难分析出，"以政府信息公开名义进行信访活动"与"申请公开信访信息"并非同一概念，故信息公开主体在答复类型的适用上亦应有所不同。而在实践中，信息公开主体经常将二者相混淆，导致答复类型适用错误。本节将对二者的区别进行分析，为信息公开主体准确作出答复提供参考。

（2）实操指导。①"申请公开信访信息"的落脚点是获取信息，而"以政府信息公开名义进行信访活动"的落脚点是反映情况，提出建议、意见或投诉请求，二者有本质的区别。信息公开主体不能在申请内容中看到"信访"字样，或者认为申请的信息与"信访"相关，即认定该申请属于"以信息公开名义进行信访活动"。因此，信息公开主体首先应当对申请内容是"获取信息"还是"表达诉求"作出判断。常见的与信访相关的信息公开申请有以下几类。

第一类是申请公开信访工作流程信息及法定信访文书。信访工作流程信息如信访受理登记、工作流转、办结登记等；法定信访文书如信访申请书、信访答复书、信访复查申请书、信访复查意见书、信访复核申请书、信访复核意见书等。上述信息均属信访信息。

第二类是申请公开信访活动过程中信访人提交的或者信访机关获取的信息。如果信访人提交的或者信访机关获取的信息，其形成时本身属于政府信息，则不会因信访人在信访活动中使用而变成信访信息，申请公开这类信息亦不属于"以信息公开名义进行信访活动"。

第三类是申请人申请公开政府信息系为后续信访活动做准备。虽然申请信息的目的是为后续信访做准备，但是在提出信息公开申请时，申请内容和申请行为均受到条例的调整，不能因信息的使用目的是后续进行信访活动即认为本次申请属于"以信息公开名义进行信访活动"。

第四类是申请人的信息公开描述实质是反映问题，或要求信息公开主体对所反映的问题作出处理，不属于信息公开申请范畴，信息公开主体可不予处理。但是，即便不予处理，亦应当对申请作出答复告知。

②根据申请内容是"获取信息"还是"表达诉求"的不同，信息公开主

体应当适用不同的答复类型:

第一类,申请公开信访信息的,信息公开主体应当答复"不属于条例调整范畴"。根据《信访工作条例》的规定,对信访人提出的意见、建议或投诉请求的处理,是行政机关履行信访职责的体现,而非履行行政管理职能。故因履行信访职责所产生的信息,不属于条例第二条规定的行政机关在履行行政管理职能过程中制作、获取并保存的信息。因此,信访信息不属于条例第二条规定的政府信息,不属于条例调整范畴。

第二类,以信息公开申请的形式进行信访、投诉、举报等活动时,信息公开主体应当答复"依照《信访工作条例》或其他特别法规定的途径办理"。根据条例第十条第一款的规定,在法律、法规对信息公开的权限作出特别规定的情况下,应当优先适用特别法的规定。《信访工作条例》明确规定,信访人可以查询、评价信访事项办理情况。

(3) 法条链接。

《中华人民共和国政府信息公开条例》(中华人民共和国国务院令第711号)

第二条 本条例所称政府信息,是指行政机关在履行行政管理职能过程中制作或者获取的,以一定形式记录、保存的信息。

第三十九条 申请人以政府信息公开申请的形式进行信访、投诉、举报等活动,行政机关应当告知申请人不作为政府信息公开申请处理并可以告知通过相应渠道提出。

申请人提出的申请内容为要求行政机关提供政府公报、报刊、书籍等公开出版物的,行政机关可以告知获取的途径。

《信访工作条例》

第十七条 公民、法人或者其他组织可以采用信息网络、书信、电话、传真、走访等形式,向各级机关、单位反映情况,提出建议、意见或者投诉请求,有关机关、单位应当依规依法处理。

采用前款规定的形式,反映情况,提出建议、意见或者投诉请求的公民、法人或者其他组织,称信访人。

第十八条 各级机关、单位应当向社会公布网络信访渠道、通信地址、咨询投诉电话、信访接待的时间和地点、查询信访事项处理进展以及结果的方式等相关事项,在其信访接待场所或者网站公布与信访工作有关的党内法规和法律、法规、规章，信访事项的处理程序，以及其他为信访人提供便利的相关事项。

各级机关、单位领导干部应当阅办群众来信和网上信访、定期接待群众来访、定期下访，包案化解群众反映强烈的突出问题。

市、县级党委和政府应当建立和完善联合接访工作机制，根据工作需要组织有关机关、单位联合接待，一站式解决信访问题。

任何组织和个人不得打击报复信访人。

第二十一条 各级党委和政府应当加强信访工作信息化、智能化建设，依规依法有序推进信访信息系统互联互通、信息共享。

各级机关、单位应当及时将信访事项录入信访信息系统，使网上信访、来信、来访、来电在网上流转，方便信访人查询、评价信访事项办理情况。

（4）以案说法。

案例：信访信息是否属于政府信息？

【结论】

行政机关依照《信访工作条例》处理信访的行为不属于履行行政管理职能，故行政机关在履行信访职责中产生的信息，不属于条例规定的政府信息。

【案情简介】

马某向某市公安局提交信息公开申请，要求获取"2015年11月13日申请人用邮件编号：XA58971715531提出的复查申请所作出的复查意见"。该市公安局受理马某的信息公开申请后，对其申请内容进行查找，发现其申请内容涉及信访事项，且该市公安局已按照信访程序处理，故书面告知马某：经审查，您要求获取的信息请按照《信访条例》《某市信访条例》的规定，向该市公安局信访处查询，并告知联系电话及地址。马某不服，向法院提起诉讼，请求撤销该市公安局作出的告知，并责令该市公安局公开其所需的信息。

【裁判理由】

法院认为，公民、法人或者其他组织提起行政诉讼，应当符合法定起诉条件。起诉不符合法定条件，已经立案的，应当裁定驳回起诉。原条例第二条规定，政府信息是指行政机关在履行职责过程中制作或者获取的，以一定形式记录、保存的信息。《信访条例》（中华人民共和国国务院令第431号）第二条规定，信访是指公民、法人或者其他组织采用书信、电子邮件、传真、电话、走访等形式，向各级人民政府、县级以上人民政府工作部门反映情况，提出建议、意见或者投诉请求，依法由有关行政机关处理的活动。

本案中，某市公安局依照《信访条例》（中华人民共和国国务院令第431号）处理信访复查的行为不属于履行行政管理职能的行为，故该市公安局在行使信访职责中产生的有关信息，不属于原条例第二条所指的政府信息。因此，马某据此所提的诉讼请求不属于法院行政诉讼受案范围，故裁定驳回马某的起诉。

【律师点评】

根据《信访条例》（中华人民共和国国务院令第431号）第三十四条的规定，信访人对行政机关作出的信访事项处理意见不服的，可以自收到书面答复之日起30日内请求原办理行政机关的上一级行政机关复查。收到复查请求的行政机关应当自收到复查请求之日起30日内提出复查意见，并予以书面答复。因此，本案中，无论是马某提交的书面复查申请书，还是该市公安局提出的复查意见书，均属于该市公安局在履行信访职能过程中产生的信息，不属于条例第二条所指的政府信息。

【应对方式】

首先，应判断申请人申请获取的信息是否属于信息公开主体在履行信访职能过程中产生的信息。如申请人申请获取的信息确系信息公开主体因履行信访职能而产生，则此类信访信息不属于政府信息。

其次，还应特别注意的是，如果申请获取的信息属于信访活动中信访人提交的或者信访机关获取的政府信息，例如信访人在提出信访申请的同时还提交了某处房屋征收决定作为证据，则由于该房屋征收决定本身性质属于政府信息，便不因信访人在信访活动中使用而变成信访信息。

4.1.3　其他与履行行政管理职能无关的信息

（1）具体内容介绍。条例在原条例的基础上，进一步明确了政府信息的定义。条例第二条规定，政府信息是指行政机关在履行行政管理职能过程中制作或者获取的，以一定形式记录、保存的信息。此处的行政管理职能是指法律、法规、规章、规范性文件规定的具体、明确的职责，即行政机关的"法定职责"。实践中，行政机关除在履行行政管理职能过程中会制作、获取、保存信息外，在履行其他职能过程中，也会制作、获取、保存相关信息。而对于此种与履行行政管理职能无关的信息，是否属于政府信息范畴，信息公开主体常存在判断困难。本节内容主要通过对行政管理职能展开讲解，指导信息公开主体准确理解和辨别与履行行政管理职能无关的信息。

（2）实操指导。判断行政机关对某个事项是否具有行政管理职能，一般可通过查找相关法律、法规、规章、规范性文件以及行政机关的"三定方案"等进行判断。

常见的与履行行政管理职能无关的信息包括行政机关作为民事主体签订的民事合同、公安机关履行刑事侦查职能过程中产生的信息等。此外，根据《中华人民共和国企业国有资产法》（中华人民共和国主席令第5号）第六条、第十一条、《企业国有资产监督管理暂行条例》（中华人民共和国国务院令第709号）第七条第二款的规定，在不干预企业依法自主经营的原则下，国有资产监督管理机构根据本级人民政府的授权，代表本级人民政府对国家出资企业履行出资人职责过程中产生的信息，亦属于与履行行政管理职能无关的信息。

判断行政机关履行的某项职能是否属于行政管理职能，可结合对于此项职能是否有法律、法规、规章、规范性文件等特别规定，以及此项职能是否具有行政行为的强制性、拘束力和执行力，是否会对外部产生影响等综合判定。

需特别说明的是，行政机关在进行内部管理时产生的人事管理、后勤管理、内部工作流程等方面的内部事务信息，本质上属于与履行行政管理职能无关的信息。因为此类信息是否公开对申请人的权利义务并不会产生影响。但条例第十六条第一款明确规定，行政机关的前述内部事务信息可以不予公开，即对于内部事务信息这类与履行行政管理职能无关的信息，条例对其答复类型作出了特别规定。因此，信息公开主体在对公开内部事务信息的申请进行答复时，建议答复类型选择"不予公开"。

（3）法条链接。

《中华人民共和国政府信息公开条例》（中华人民共和国国务院令第711号）

第二条　本条例所称政府信息，是指行政机关在履行行政管理职能过程中制作或者获取的，以一定形式记录、保存的信息。

(4) 以案说法。

①**案例：国有资产监督管理机构在履职过程中产生的信息，是否属于政府信息？**

【结论】

国有资产监督管理机构进行产权界定过程中产生的信息，属于政府信息；但国有资产监督管理机构代表本级人民政府对国家出资企业履行出资人职责过程中产生的信息，不属于政府信息。

【案情简介】

2019年4月18日，赵某向某区国资委提出信息公开申请，申请内容为"某集团收购某有限公司的相关文件"。后赵某对该区国资委作出的答复不服，提起诉讼。

【裁判理由】

法院认为，原条例第二条规定，本条例所称政府信息，是指行政机关在履行职责过程中制作或者获取的，以一定形式记录、保存的信息。《中华人民共和国企业国有资产法》（中华人民共和国主席令第5号）第六条规定，国务院和地方人民政府应当按照政企分开、社会公共管理职能与国有资产出资人职能分开、不干预企业依法自主经营的原则，依法履行出资人职责。该法第十一条第一款规定，国务院国有资产监督管理机构和地方人民政府按照国务院的规定设立的国有资产监督管理机构，根据本级人民政府的授权，代表本级人民政府对国家出资企业履行出资人职责。同时，《企业国有资产监督管理暂行条例》（中华人民共和国国务院令第709号）第七条第二款规定，国有资产监督管理机构不行使政府的社会公共管理职能，政府其他机构、部门不履行企业国有资产出资人职责。

本案中，该区国资委代表该区人民政府对所出资企业，依法履行出资人职责而非社会公共管理职能。赵某申请的信息，属于该区国资委在履行出资人职责过程中制作或者获取的信息，不属于原条例所称的政府信息。故赵某的起诉不属于法院受案范围，应予驳回。

【律师点评】

行政机关在日常工作中会产生诸多信息，但并非只要是行政机关制作、获取并保存的信息都属于政府信息。只有行政机关在履行"行政管理"职能时制作、获取并保存的信息才属于政府信息，履行其他职能时产生的信息，即便是行政机关制作、获取并保存的，也不属于政府信息，申请公开此类信息亦不属于条例调整范畴。

最高人民法院办公厅在《关于以行政复议相关案由诉国资委是否属于行政诉讼受案范围意见的复函》（法办函〔2019〕90号）中答复，除非国资委作出了产权界定行为，否则不宜作为行政诉讼被告主体。即国资委进行产权界定行为属于履行行政管理职责，国资委的其他履职行为则属于代表本级人民政府履行出资人职责。因此，本案中，由于申请公开的"某集团收购某有限公司的相关文件"并不属于该区国资委进行产权界定过程中产生的信息，故法院并未对该区国资委的答复进行实体审理，而是直接以该区国资委不具有信息公开主体资格为由，裁定驳回了赵某的起诉。

【应对方式】

国有资产监督管理机构在履职过程中产生的信息是否属于政府信息，应当视情况而定：国有资产监督管理机构根据本级人民政府的授权，代表本级人民政府对国家出资企业履行出资人职责过程中产生的信息，属于与履行行政管理职能无关的信息，不属于政府信息；国有资产监督管理机构进行产权界定过程中产生的信息，属于履行行政管理职能过程中产生的信息，属于政府信息。

②案例："接诉即办"产生的信息是否属于政府信息？

【结论】

"接诉即办"产生的信息不属于政府信息。

【案情简介】

张某因某胡同23号院内违法建设占用消防通道一事，持续通过走访、电话、信件、12345热线等多种渠道反映情况。张某向该街道办事处申请公开"2020年6月30日街道给'12345'的回复（关于某胡同23号院违建问题）的信息"。该街道办事处作出《政府信息公开告知书》，主要内容为：您申请获取2020年6月30日街道给"12345"的回复（关于某胡同23号院违建问题）的信息，按照《中华人民共和国政府信息公开条例》第二条，您申请的信息属于非政府信息，不属于政府信息公开申请范围。张某不服，提起诉讼。

【裁判理由】

法院认为，张某申请公开的"2020年6月30日街道给'12345'的回复，关于某胡同23号院违法建设问题"实质系该街道办事处在接到"12345"转办部门向其转办相关投诉问题过程中产生的信息，张某的申请属于信访、咨询类事项，其申请公开的信息不属于条例第二条规定的政府信息。

【律师点评】

"12345"为各地人民政府普遍设立的便民服务热线。本案所反映的信息公开实务焦点在于：行政机关通过接诉即办平台，即"12345"热线接、转、回复所产生的信息是否属于政府信息。

《北京市接诉即办工作条例》第二条第二款规定："本条例所称接诉即办工作，是指本市对自然人、法人或者其他组织（以下统称诉求人）提出的涉及本行政区域的咨询、求助、投诉、举报、建议等诉求给予快速响应、高效办理、及时反馈和主动治理的为民服务机制。"该条第三款规定："本市设立12345市民服务热线及其网络平台，作为受理诉求人诉求的主渠道；推进除110、119、120、122等紧急服务热线以外的政务服务便民热线归并至12345市民服务热线。"

根据上述规定可知，"12345"便民服务热线，是对公民各项诉求、举报、建议、意见等向各有关部门进行中转的平台，该平台所产生的信息体现的是对诉求人来电咨询、求助、投诉、举报、建议等诉求的快速响应、高效办理、及时反馈和主动治理，是政民互动沟通的载体，不属于条例第二条规定的"行政机关在履行行政管理职能过程中制作或者获取的，以一定形式记录、保存的信息"。

【应对方式】

申请人申请公开"12345"便民服务热线产生的相关信息，信息公开主体可答复不属于条例调整范畴。同时可以引导申请人通过"12345"便民服务热线、信访等其他渠道，实质性解决问题。

4.2 申请公开的信息不属于应予公开的范围

4.2.1 确定为国家秘密的信息

（1）具体内容介绍。国家秘密是指关系国家安全和利益，依照法定程序确定，在一定时间内只限一定范围的人员知悉的事项。实践中，有的信息公开主体因对国家秘密没有明确而清晰的认识，对申请公开的信息是否属于国家秘密无法作出准确的判断，导致答复类型选择错误甚至败诉。本节内容主要通过对国家秘密含义的解读，指导信息公开主体准确甄别国家秘密，作出正确答复。

（2）实操指导。根据条例第十四条的规定，依法确定为国家秘密的信息不予公开。即区别于商业秘密与个人隐私，国家秘密属于绝对不予公开的信息。

根据《中华人民共和国保守国家秘密法》（中华人民共和国主席令第20号）第二条、第十四条的规定，国家秘密是关系国家安全和利益，依照法定程序确定，在一定时间内只限一定范围的人员知悉的事项。国家秘密的密级分为绝密、机密、秘密三级。因此，判断申请公开的信息是否属于国家秘密，关键在于申请公开的信息是否关系国家安全和利益，以及是否依照法定程序被确定为国家秘密，具体表现为申请公开的信息是否属于绝密、机密、秘密三种密级之一。如果申请公开的信息不满足前述条件，则不能够被认定为国家秘密。

需特别注意的是，条例修订后，将原条例的"涉及国家秘密"改为"依法确定为国家秘密"，即条例将绝对不予公开的国家秘密范围进行了限缩。当且仅当申请公开的信息被"依法确定"为国家秘密时，才属于绝对不予公开的信息。而其他的"派生"信息（如根据某份被确定为国家秘密的文件制定的其他文件），如果没有经过定密程序被确定为国家秘密，则不能够以国家秘密为由不予公开。

此外，关于信息被确定为国家秘密的时间的问题，有人主张，对于事先没有确定密级，在请求公开政府信息时才补定密级的，不得作为国家秘密对待。对此，我们持否定观点。由于国家秘密涉及国家安全和利益，泄露后可能损害国家在政治、经济、国防、外交等领域的安全和利益，故国家秘密属于绝对不予公开的信息。虽然一般情况下，信息公开主体应在信息形成之时即确定该信息是否定密以及属于何种密级。但根据《中华人民共和国保守国家秘密法》（中华人民共和国主席令第20号）第四十七条的规定，国家工作人员或者其他公民发现国家秘密已经泄露或者可能泄露时，应当立即采取补救措施并及时报告有关机关、单位。即如果申请公开的信息确实涉及国家秘密，一旦公开可能会造成国家秘密的泄露，但收到申请之时信息尚未被定密，信息公开主体则有立即采取补救措施的义务。因此，在收到信息公开申请后、作出答复前，信息公开主体仍有必要对属于国家秘密的信息采取补定密措施。

综上所述，信息公开主体在进行答复时，应充分衡量公民知情权与国家利益，既不能侵犯申请人依法获取信息的权利，也不能放任国家秘密泄露而使国家利益受到损害。

（3）法条链接。

《中华人民共和国政府信息公开条例》（中华人民共和国国务院令第 711 号）

第十四条　依法确定为国家秘密的政府信息，法律、行政法规禁止公开的政府信息，以及公开后可能危及国家安全、公共安全、经济安全、社会稳定的政府信息，不予公开。

第十八条　行政机关应当建立健全政府信息管理动态调整机制，对本行政机关不予公开的政府信息进行定期评估审查，对因情势变化可以公开的政府信息应当公开。

第三十六条第（三）项　对政府信息公开申请，行政机关根据下列情况分别作出答复：

（三）行政机关依据本条例的规定决定不予公开的，告知申请人不予公开并说明理由。

《中华人民共和国保守国家秘密法》（中华人民共和国主席令第 20 号）

第二条　国家秘密是关系国家安全和利益，依照法定程序确定，在一定时间内只限一定范围的人员知悉的事项。

第十三条　下列涉及国家安全和利益的事项，泄露后可能损害国家在政治、经济、国防、外交等领域的安全和利益的，应当确定为国家秘密：

（一）国家事务重大决策中的秘密事项；

（二）国防建设和武装力量活动中的秘密事项；

（三）外交和外事活动中的秘密事项以及对外承担保密义务的秘密事项；

（四）国民经济和社会发展中的秘密事项；

（五）科学技术中的秘密事项；

（六）维护国家安全活动和追查刑事犯罪中的秘密事项；

（七）经国家保密行政管理部门确定的其他秘密事项。

政党的秘密事项中符合前款规定的，属于国家秘密。

第十四条　国家秘密的密级分为绝密、机密、秘密三级。

绝密级国家秘密是最重要的国家秘密，泄露会使国家安全和利益遭受特别严重的损害；机密级国家秘密是重要的国家秘密，泄露会使国家安全和利益遭受严重的损害；秘密级国家秘密是一般的国家秘密，泄露会使国家安全和利益遭受损害。

(4) 以案说法。

案例：信息公开主体以信息被依法确定为国家秘密为由不予公开时，应进行哪些应诉准备？

【结论】

以信息被依法确定为国家秘密为由不予公开的，信息公开主体需要提供定密文件等证据，用以证明该信息确已被确定为国家秘密。

【案情简介】

韩某向某区政府申请公开"某区实有人口委工作会上，孙某与部门及街镇代表签订的责任书"。该区政府以该信息涉及国家秘密为由，拒绝向韩某公开。韩某不服向法院起诉。该区政府向法院提交的证据中包括《某区人民政府办公室联合发文审批单》，用以证明韩某申请获取的信息涉及国家秘密，属法定不予公开范畴。

另查明，韩某申请获取的信息是依据《某区增强核心功能调控人口规模工作方案》和《某区增强核心功能调控人口规模重点任务分解方案》制定，这两部文件为秘密级国家秘密。

【裁判理由】

法院认为，韩某申请获取的信息是依据《某区增强核心功能调控人口规模工作方案》和《某区增强核心功能调控人口规模重点任务》制定，这两部文件经过信息公开的保密审查后被确定为秘密级国家秘密。韩某申请获取的信息与其制定的依据密切相关，属于原条例中"涉及国家秘密"的政府信息，系原条例规定的不予公开的信息，故法院判决驳回韩某的诉讼请求。

【律师点评】

本案发生于信息公开条例修订前，原条例第十四条第四款规定，信息公开主体不得公开涉及国家秘密、商业秘密、个人隐私的政府信息。故法院以"涉及国家秘密"为由判决驳回韩某的诉讼请求。为尽到举证责任，某区政府提供了《某区人民政府办公室联合发文审批单》，并提供了《某区增强核心功能调控人口规模工作方案》和《某区增强核心功能调控人口规模重点任务》

属于国家秘密的线索,法院依职权核实后,确认韩某申请公开的信息属于涉及国家秘密的信息。

【应对方式】

在涉及国家秘密的政府信息公开案件中,法院审查的重点主要集中在信息公开主体主张信息属于国家秘密是否有确实充分的证据支持。在证据准备上,信息公开主体应重点关注以下方面:

①承载国家秘密的载体应具有国家秘密标志。书面形式的载体一般在封面或首页做出国家秘密标志;地图、图纸、图表则在其标题之后或者首页做出国家秘密标志。非书面形式的载体,一般以能够明显识别的方式予以标注;有包装(盒、套、袋)的载体,一般以恰当方式在载体包装上标注。汇编涉密文件、资料,一般对各独立文件、资料作出标志,并在封面或者首页以其中最高密级和最长保密期限做出标志。电子文档中含有国家秘密内容的,其国家秘密标志一般与文档正文不可分离。在举证时,一般向法院提供加盖有"绝密""机密""秘密"印章的文件首页即可予以证明。

②国家秘密的保密期限应尚未期满,亦未提前解密。根据《中华人民共和国保守国家秘密法》(中华人民共和国主席令第20号)第二十条第二款的规定,国家秘密的保密期限,除另有规定外,绝密级不超过30年,机密级不超过20年,秘密级不超过10年。因此,信息公开主体不仅需要审查信息是否已经依照法定程序被确定为国家秘密,还需审查国家秘密的保密期限是否已满并自行解密,或者在保密期限内的国家秘密是否已经提前解密。

③涉及国家秘密的证据,不得在开庭时公开质证。根据《最高人民法院关于行政诉讼证据若干问题的规定》(法释〔2002〕21号)第十八条、第三十七条的规定,信息公开主体提供的定密文件等证据涉及国家秘密的,应当作出明确标注,并向法庭进行说明;涉及国家秘密的证据,不得在开庭时公开质证。如果法院认为信息公开主体提供的证据不充分或者存在重大嫌疑,对是否属于国家秘密或者属于何种密级不明确或者有争议的,应当依照《中华人民共和国保守国家秘密法》(中华人民共和国主席令第20号)第二十五条和第五十三条的规定,送请国家保密行政管理部门或者省、自治区、直辖市保密行政管理部门确定或鉴定。

4.2.2 涉及商业秘密的信息

(1)具体内容介绍。商业秘密是指不为公众所知悉、具有商业价值并经权利人采取相应保密措施的技术信息、经营信息等商业信息。实践中，当申请公开的信息涉及商业秘密时，信息公开主体往往会启动征求第三方意见程序。而信息公开主体对信息是否属于商业秘密的判断往往过于依赖第三方的意见，甚至不会要求第三方提供相应的证据，亦不会对第三方提供的证据进行审查，导致无法作出准确判断。本节内容主要通过对商业秘密含义的解读，指导信息公开主体准确甄别商业秘密。

（2）实操指导。首先，信息公开主体对信息是否涉及商业秘密具有最初的判断义务。经判断，信息公开主体如果认为信息涉及商业秘密，根据条例第三十二条的规定，信息公开主体可向第三方征求意见。第三方认为信息属于其商业秘密时，信息公开主体可要求第三方说明理由或提供相应的证据证明。如果第三方的理由不合理或证据无法证明信息确属其商业秘密，信息公开主体可不予采纳，并自行判定信息性质，最终决定是否予以公开。关于征求第三方意见的详细判断流程及相关注意事项可查阅本书第5章"政府信息公开需要征求第三方意见"的内容。

其次，信息公开主体判断信息是否涉及商业秘密，以及要求第三方说明理由或提供证据，均应围绕以下标准展开：

根据《中华人民共和国反不正当竞争法》（中华人民共和国主席令第29号）第九条的规定，商业秘密是指不为公众所知悉、具有商业价值并经权利人采取相应保密措施的技术信息、经营信息等商业信息。即并非第三方不愿公开的信息都属于商业秘密范畴，商业秘密应当具有秘密性、商业价值性和保密性三个特征。

①秘密性。世界各国及国际条约对商业秘密无例外地要求具有秘密性，我国法律中"不为公众所知悉"描述的即是一种对秘密状态的要求。因此，秘密性是商业秘密区别于其他信息的根本属性，是决定信息是否构成商业秘密的最权威因素。一般而言，秘密性首先应表现为一种客观的秘密状态，即"不为公众所知悉"应是一种客观事实，它与信息持有人的主观认识无关。其次，秘密性是相对的，而非绝对的，即并非要求商业秘密拥有人之外的所有人都不知悉有关信息。相对的秘密性又可分为主体标准的相对性和秘密状态的相对性。

主体标准的相对性。根据《最高人民法院关于审理侵犯商业秘密民事案件适用法律若干问题的规定》（法释〔2020〕7号）第三条规定，权利人请求保护的信息在被诉侵权行为发生时不为所属领域的相关人员普遍知悉和容易获得的，应当认定为反不正当竞争法所称的"不为公众所知悉"。即"不为公众所知悉"中的"公众"并非一般意义上的"社会上大多数的人"，而是指与掌握信息的商业秘密权利人处于同行业或者同领域的工作者或竞争者。

秘密状态的相对性。绝对的秘密性不利于生产经营活动的正常开展，可能阻碍市场交易的正常进行，使管理成本剧增。因此，秘密性不求绝对的秘密状态，诸如在企业内部负有相关工作职责的职工知悉商业秘密、必要的业务合作伙伴合理地知悉商业秘密并承担了保密义务等情形下，商业秘密均不会丧失秘密性。

②商业价值性。"价值"指"体现在商品里的社会必要劳动"。而对于商业秘密而言，其商业价值性一般包含两个层面的含义：一是商业秘密的价值是人的劳动创造的价值；二是商业秘密给权利人带来现实的或潜在的经济利益或竞争优势。

③保密性。《最高人民法院关于审理侵犯商业秘密民事案件适用法律若干问题的规定》（法释〔2020〕7号）第五条、第六条规定，权利人为防止商业秘密泄露，在被诉侵权行为发生以前所采取的合理保密措施，应当认定为反不正当竞争法所称的"相应保密措施"。人民法院应当根据商业秘密及其载体的性质、商业秘密的商业价值、保密措施的可识别程度、保密措施与商业秘密的对应程度以及权利人的保密意愿等因素，认定权利人是否采取了相应保密措施。具有下列情形之一，在正常情况下足以防止商业秘密泄露的，应当认定权利人采取了相应保密措施：签订保密协议或者在合同中约定保密义务的；通过章程、培训、规章制度、书面告知等方式，对能够接触、获取商业秘密的员工、前员工、供应商、客户、来访者等提出保密要求的；对涉密的厂房、车间等生产经营场所限制来访者或者进行区分管理的；以标记、分类、隔离、加密、封存、限制能够接触或者获取的人员范围等方式，对商业秘密及其载体进行区分和管理的；对能够接触、获取商业秘密的计算机设备、电子设备、网络设备、存储设备、软件等，采取禁止或者限制使用、访问、存储、复制等措施的；要求离职员工登记、返还、清除、销毁其接触或者获取的商业秘密及其载体，继续承担保密义务的；采取其他合理保密措施的。

因此，某一信息要成为商业秘密并获得法律保护，需要权利人主观上具有对该信息的管理意思（为防止信息泄露）的同时，客观上采取了管理措施（保护措施）。主客观的结合是保密性的完整含义。

(3）法条链接。

《中华人民共和国政府信息公开条例》（中华人民共和国国务院令第 711 号）

第十五条　涉及商业秘密、个人隐私等公开会对第三方合法权益造成损害的政府信息，行政机关不得公开。但是，第三方同意公开或者行政机关认为不公开会对公共利益造成重大影响的，予以公开。

第十八条　行政机关应当建立健全政府信息管理动态调整机制，对本行政机关不予公开的政府信息进行定期评估审查，对因情势变化可以公开的政府信息应当公开。

第三十二条　依申请公开的政府信息公开会损害第三方合法权益的，行政机关应当书面征求第三方的意见。第三方应当自收到征求意见书之日起 15 个工作日内提出意见。第三方逾期未提出意见的，由行政机关依照本条例的规定决定是否公开。第三方不同意公开且有合理理由的，行政机关不予公开。行政机关认为不公开可能对公共利益造成重大影响的，可以决定予以公开，并将决定公开的政府信息内容和理由书面告知第三方。

第三十六条第（三）项　对政府信息公开申请，行政机关根据下列情况分别作出答复：

（三）行政机关依据本条例的规定决定不予公开的，告知申请人不予公开并说明理由。

第三十七条　申请公开的信息中含有不应当公开或者不属于政府信息的内容，但是能够作区分处理的，行政机关应当向申请人提供可以公开的政府信息内容，并对不予公开的内容说明理由。

《中华人民共和国反不正当竞争法》（中华人民共和国主席令第 29 号）

第九条　本法所称的商业秘密，是指不为公众所知悉、具有商业价值并经权利人采取相应保密措施的技术信息、经营信息等商业信息。

（4）以案说法。

案例：如何判断政府信息是否涉及商业秘密？

【结论】

政府信息必须同时满足《中华人民共和国反不正当竞争法》（中华人民共和国主席令第 29 号）规定的商业秘密的全部要件，即秘密性、商业价值性、保密性，才可被认定为属于或涉及商业秘密。

【案情简介】

2015年9月14日，阳某向某食药监局申请公开所批准的某化妆产品的"全部配方成分（不含百分比）和生产工艺简述"。该食药监局认为该信息属于技术信息和经营信息，且具有商业价值，应当属于商业秘密，故该食药监局向第三方征求意见。后第三方不同意公开，故该食药监局告知阳某，其申请公开的信息涉及商业秘密，不予公开。阳某不服，提起诉讼。

另外，第三方的官方网站上已经公开的该化妆产品信息中包括配方成分（包括11项原料名称）、生产工艺的六个步骤。

【裁判理由】

法院认为，根据当时有效的《中华人民共和国反不正当竞争法》（中华人民共和国主席令第10号）第十条第三款的规定，商业秘密是指不为公众所知悉、能为权利人带来经济利益、具有实用性并经权利人采取保密措施的技术信息和经营信息。阳某申请公开的内容属于生产企业的技术经营信息，可能在化妆品市场竞争中使企业处于较为有利地位，获得竞争优势。但某项信息构成商业秘密的前提是不为公众所知悉。而在案证据可以证明，第三方的官方网站上已经公开的产品信息中包括原料名称及使用目的、生产工艺的步骤，且相关公众均可以查询到有关信息，故该食药监局以信息涉及第三方商业秘密为由不予公开，属于认定事实不清。

【律师点评】

对于阳某申请公开的"全部配方成分（不含百分比）和生产工艺简述"，该食药监局与法院均认可该信息具有商业价值性。因此，本案的审查重点在于该信息是否具有秘密性和保密性。由于第三方的官方网站上已经公开的产品信息中包括配方成分（包括11项原料名称）、生产工艺的六个步骤，且相关公众均可以查询到有关信息，故该信息已丧失秘密性。同时，第三方对该信息亦未采取保密措施，故该信息亦不具有保密性。因此，该信息不属于商业秘密。

【应对方式】

信息公开主体可重点从"秘密性"和"保密性"入手，判断申请人申请公开的信息是否涉及商业秘密。信息公开主体对商业秘密的判断包含两个层次：其一，信息公开主体对于申请公开的信息是否需要向第三方征求意见，具有最初的判断义务；其二，第三方说明的理由或提供的证据是否足以证明申请公开的信息涉及其商业秘密、申请公开的信息是否可以据此不予公开，信息公开主体具有最终的决定权。

前述两个层次均可从第三方是否已对涉密信息载体采取加锁等防范措施、涉密信息的载体上是否标有保密标志、是否已采用密码或者代码、是否已签订保密协议等方面进行判断。

4.2.3 涉及个人隐私的信息

（1）具体内容介绍。由于现行法律法规等并未对个人隐私进行明确规定，因此实践中，信息公开主体对于哪些信息属于个人隐私往往难以准确判断。本节内容主要通过对常见个人隐私的列举，帮助信息公开主体明晰个人隐私的内涵与外延。

（2）实操指导。《中华人民共和国民法典》（中华人民共和国主席令第45号）对隐私的概念进行了定义，即隐私是指自然人的私人生活安宁和不愿为他人知晓的私密空间、私密活动、私密信息。常见的个人隐私信息如身份证件号码、住址、电话号码、电子邮箱、健康信息、行踪信息等。

但在一些特殊情形下，某些信息不适宜被一刀切地认定为个人隐私。如某人的电话号码可能属于个人隐私，但如果该电话号码系办公电话号码，则不宜将该电话号码认定为个人隐私。又如，某人的地址可能属于个人隐私，但如果该地址已经通过某种方式被公众所知悉，亦不宜将该地址认定为个人隐私。因此，对于哪些信息属于个人隐私范畴，哪些信息不宜认定为个人隐私，仍需信息公开主体结合具体情形，综合考量后作出判断。

同时，个人隐私与个人信息并非同一法律概念，某些情况下，个人信息的范围要大于个人隐私。例如，某些国家的个人信息保护法将个人信息分为一般个人信息和敏感信息，敏感信息才与个人隐私相对应。

此外，国家秘密属于绝对不予公开的信息，而商业秘密与个人隐私则属于相对不予公开的信息。因此，即便申请公开的信息属于商业秘密或个人隐私，在第三方不同意公开的理由不合理、申请公开的信息可以进行区分处理，以及不公开会对公共利益造成重大影响等情形下，信息公开主体也可予以公开。

（3）法条链接。

《中华人民共和国政府信息公开条例》（中华人民共和国国务院令第711号）

第十五条　涉及商业秘密、个人隐私等公开会对第三方合法权益造成损害的政府信息，行政机关不得公开。但是，第三方同意公开或者行政机关认为不公开会对公共利益造成重大影响的，予以公开。

第十八条　行政机关应当建立健全政府信息管理动态调整机制，对本行政机关不予公开的政府信息进行定期评估审查，对因情势变化可以公开的政府信息应当公开。

第三十二条　依申请公开的政府信息公开会损害第三方合法权益的，行政机关应当书面征求第三方的意见。第三方应当自收到征求意见书之日起15个工作日内提出意见。第三方逾期未提出意见的，由行政机关依照本条例的规定决定是否公开。第三方不同意公开且有合理理由的，行政机关不予公开。行政机关认为不公开可能对公共利益造成重大影响的，可以决定予以公开，并将决定公开的政府信息内容和理由书面告知第三方。

第三十六条第（三）项　对政府信息公开申请，行政机关根据下列情况分别作出答复：

（三）行政机关依据本条例的规定决定不予公开的，告知申请人不予公开并说明理由。

第三十七条　申请公开的信息中含有不应当公开或者不属于政府信息的内容，但是能够作区分处理的，行政机关应当向申请人提供可以公开的政府信息内容，并对不予公开的内容说明理由。

《中华人民共和国民法典》（中华人民共和国主席令第 45 号，2021 年 1 月 1 日施行）

第九百九十四条　死者的姓名、肖像、名誉、荣誉、隐私、遗体等受到侵害的，其配偶、子女、父母有权依法请求行为人承担民事责任；死者没有配偶、子女且父母已经死亡的，其他近亲属有权依法请求行为人承担民事责任。

第一千零三十二条　自然人享有隐私权。任何组织或者个人不得以刺探、侵扰、泄露、公开等方式侵害他人的隐私权。

隐私是自然人的私人生活安宁和不愿为他人知晓的私密空间、私密活动、私密信息。

第一千零三十四条　自然人的个人信息受法律保护。

个人信息是以电子或者其他方式记录的能够单独或者与其他信息结合识别特定自然人的各种信息，包括自然人的姓名、出生日期、身份证件号码、生物识别信息、住址、电话号码、电子邮箱、健康信息、行踪信息等。

个人信息中的私密信息，适用有关隐私权的规定；没有规定的，适用有关个人信息保护的规定。

（4）以案说法。

①案例：哪些信息可能被认定为个人隐私信息？

【结论】

个人隐私主要体现为"私密性"，主要特征为：由自然人享有，法人或其他组织不享有隐私权；不向公众公开的、不愿公众知悉的、与公共利益无关；公开后可能打扰个人私人的生活安宁、私密空间、私密生活。

【案情简介1】

吴某向某国税局申请公开"（一）申太房屋拆迁公司2002年8月至2004年12月31日税务变更申请表的复印件；（二）该公司2002年8月至2004年12月31日税务登记证件的内容"两项信息。经审查，该国税局认为吴某申请公开的个人印鉴为个人隐私，遂向相关公司发出意见征询单，因该公司答复不同意提供该信息，遂根据原条例第二十三条之规定，不予公开该项信息。吴某不服，提起诉讼。法院认为该国税局的认定缺乏事实依据，撤销了该国税局作出的答复。

【裁判理由】

法院认为，个人隐私，一般是指公民个人生活中不向公众公开的、不愿公众知悉的、与公共利益无关的个人信息。而个人印鉴为个人作出意思表示的一种确认形式，同签名一样，通过出示发挥其基础作用，具有对外性，不符合个人隐私不向公众公开、不愿公众知悉的特征，不属于个人隐私。

【律师点评】

本案是典型的将"个人信息"混同理解为"个人隐私"的案例。《中华人民共和国个人信息保护法》（中华人民共和国主席令第91号）第四条第一款规定，个人信息是以电子或者其他方式记录的与已识别或者可识别的自然人有关的各种信息，不包括匿名化处理后的信息。《中华人民共和国民法典》（中华人民共和国主席令第45号）第一千零三十二条第二款规定，隐私是自然人的私人生活安宁和不愿为他人知晓的私密空间、私密活动、私密信息。

从上述规定可知，"个人信息"突出的是"可识别性"，"个人隐私"强调的是"私密性"。本案中,吴某申请公开的个人印鉴具有"可识别性",但因其本身的作用便是对外作出意思表示,故不具有"私密性",该国税局认为个人印鉴系个人隐私,缺乏事实依据。

【应对方式】

判断申请公开的信息是否构成个人隐私,可结合个人隐私的特征进行判断。个人隐私的主要特征为:其一,由自然人享有,法人或其他组织不享有隐私权;其二,不向公众公开的、不愿公众知悉的、与公共利益无关;其三,公开后可能打扰个人私人的生活安宁、私密空间、私密生活。

②案例:常见的个人隐私信息有哪些?

【结论】

个人隐私信息通过特定形式体现出来的一般为:有关自然人的病历、财产状况、身体缺陷、遗传特征、档案材料、生理识别信息、行踪信息等个人情况,① 还包括个人家庭住址、联系方式等。

【案情简介2】

2019年2月13日,陈某向某乡政府申请公开"某村某号院的评估单"。2019年2月26日,该乡腾退拆迁安置办公室向某乡政府出具《情况说明》,说明某村某号院原土地使用权人登记为陈某,陈某与其前妻许某已于腾退前离婚,许某户籍在该院址。根据腾退政策,腾退时由陈某、许某分别作为被腾退人并分别签订协议,相关材料一并归档存放。2019年2月27日,该乡政府以"某村某号院的评估单"涉及许某个人信息为由,向许某征求意见。许某明确表示不同意向陈某提供相关信息,并签字确认。该乡政府据此认定陈某申请公开的信息属于不予公开范围,且不公开不会对公共利益造成重大影响。后陈某不服,提起诉讼。

【裁判理由】

法院认为,个人隐私一般是指关系个人财产、名誉或其他利益的不宜对外公开的情况和资料。本案中,该乡政府以征求意见书的方式征求相关人员意见后,认定信息不公开不会对公共利益造成重大影响,并在此基础上依法作出属于不予公开的答复,并不违反法规或规章的规定,故判决驳回陈某诉讼请求。

---

① 《中华人民共和国民法典》第一千零三十二条立法解读。

【律师点评】

本案中，法院主要从两个方面对该乡政府的答复进行审查：其一为实体方面，即申请公开的信息是否涉及许某的切身利益、不公开是否会对公共利益造成重大影响；其二为程序方面，该某乡政府征求第三方意见的程序是否符合法律规定。

值得注意的是，由于个人隐私本身即包含了"不愿为他人知晓"的含义，因此，同商业秘密相比，权利人对是否同意公开信息的态度和意愿往往会成为法院是否支持答复的重要判断依据。

【应对方式】

申请公开的信息涉及个人隐私时，信息公开主体应做好征询意见的工作。可采取的方式和步骤具体如下所示。

其一，确认该个人隐私信息是否曾经在公开途径公布过。"公开途径"如村务公示栏、社区公示栏等。

其二，该个人隐私信息未曾公布过的，信息公开主体应就是否同意公开该信息，书面征询该个人的意见。此处的"书面"主要区别于"口头"，常见的书面方式包括：征询函、电子邮件、短信、公告等。

其三，妥善保存向权利人征求意见的书面证明材料、权利人对是否同意公开信息的态度和意愿的书面证明材料等相关证据，用以证明作出答复的实体与程序均符合条例规定。

【案情简介3】

刘某向某县政府申请公开"××建设项目涉及的××县××镇铁炉村所有村民的土地征收、房屋拆迁补偿补助费用发放情况的具体明细"。该县政府作出答复，对涉及刘某的相关政府信息进行了公开。该县政府在答复中称，刘某申请获取的"补偿费用发放情况的具体明细"的政府信息属于部分公开范围，除刘某外其他村民房屋拆迁补偿费用发放情况明细的内容属于个人隐私或者公开可能导致对个人隐私权造成不当侵害的政府信息。根据原条例第十四条、第二十二条规定，对该部分信息不予公开。

刘某不服，提起诉讼。

【裁判理由】

法院认为，原条例第二十三条规定："行政机关认为申请公开的政府信息涉及商业秘密、个人隐私，公开后可能损害第三方合法权益的，应当书面征求第三方的意见；第三方不同意公开的，不得公开。但是，行政机关认为不公开可能对公共利益造成重大影响的，应当予以公开，并将决定公开的政府信息内容和理由书面通知第三方。"根据上述规定，在涉及第三方的情况下，政府信息是否公开，并不单纯取决于第三方是否同意，更要看是否确实涉及个人隐私，以及是否因为公共利益的考虑而需使个人隐私权进行必要的让渡。

本案中，刘某申请公开的信息是××项目涉及的××县××镇铁炉村所有村民补偿、补助费用发放情况的明细。分户补偿情况尽管在一定程度上涉及其他户的个人隐私，但为了保证征收补偿的公开和公平，消除被征收人不公平补偿的疑虑和担心，法律对这类个人隐私进行了一定的让渡。根据原条例第十一条第（三）项的规定，"征收或者征用土地、房屋拆迁及其补偿、补助费用的发放、使用情况"属于"设区的市级人民政府、县级人民政府及其部门重点公开的政府信息"。《国有土地上房屋征收与补偿条例》（中华人民共和国国务院令第 590 号）第二十九条第一款规定："房屋征收部门应当依法建立房屋征收补偿档案，并将分户补偿情况在房屋征收范围内向被征收人公布。"本案涉及的虽然是集体土地征收，但对于分户补偿情况是否应予公开，集体土地与国有土地上的房屋征收不应有所差别，可以参照适用。刘某作为土地征收范围内的村民，有权知道分户补偿情况，该县政府应当向刘某公开这些政府信息。

【律师点评】

个人隐私信息并非绝对不予公开的信息。根据条例第三十二条的规定，第三方不同意公开且有合理理由的，行政机关不予公开。行政机关认为不公开可能对公共利益造成重大影响的，可以决定予以公开，并将决定公开的政府信息内容和理由书面告知第三方。因此，个人隐私信息的公开对公共利益的影响程度，决定了个人隐私在公共利益面前是否要进行一定的让渡，亦即是否应该公开。本案中，个人在征收拆迁项目补偿、补助费用发放、使用情况的信息属于个人财产信息。该个人财产信息属于个人隐私信息，属于条例规定的相对豁免公开的范围，但因该信息的公开关乎公共项目资金的使用，属于公众所拥有的现实利益。因此，不能因该信息属于个人隐私便一刀切地认为可以绝对不予公开。

【应对方式】

申请公开的信息涉及个人隐私时，信息公开主体除了做好征询意见的工作，还需要对该涉及个人隐私的信息与公共利益之间的关系进行判断。以下判断思路可供参考。

其一，该个人隐私信息是否与公共项目相关。

其二，该个人隐私信息不予公开是否会对公共利益造成重大影响；可以从信息内容、信息使用的目的、信息公开或不予公开对申请人的影响等方面进行评估考量。

其三，判断时需注意个人隐私对公共利益的让渡应当符合比例原则，个人隐私权对公共利益适度让渡是否合乎情理，只有满足了公共利益的需求，才能认定行政机关的利益裁量具有合法性与合理性。①

4.2.4 其他不予公开的政府信息

（1）具体内容介绍。除国家秘密、商业秘密、个人隐私外，条例还规定行政机关的内部事务信息、过程性信息、行政执法案卷信息均属于可以不予公开的政府信息。实践中，有的信息公开主体仅根据名称或标题即判断某份文件（如会议纪要等）属于内部信息或过程性信息，而未对文件内容和性质进行实质审查，导致答复类型选择错误甚至败诉。本节通过总结内部事务信息和过程性信息的特点，并盘点行政执法案卷的类型，指导信息公开主体甄别信息性质，作出准确答复。

（2）实操指导。

①内部事务信息的判断标准。内部管理信息是与公共利益无关的、纯粹的行政机关内部的事务信息。此类信息不予公开，主要是因为该类信息对行政机关的决策、决定不产生实际影响，不公开不影响公民对行政权的监督，公开后对公民的生产、生活和科研等活动无利用价值。因此，内部事务信息的核心特点是具有内部性，对外不直接产生约束力，对申请人的权利义务不直接产生实质影响。判断申请公开的信息属于内部事务信息，可遵循如下标准：

其一，申请公开的信息属于行政机关的人事管理、后勤管理、内部工作流程等方面的信息，如申请公开行政机关的值班表、行政机关对某项工作的内部办理制度等。

其二，行政机关不能依据申请公开的信息直接作出对外具有约束力的行政行为，且申请公开的信息不会直接对申请人的权利义务产生实质影响，这

---

① 江西省南昌铁路运输法院 胡黄刚对（2019）赣7101行初887号的案件评析节选。

是判断某项信息属于内部事务信息的核心和关键。如申请公开某份会议纪要，信息公开主体应当结合该会议纪要的内容，具体判断该会议纪要是否记载了能够对外产生影响的事项，而不能仅因为该信息被命名为"会议纪要"即认为属于内部事务信息。

②过程性信息的判断标准。过程性信息是行政机关在作决定前的准备过程中形成的，处于讨论、研究或者审查过程中的信息。此类信息不予公开，主要是考虑到行政行为尚未完成，公开可能会对行政机关独立做出行政行为产生不利影响，或者公开该信息具有危害公共利益的危险。同时也是为了保护行政机关内部之间坦率的意见交换，保证意见决定的中立性。

此外，由于行政行为具有公定力、确定力、拘束力和执行力，行政主体在实施行政行为时不必与行政相对方协商或征得其同意，即可依法自主做出。同时，行政行为以国家强制力保障实施，行政相对方必须服从并配合行政行为，否则，行政主体将予以制裁或强制执行。而基于行政行为所作出的信息，如果该信息相关事项仍处于决策的过程中，则该信息尚不具有成熟性，无法依据该信息做出行政行为。因此，此类过程性信息免于公开，一方面不会对相对人的权利义务产生实质影响，另一方面也有利于保护行政机关决策过程的完整性和成熟性。

过程性信息的核心特点是过程性和非终局性，对外不直接产生约束力，对申请人的权利义务不直接产生实质影响。判断申请公开的信息属于过程性信息，可遵循如下标准：

其一，申请公开的信息形成于履行行政管理职能过程之中，这是判断信息属于过程性信息的前提。如果某项信息不属于履行行政管理职能过程中产生的信息，则其不属于政府信息范畴，更不属于政府信息中的过程性信息。

其二，申请公开的信息并非行政程序的最后一环，或行政机关不能够依据申请公开的信息直接做出对外产生约束力的行政行为，申请公开的信息亦不会直接对申请人的权利义务产生实质影响等。这点与内部事务信息类似，内部事务信息与过程性信息均具有"不对外产生影响"的属性。但二者也有所区别：内部事务信息无论是否处于"讨论、研究或者审查过程中"，其内容"永久地"与外部行政管理无关，即申请公开处于讨论、研究或审查过程中的内部事务信息，答复类型仍应选择"内部事务信息"而非"过程性信息"；而过程性信息则不具有"永久内部"属性，如某份尚未定稿的房屋拆迁补偿方案，其可以不予公开仅仅是因为"此时"尚未定稿，"此时"尚未对外产生影响,而非"永久地"不会对外产生影响。

③执法案卷的判断标准。目前,行政执法案卷的范围尚未形成统一的标准。一般而言,行政机关在行政处罚、行政强制等行政执法活动过程中形成的案卷材料属于行政执法案卷,行政立法活动过程中形成的案卷材料则不属于行政执法案卷。

行政执法案卷主要指向行政机关对公民、法人和其他组织作出外部行政行为过程中形成的案卷材料,而诸如对公务员的惩戒处分等内部行政行为形成的案卷材料,则一般应予以排除。

需特别注意的是,无论是内部事务信息、过程性信息还是执法案卷信息,条例第十六条规定的均是"可以"不予公开。即此类信息并非绝对不予公开范畴,对于此类信息是否予以公开,条例赋予了行政机关一定程度的自由裁量权,行政机关可以选择不予公开,也可以选择公开。

(3)法条链接。

《中华人民共和国政府信息公开条例》(中华人民共和国国务院令第711号)

第十六条 行政机关的内部事务信息,包括人事管理、后勤管理、内部工作流程等方面的信息,可以不予公开。

行政机关在履行行政管理职能过程中形成的讨论记录、过程稿、磋商信函、请示报告等过程性信息以及行政执法案卷信息,可以不予公开。法律、法规、规章规定上述信息应当公开的,从其规定。

第十八条 行政机关应当建立健全政府信息管理动态调整机制,对本行政机关不予公开的政府信息进行定期评估审查,对因情势变化可以公开的政府信息应当公开。

第三十六条第(三)项 对政府信息公开申请,行政机关根据下列情况分别作出答复:

(三)行政机关依据本条例的规定决定不予公开的,告知申请人不予公开并说明理由。

(4)以案说法。

①**案例:内部工作汇报的信息是否应当公开?**

【结论】

内部工作汇报的信息,除法律、法规、规章另有规定外,一般具有内部性和过程性,对外不直接产生约束力,对申请人的权利义务不直接产生实质影响,可不予公开。

【案情简介】

2018年8月15日,贾某向某市公安局提出政府信息公开申请,申请公开的内容包括"2017年主要负责人听取政务公开工作汇报,研究推动工作的有关情况(包括但不限于研究部署推进工作,如在推动本地区各级行政机关做好信息公开、政策解读、回应关切等工作方面)"的信息。2018年9月10日,该市公安局作出答复告知书,以上述申请内容属于内部管理信息为由拒绝公开。贾某不服,提起诉讼。

【裁判理由】

法院认为,贾某向某市公安局申请公开的事项,涉及行政机关的内部管理信息,且需要行政机关对若干政府信息进行搜集、汇总、加工,不属于原条例的调整范围,据此提起的诉讼亦不属于法院行政诉讼受案范围,故裁定驳回贾某的起诉。

【律师点评】

原条例并未明确规定内部事务信息和过程性信息可以不予公开,因此,在条例出台前,当申请公开的信息属于内部事务信息或过程性信息时,行政机关或依据地方性法规的具体规定作出答复,或直接依据原条例第二条答复不属于条例调整范围,并进行解释说明。

【应对方式】

申请公开内部工作汇报、会议纪要等信息的,信息公开主体切忌仅根据名称或标题即判断申请内容属于内部事务信息或过程性信息,而是应当对内部工作汇报、会议纪要等信息的内容进行实质审查,判断该内部工作汇报、会议纪要是否对外产生了约束力、是否对申请人的权利义务产生了实质影响。

②案例:行政机关不对外发布的文件即属于内部管理信息吗?

【结论】

作为对外执法依据的信息,不属于内部管理信息的范畴。

【案情简介】

2015年6月30日,某证监会收到顾某的信息公开申请,申请公开的信息内容为"《证券期货案件调查规则》的全文"。同年7月31日,该证监会作出被诉告知书,该证监会以《证券期货案件调查规则》属于内部管理信息为由拒绝提供。顾某不服，提起诉讼。

另查，顾某曾针对该证监会作出的某行政复议决定向国务院申请最终裁决，国务院对此作出《中华人民共和国国务院行政复议裁决书》。根据该裁决书的记载，该证监会在答复意见中明确表示，其立案调查程序完全符合《证券期货案件调查规则》的程序规定，程序合法，且该主张得到裁决机关的支持。此外，在另外一份《中华人民共和国国务院行政复议裁决书》中亦有相关记载。

【裁判理由】

法院认为，内部管理信息系因行政机关的内部管理行为产生，管理的对象是行政机关内部的工作人员，或涉及的事项是内部事务。就《证券期货案件调查规则》而言，该证监会在国务院最终裁决程序中明确表示，其立案调查程序完全符合《证券期货案件调查规则》的程序规定，程序合法，且该主张得到裁决机关的支持。由此可知，至少《证券期货案件调查规则》中的相关程序规定已被作为对外执法的法律依据，不应属于内部管理信息的范畴。该证监会以《证券期货案件调查规则》属于内部管理信息为由拒绝公开，理由不能成立。

【律师点评】

政府信息的内部性和外部性，其判断标准不在于形式上是否对外发布，而在于其约束对象是内部人员还是外部的行政相对人，适用的事务是行政机关的内部事务，还是对外行政管理或公共管理的事务。申请人申请公开的信息虽然未对外发布，但已经作为行政机关对外作出行政行为的依据文件，则已丧失内部性，不能被认定为内部管理信息。

【应对方式】

申请人申请的信息是否属于行政机关内部管理信息，具体有以下判断标准供参考：

其一，该信息的适用对象是行政机关内部人员还是外部人员。如适用于外部人员，则不能被认定为内部管理信息。

其二，该信息的调整事项是行政机关内部事务还是对外行使行政管理权的事务。虽然有的信息看似是对内部人员的工作要求，但调整的仍是外部的行政管理事项，是行政机关行使行政管理职能的依据，则该信息不能被认定为内部管理信息。

其三，切勿径行以"是否对外发布"作为判断信息是否属于内部管理信息的标准。

③案例：《会议纪要》是否属于内部信息？

【结论】

《会议纪要》形式上属于内部信息，但若其内容作为行政机关对外作出行政行为的依据，直接影响了相对人的权利义务，则不得认定为内部信息。

【案情简介】

许某向某区政府申请公开"某市某区旧村改造土地一级开发项目，某市某区人民政府会议纪要"。2019年4月18日，被告该区政府作出被诉告知书，告知许某所申请公开的《会议纪要》属于该区政府制作的内部管理信息，不属于应当公开的政府信息。许某不服，提起诉讼。

【裁判理由】

法院认为，本案的争议焦点为许某申请公开的《会议纪要》是否为内部管理信息。首先，许某申请公开的《会议纪要》系对涉案项目被拆迁人提供购房装修补贴所作决议，并非涉及人事管理、后勤管理、内部工作流程等内部事务信息；其次，拆迁人某公司为落实该《会议纪要》精神制定《关于某地区旧村改造土地一级开发项目住宅房屋拆迁中给予被拆迁村民户装修补贴的实施方案》，并根据《会议纪要》的要求与被拆迁人签订《某地区旧村改造土地一级开发项目购房装修补贴发放协议》，可见，该《会议纪要》直接作为涉案项目拆迁人对被拆迁人进行装修补贴的依据，直接影响了被拆迁人的权利义务。被诉告知书认定《会议纪要》系为研究工作而制作的内部管理信息依据不充分。

【律师点评】

《党政机关公文处理工作条例》（中办发〔2012〕14号）第八条规定了公文的种类，其中第（十五）项规定："纪要。适用于记载会议主要情况和议定事项。"从公文种类及其定义来看，政府会议纪要的功能是记载会议内容，具有内部性的特点。但实践中，政府会议纪要是否属于政府内部管理信息仍需具体问题具体分析。如《会议纪要》直接作为行政机关对外作出行政行为的依据，直接影响了相对人的权利义务，不得将《会议纪要》认定为内部信息而不予公开。

【应对方式】

申请人申请公开《会议纪要》时，需具体问题具体分析，如《会议纪要》直接作为行政机关对外作出行政行为的依据，直接影响了相对人的权利义务，不得答复《会议纪要》属于内部信息而不予公开。

④案例：哪些信息属于过程性信息？

【结论】

行政机关在履行行政管理职能过程中形成的讨论记录、过程稿、磋商信函、请示报告，以及处于行政机关讨论、研究或者审查中的信息，如具有过程性和非终局性，对外不直接产生约束力，对申请人的权利义务不直接产生实质影响，则属于过程性信息。

【案情简介】

2013年12月22日，李某向某市司法局提出信息公开申请，申请公开"统一制式制作载明领导签字出具《回复书》的发文稿"。2014年1月13日，该市司法局作出答复告知书，表示上述发文稿不是法定程序，属于内部管理信息或者过程性信息，故拒绝公开。李某不服，提起诉讼。

【裁判理由】

法院认为，申请公开的发文稿属于行政机关在日常工作中制作的处于讨论、研究或者审查中的过程性信息，不属于应予公开的政府信息，故判决驳回了李某的诉讼请求。

【律师点评】

本案中，虽然法院驳回了李某的诉讼请求，但该市司法局告知李某申请公开的信息"属于内部管理信息或者过程性信息"的答复并不规范。信息公开主体在进行答复时，应当对信息的属性、存在状态等作出准确的判定，并准确援引法律依据，避免在答复中出现申请公开的信息属于A类信息或属于B类信息的情形。

判断某项过程性信息是否应当予以公开时，需特别注意，如果某些过程性信息属于法律、法规、规章规定应当公开的，则不能以其仍处于讨论过程中为由不予公开。例如，根据《国有土地上房屋征收与补偿条例》（中华人民共和国国务院令第590号）第九条第三款的规定，市、县级人民政府应当组织有关部门对征收补偿方案进行论证并予以公布，征求公众意见。因此，处于论证阶段的征收补偿方案虽然尚未通过并生效，但由于行政法规对其应向社会公布并征求公众意见提出了明确要求，故处于论证阶段的征收补偿方案不属于可不予公开的过程性信息。

【应对方式】

与内部事务信息类似，判断申请公开的信息是否具有过程性，信息公开主体亦切忌仅根据名称或标题作出判断，而是应当对申请公开的信息内容进行实质审查。信息公开主体需综合考量申请公开的信息是否属于法律、法规、规章规定的应当公开的信息，或是否形成于履行行政管理职能过程之中、是否属于行政程序的最后一环、是否可依据申请公开的信息直接作出对外产生约束力的行政行为、申请公开的信息是否可直接对申请人的权利义务产生实质影响等。

⑤案例：无法确认信息性质时能否笼统适用条例第十六条不予公开？

【结论】

不能基于"不予公开"的预判，而笼统适用条例第十六条的规定作出"政府信息不予公开"的答复，而应当说明属于条例第十六条规定的哪类不予公开的具体情形。

【案情简介】

张某向某区文化委申请公开"2006年7月11日某市某区文化委员会（纪要），标题：市文物局领导来某区文物工作现场办公会会议纪要"。该区文化委作出被诉告知书，告知张某"根据《北京市政府信息公开规定》第二十八条第（五）项'申请公开的政府信息属于行政机关在日常工作中制作或者获取的内部管理信息或者处于行政机关讨论、研究或者审查中的过程性信息，应当告知申请人不属于应当公开的政府信息'之规定，现告知您申请公开的信息不属于应当公开的政府信息"。张某不服，提起诉讼。

【裁判理由】

法院认为，根据原条例第二十一条第（二）项之规定，对申请公开的政府信息，属于不予公开范围的，应当告知申请人并说明理由。从上述规定可以看出，行政机关对不予公开的政府信息，应履行法定的说明理由义务。参照当时有效的《北京市政府信息公开规定》第二十八条第（五）项的规定，申请人申请公开的政府信息属于行政机关在日常工作中制作或者获取的内部管理信息或者处于行政机关讨论、研究或者审查中的过程性信息，行政机关应当告知申请人不属于应当公开的政府信息。

本案中，张某申请公开"2006年7月11日某市某区文化委员会（纪要），标题：市文物局领导来某区文物工作现场办公会会议纪要"，该区文化委仅在引述《北京市政府信息公开规定》第二十八条第（五）项的规定内容后，答复张某该信息不属于应当公开的政府信息，并未进一步明确该会议纪要属于内部管理信息还是过程性信息，故未尽到法定的说明理由义务。

【律师点评】

本案虽为条例修订前的案例，但非常典型地反映了实践中在政府信息公开答复类型选择及法律依据适用方面存在的误区，尤其是在"内部信息""过程性信息"边界模糊或交叉的情况下，信息公开主体确实会出现笼统适用条例第十六条的情况。然而，对政府信息性质、所处阶段的确认，是判断该政府信息是否属于公开范围的前提，如未进一步向申请人明确其所申请公开的信息属于内部管理信息还是过程性信息或两者兼具，则属于未尽到充分的法定说明理由义务，属于认定事实不清、证据不足。

【应对方式】

首先，条例第十六条最容易发生混淆的是"内部事务信息"和"过程性信息"。对于内部事务信息的判断，可按照条例第十六条的规定，从是否涉及"人事管理、后勤管理、内部工作流程"来判断。涉及人事管理、后勤管理的，则可认定为内部事务信息。

其次，"内部事务信息"中的"内部工作流程"与"过程性信息"是最容易放在一起讨论的信息类型。实务中，正是因为对这二者的区分没有明确标准，导致很多信息公开主体选择笼统适用条例第十六条。事实上，"过程性信息"侧重的是信息的"不成熟"，即该信息的内容或效力有可能会发生变化。一般是指在作出行政决定前，行政机关内部或机关之间形成的信息，这些信息处于讨论、研究或审查中的状态。"内部工作流程信息"侧重的则是"内部性和流程性"，即该信息的内容是确定的，但是内容不直接外化，对外部不产生直接约束力，不涉及对外管理和服务。

最后，无论是否易于区分"内部事务信息"和"过程性信息"，在作出最终答复前，都必须完成对信息性质的认定，并有充分理由。

⑥案例：行政执法案卷类型都有哪些？

【结论】

行政执法案卷一般是指行政处罚、行政强制等行政执法活动过程中形成的监督检查记录、证据材料、执法文书等案卷材料。

【案情简介】

王某向某烟草局提出信息公开申请，申请公开"贵局作出的《关于对某无烟草专卖零售许可证销售卷烟的举报反馈》中涉及的执法询问笔录，现场执法检查记录仪的视频记录、照片，举报受理单等信息"以及"申请烟草专卖零售许可证提交的全部材料和受理、核查、审核、审批该许可证的全部文件材料信息"。该烟草局作出答复告知书，拒绝向王某公开。王某不服，提起诉讼。

【裁判理由】

法院认为，执法询问笔录、执法视频记录、照片、举报处理记录及涉案的烟草专卖零售许可证审批的全部文件材料等，确系该烟草局在办理举报案件及行政许可过程中形成的执法案卷信息，故法院判决驳回王某的诉讼请求。

【律师点评】

本案法院认定该烟草局办理举报案件及行政许可过程中形成的信息均属于执法案卷信息。参考《北京市行政执法全过程记录办法》（京政办发〔2021〕17号）的规定，行政执法的类型包括行政许可、行政确认、税费征收、行政给付、行政奖励、行政裁决、行政检查、行政征收征用、行政处罚、行政强制。行政执法全过程是指从行政执法程序启动直至执法程序完结经历的过程。行政执法案卷即为行政执法全过程所形成的执法材料整理成的卷宗。

需特别注意的是，如果法律、法规、规章等对某类行政执法案卷规定了公示公开的要求，则不能再以其属于行政执法案卷为由不予公开。例如根据《工商行政管理行政处罚信息公示暂行规定》（国家工商行政管理总局令第71号）第二条的规定，工商行政管理部门适用一般程序作出行政处罚决定的相关信息应当向社会公示。公示的信息主要包括行政处罚决定书和行政处罚信息摘要。据此，工商行政管理部门适用一般程序作出的行政处罚决定书，虽属于行政处罚案卷，但却不属于可不予公开的行政执法案卷信息。

【应对方式】

判断申请公开的信息属于可不予公开的行政执法案卷，可遵循如下标准：其一，申请公开的信息形成于行政机关的行政处罚、行政强制等行政执法活动的过程中，且已归入行政执法案卷中；其二，申请公开的信息不属于法律、法规、规章等规定的必须公示公开的信息。

4.3 申请公开的信息不属于本机关公开范围

4.3.1 具体内容介绍

在信息公开主体判断申请公开的信息属于政府信息后,下一步应对该政府信息是否属于本机关公开范围进行判定。实践中,信息公开主体一般能够较为准确地判断某一信息是否属于本机关公开范围,但对于不属于本机关公开范围时,如何判断信息应由哪一主体负责公开,或无法找到其他公开主体时应如何答复等问题仍存在疑惑。本节内容围绕不属于本机关公开范围的判断核心展开,指导信息公开主体根据实际情况准确选择答复类型。

4.3.2 实操指导

(1) 判断申请公开的信息不属于本机关公开范围的要点。

不属于本机关公开范围的判断核心是,本机关在该信息形成及流转过程中是否有法定职责,而非其他机关是否具有职责。此处的"法定职责"可理解为:本机关是否应为申请人申请获取信息的制作机关,是否应从公民、法人或其他组织处获取该信息,是否应从其他信息公开主体处首次获取该信息。

在判断"具体职责"时,可采用以下方式:第一,分析申请人对信息的描述,如文号、信息名称等;第二,判断信息是否与本机关的"法定职责"相关,"法定职责"一般可通过查找相关法律、法规、规章、规范性文件以及本机关的"三定方案"等进行判断;第三,在本机关内部查找信息,判断本机关实际是否获取、保存了申请获取的信息。

(2) 判断申请公开的信息不属于本机关公开范围后的答复方式。

第一,如能够确定其他信息公开主体具有制作、获取信息的法定职责,或者能够确定其他信息公开主体实际制作、获取该信息,则应说明信息属于其他信息公开主体公开范围的理由,并告知申请人公开义务主体的名称、联系方式。选择此种答复方式原则上应有被指向主体的回函支持,回函应载明

"本机关为信息的制作/获取/保存机关"。如无法获得被指向主体的回函支持，则建议在答复中准确援引相关职权依据的法律、法规等，说明信息确应为被指向主体的公开范围。

第二，如无法确定哪一主体具有制作、获取信息的职责，亦无法确定信息的实际制作、获取机关，可仅答复不属于本机关公开范围，并说明不属于本机关公开范围的理由。

第三，如信息已被其他机关主动公开，可答复不属于本机关公开范围，也可答复已主动公开。如答复已主动公开，应确保主动公开的信息与申请获取的信息相符。

4.3.3 法条链接

《中华人民共和国政府信息公开条例》（中华人民共和国国务院令第711号）

第二条 本条例所称政府信息，是指行政机关在履行行政管理职能过程中制作或者获取的，以一定形式记录、保存的信息。

第十条 行政机关制作的政府信息，由制作该政府信息的行政机关负责公开。行政机关从公民、法人和其他组织获取的政府信息，由保存该政府信息的行政机关负责公开；行政机关获取的其他行政机关的政府信息，由制作或者最初获取该政府信息的行政机关负责公开。法律、法规对政府信息公开的权限另有规定的，从其规定。

行政机关设立的派出机构、内设机构依照法律、法规对外以自己名义履行行政管理职能的，可以由该派出机构、内设机构负责与所履行行政管理职能有关的政府信息公开工作。

两个以上行政机关共同制作的政府信息，由牵头制作的行政机关负责公开。

第三十六条第（五）项 对政府信息公开申请，行政机关根据下列情况分别作出答复：

（五）所申请公开信息不属于本行政机关负责公开的，告知申请人并说明理由；能够确定负责公开该政府信息的行政机关的，告知申请人该行政机关的名称、联系方式。

4.3.4 以案说法

案例：不属于本机关公开范围又无法确定由哪个主体负责公开的，应如何处理？

【结论】

不属于本机关公开范围，但又无法确定具体公开主体时，可仅告知申请人其申请公开的信息不属于本机关公开范围并说明理由，而无须告知应由哪一主体负责公开。

【案情简介1】

张某向某市国土局提交信息公开申请，要求获取"京地出（合）字第（2003）第××号旧村改造合作协议书"。该市国土局受理后作出答复，告知张某："该信息并非我局在履行土地管理职责过程中应制作或获取的文件，我局未制作也未获取该信息。我局亦不能确定该信息的公开机关，因此无法告知您向何机关申请查询。根据原条例第二十一条第（三）项的规定向您告知，您申请获取的信息不属于本机关公开范围。"张某不服，提起诉讼。

【裁判理由】

法院认为，该市国土局受理张某的信息公开申请后，判定其申请公开的信息不属于本机关公开范围，向张某说明了理由，并告知张某因无法确定该信息的公开机关而无法告知其申请查询的机关。故某市国土局已依法履行了信息公开法定告知及说明理由义务，所作答复并无不当。法院判决，驳回张某的诉讼请求。

【律师点评】

法院审查不属于本机关公开范围类型的答复时，审查重点是信息公开主体是否具有职责，是否向申请人说明了理由。

本案中，该市国土局不仅在答复中告知张某，其申请获取的信息不属于本机关公开范围，还解释了信息不属于本机关公开范围的理由，即本机关在信息形成过程中不具有职责，实际也未制作、获取和保存该信息。基于此，法院认为该市国土局已尽到了说明理由的义务，最终支持了该市国土局的答复。

由此可见，当信息公开主体仅能判断信息不属于本机关公开范围，但无法确定应由哪一主体负责公开时，无须顾虑未告知被指向主体的后果，只要解释清楚不属于本机关公开范围的理由即可。

【案情简介2】

潘某向某区国土局申请公开"2015年某村城镇棚户区改造项目征收补偿方案"的信息内容。该区国土局作出答复,"你申请公开的信息不是由我局制作,查无相关资料,建议申请人向制定该方案的相关部门申请公开"。潘某不服,提起诉讼。

【裁判理由】

法院认为,本案的争议焦点在于某区国土局是否负有告知潘某正确公开机关的义务。根据条例第三十六条第一款第(五)项"对政府信息公开申请,行政机关根据下列情况分别作出答复:(五)所申请公开信息不属于本行政机关负责公开的,告知申请人并说明理由;能够确定负责公开该政府信息的行政机关的,告知申请人该行政机关的名称、联系方式"之规定,对不属于本机关的申请信息,告知申请人正确信息公开机关的前提是能够确定负责公开该政府信息的行政机关。在案证据难以证实该区国土局能准确判断正确的公开机关,故难以推断其负有告知正确公开信息机关的义务。故该区国土局作出的答复书并无不当。

【律师点评】

政府信息依申请公开实务中,经常被问到的问题之一就是"答复'非本机关公开范围'时,是否需要告知申请人应该向哪个机关提出申请"。这个问题的根本在于"能告知申请人应该向哪个机关申请"是否是答复"非本机关公开范围"的前提条件。通过本案可知,当申请人申请公开不属于本机关职责范围内的信息时,告知其应向哪个机关申请信息的前提是能够确定负责公开该政府信息的机关。如无法准确判断正确的公开机关,仅答复该信息不属于本机关公开并说明理由即可。即未能告知应向哪个行政机关申请信息公开,不影响本机关根据职责答复该信息"非本机关公开范围"。

【应对方式】

在能确定申请公开的信息不属于本机关公开范围,但又无法确定由哪个主体负责公开时,可答复不属于本机关公开范围,并说明不属于本机关公开范围的理由。此时,说明理由可围绕两方面展开:一是本机关并无制作、获取和保存申请人申请获取信息的职责;二是本机关实际工作中亦未制作、获取和保存申请人申请获取的信息。

此外,为争取申请人的理解,可告知申请人因无法确定信息公开义务主体，故无法告知其相应的名称及联系方式。如根据实际工作情况，当认为该信息可能由哪个行政机关掌握但又未能确认时，从便民的角度，可使用"建议向某机关咨询了解"等表述，引导申请人向更多渠道了解信息。

4.4 申请公开的信息不存在

4.4.1 具体内容介绍

条例第三十六条第（四）项规定，信息公开主体经检索没有所申请公开信息的，告知申请人该信息不存在。通过检索即可答"不存在"，信息不存在的判断比较简单，故信息公开主体常常选择这一答复类型。同时，出于便民考虑，信息公开主体往往更关注申请公开的信息是否客观存在，对于信息是否属于政府信息、是否属于本机关公开范围较少关注。这种关注的偏差导致信息公开主体在判断答复类型时，会出现"好心办错事"的情况。本节内容从判断信息不存在的前提讲起，指导信息公开主体准确理解信息不存在与不属于政府信息、不属于本机关公开范围的不同适用情形。

4.4.2 实操指导

首先，应判断申请人申请获取的信息是否属于政府信息。如信息不属于政府信息，则不受条例调整，应答复申请获取的信息不属于政府信息，而无须判断信息是否属于本机关公开范围、是否存在。判断不属于政府信息的方式可查阅本书第4章"4.1 申请公开的信息不属于政府信息"的内容。

其次，应判断信息公开主体在政府信息形成过程中是否具有法定职责，而非直接判断信息客观上是否存在，即优先进行职责判定。如信息公开主体在信息形成过程中不具有法定职责，而其他信息公开主体具有公开的法定职责，则不应替其他信息公开主体对该信息的存在状态作出判断和答复，首选的答复类型应为不属于本机关公开范围，而非信息不存在。如信息公开主体在信息形成过程中具有法定职责，且通过检索，确认信息在客观上确不存在，可答复申请人其申请公开的信息不存在。

最后，信息公开主体应通过内部查找及外部协查等方式进行充分检索，以确认信息客观上确不存在。信息公开主体应对检索证据进行留痕保存，以证明已尽到充分的查找义务。具体查找方式及注意事项可查阅本书第3章"3.2 政府信息的查找义务"的内容。

4.4.3 法条链接

《中华人民共和国政府信息公开条例》（中华人民共和国国务院令第711号）

第二条 本条例所称政府信息，是指行政机关在履行行政管理职能过程中制作或者获取的，以一定形式记录、保存的信息。

第十条 行政机关制作的政府信息，由制作该政府信息的行政机关负责公开。行政机关从公民、法人和其他组织获取的政府信息，由保存该政府信息的行政机关负责公开；行政机关获取的其他行政机关的政府信息，由制作或者最初获取该政府信息的行政机关负责公开。法律、法规对政府信息公开的权限另有规定的，从其规定。

行政机关设立的派出机构、内设机构依照法律、法规对外以自己名义履行行政管理职能的，可以由该派出机构、内设机构负责与所履行行政管理职能有关的政府信息公开工作。

两个以上行政机关共同制作的政府信息，由牵头制作的行政机关负责公开。

第三十六条第（四）项 对政府信息公开申请，行政机关根据下列情况分别作出答复：

（四）经检索没有所申请公开信息的，告知申请人该政府信息不存在。

4.4.4 以案说法

（1）案例：申请公开的信息属于政府信息但本机关不存在该信息，亦不属于本机关公开范围的，如何选择答复类型？

【结论】

申请公开的信息属于政府信息，但本机关不存在该信息，亦不属于本机关公开范围的，建议答复不属于本机关公开范围，而不应替具有公开职责的信息公开主体作出信息不存在的判断和答复。

【案情简介】

2016年4月13日，李某等5人向某区政府申请信息公开，要求获取"某大街28号院：征收或者征用土地、房屋拆迁及其补偿、补助费用的发放、使用情况"。该区政府受理后，判断该信息不属于本机关公开范围，并向该区房管局致函协助查找，该区房管局回函称"因某房地产开发有限公司未向我局申请办理拆迁结案手续，故我局尚未获取该项目'房屋拆迁及其补偿、补助费用的发放、使用情况'资料。故李某等5人申请的政府信息我局未制作、未获取、未保存。"后该区政府在本机关政府信息公开办公室检索，未查找到案涉信息。

2016年4月26日，该区政府作出答复，告知李某等5人该区政府未制作、未获取、未保存其申请获取的信息。经了解，该项目不属于征收项目，属于拆迁项目，根据该区房管局的工作职责及原条例第二十一条第（三）项的规定，可向该区房管局了解情况。李某等5人不服，提起诉讼。

法院另查明，某大街28号院危改小区项目系依据《城市房屋拆迁管理条例》（中华人民共和国国务院令第305号）及《北京市城市房屋拆迁管理办法》（北京市人民政府令第87号）开展的城市房屋拆迁项目。

【裁判理由】

法院认为，李某等5人向某区政府申请公开"某大街28号院：征收或征用土地、房屋拆迁及其补偿、补助费用的发放、使用情况"，而某大街28号院危改小区项目是依据《城市房屋拆迁管理条例》（中华人民共和国国务院令第305号）及《北京市城市房屋拆迁管理办法》（北京市人民政府令第87号）开展的城市房屋拆迁项目。按照当时有效的《城市房屋拆迁管理条例》（中华人民共和国国务院令第305号）第五条第二款的规定，对本行政区域内城市房屋拆迁工作实施监督管理，是县级以上地方人民政府负责管理房屋拆迁工作的部门的职责。

因此，该区政府在向其信息保存机关和相关职能部门查询搜索后，告知李某等5人向负责该区房屋拆迁管理工作的该区房管局了解其所申请公开的信息，尽到了法定告知义务，据此作出的告知书合法有据。法院判决驳回李某等5人的诉讼请求。

【律师点评】

本案中，该区政府首先进行了职责判定，判断其并无制作、获取和保存房屋拆迁项目信息的法定职责；其次，其根据当时有效的《城市房屋拆迁管理条例》（中华人民共和国国务院令第305号）的规定及该区房管局的"三定方案"进行研判，认为该信息应由该区房管局负责公开；最后，其通过内部查找，判断其在实际工作中亦未制作、获取和保存该信息。

该区政府按照上述思路，判断李某等5人申请获取的信息不属于本机关公开范围，而非根据该区房管局回函对该信息作出不存在的判断和答复，属事实认定清楚、适用答复类型正确。

【应对方式】

信息公开主体在进行外部协查时，往往会遇到具有公开职责的主体回复信息不存在的情况。这里需要注意的是，尽量不替其他信息公开主体作出信息不存在的答复。因为信息在其他信息公开主体处是否存在，并非本机关可以径行判断的事项。为避免因其他行政机关查找不全面，导致本机关答复错误，此时首选的答复类型应为不属于本机关公开范围，而非信息不存在。

（2）案例：信息客观不存在，性质上又不属于政府信息的，如何选择答复类型？

【结论】

信息客观不存在，又能够确定不属于政府信息的，应答复不属于政府信息。

【案情简介】

2018年12月25日，某公司向某市政府申请信息公开，要求获取"某市政府对某市人民法院（2018）第103号、第104号、第105号、第106号、第107号五个案件立案的审批文件和审批领导人员名单"。该市政府研判后作出答复，告知该公司："经查，本机关未制作、也未保存你申请获取的信息，你申请获取的信息不存在。根据原条例第二十一条第（三）项规定，予以告知。另根据原条例第二条规定，你申请获取的信息不属于政府信息。"该公司不服，提起诉讼。

【裁判理由】

法院认为，原条例第二条规定，本条例所称政府信息，是指行政机关在履行职责过程中制作或者获取的，以一定形式记录、保存的信息。可见，该条规定的履行职责是履行行政管理职责，故并非与行政机关相关的信息都是政府信息。申请人申请的信息明显超出政府信息范围的，不受原条例调整。

本案中，该公司申请公开的信息显然不属于政府信息范围。因此，该公司申请获取的信息，并不属于原条例的适用范围，该公司对此提起行政诉讼不符合法定起诉条件，依法应予以驳回。

【律师点评】

法院审查"政府信息不存在"的答复时，重点审查的是信息公开主体是否尽到了充分的检索义务；在审查"不属于政府信息"的答复时，重点审查的是信息是否属于信息公开主体在履行行政管理职能中制作、获取和保存的信息。两者的审查维度并不相同。

本案中，该公司申请获取的信息为"某市政府对某市人民法院（2018）第103号、第104号、第105号、第106号、第107号五个案件立案的审批文件和审批领导人员名单"。根据当时有效的《中华人民共和国人民法院组织法》（中华人民共和国主席令第59号）第四条的规定，法院的审判权不受行政机关、社会团体和个人的干涉。故该市人民法院案件的立案、审判显然并非该市政府的审批范围，与之相关的信息亦不可能是该市政府履行行政管理职能中应制作、获取和保存的信息。因此，虽然某公司申请获取的信息客观上并不存在，但因该信息并不属于原条例的适用范围，故法院认为，某公司对该市政府的答复提起行政诉讼，不符合法定起诉条件，最终裁定驳回该公司起诉，而非选择判决驳回该公司诉讼请求。

通过这个案例，可以总结出法院在信息公开案件上的审判思路，即先从条例适用的基础和前提入手，审查申请信息是否属于条例第二条所划定的政府信息的范畴。只有信息属于政府信息时，才会进入下一审查步骤——信息是否属于本机关公开范围、信息是否存在等。

因此，当信息在性质上不属于政府信息，客观上又不存在时，应当优先答复不属于政府信息。

【应对方式】

信息公开主体在收到信息公开申请时，首先应对信息是否属于政府信息进行研判。如不属于政府信息，则不受条例调整，亦无须进行下一步的判断。即无论该信息客观上是否存在，均可以答复信息不属于政府信息。

如果申请内容描述不足以直接判断信息是否属于政府信息，信息公开主体应查找相关规定及本机关档案，确认本机关在信息形成、流转过程中是否具有职责,以及是否实际制作、获取和保存了信息。如以上两个条件均不满足,则说明信息公开主体既无法认定该信息不属于政府信息,亦无法认定本机关无职责,故不宜答复不属于政府信息或不属于本机关公开范围。但因信息公开主体能确认信息客观上不存在,故此时答复信息不存在的风险最小。

4.5 公开申请获取的信息

4.5.1 具体内容介绍

公开申请获取的信息,是信息公开主体和申请人都乐见的答复类型——对于信息公开主体而言,这种答复类型涉诉风险较低;对于申请人而言,能实现获取信息的目的。但在实践中,信息公开主体因答复公开而导致的败诉却并非个例。本节内容总结了答复公开的判断方式和注意事项,帮助信息公开主体减少或避免不必要的败诉。

4.5.2 实操指导

(1)公开申请获取信息的判断步骤。首先,信息公开主体应判断申请获取的信息是否属于政府信息。如该信息不属于政府信息,则不属于条例调整范畴,应答复申请人其申请获取的信息不属于政府信息。判断不属于政府信息的方式可查阅本书第4章"4.1 申请公开的信息不属于政府信息"的内容。

其次,信息公开主体应判断其在信息的形成、流转过程中是否具有职责,即是否为信息的制作或获取机关。

最后,信息公开主体应判断信息是否存在不予公开的事由,包括是否被确定为国家秘密、是否涉及商业秘密、是否涉及个人隐私、是否属于内部事务信息、过程性信息或执法案卷信息等。有关不予公开事由的具体判断方式可查阅本书第4章"4.2 申请公开的信息不属于应予公开的范围"的内容。

通过以上三步判断,如信息属于政府信息,属于本机关公开范围,且不存在不予公开的事由,则可予以公开。

(2) 公开申请获取信息的注意事项。

①公开内容应完整、准确。公开内容有附件时，应将附件一并公开；在电子档案中查找到公开内容时，应确认是否为最终版本；提供复制的纸质文本时，应注意文本是否缺页、折页、模糊；在答复中建议注明公开内容的页数，如"向您公开某文件（共10页）"。

②按照申请人选择的获取方式提供信息。如申请人选择多种获取方式，选择其中一种方式提供，确保申请人能够获得信息即可。

4.5.3 法条链接

《中华人民共和国政府信息公开条例》（中华人民共和国国务院令第711号）

第六条 行政机关应当及时、准确地公开政府信息。

行政机关发现影响或者可能影响社会稳定、扰乱社会和经济管理秩序的虚假或者不完整信息的，应当发布准确的政府信息予以澄清。

第十条第一款 行政机关制作的政府信息，由制作该政府信息的行政机关负责公开。行政机关从公民、法人和其他组织获取的政府信息，由保存该政府信息的行政机关负责公开；行政机关获取的其他行政机关的政府信息，由制作或者最初获取该政府信息的行政机关负责公开。法律、法规对政府信息公开的权限另有规定的，从其规定。

第二十九条 公民、法人或者其他组织申请获取政府信息的，应当向行政机关的政府信息公开工作机构提出，并采用包括信件、数据电文在内的书面形式；采用书面形式确有困难的，申请人可以口头提出，由受理该申请的政府信息公开工作机构代为填写政府信息公开申请。

政府信息公开申请应当包括下列内容：

（一）申请人的姓名或者名称、身份证明、联系方式；

（二）申请公开的政府信息的名称、文号或者便于行政机关查询的其他特征性描述；

（三）申请公开的政府信息的形式要求，包括获取信息的方式、途径。

第三十六条第（二）项 对政府信息公开申请，行政机关根据下列情况分别作出答复：

（二）所申请公开信息可以公开的，向申请人提供该政府信息，或者告知申请人获取该政府信息的方式、途径和时间。

第四十条　行政机关依申请公开政府信息，应当根据申请人的要求及行政机关保存政府信息的实际情况，确定提供政府信息的具体形式；按照申请人要求的形式提供政府信息，可能危及政府信息载体安全或者公开成本过高的，可以通过电子数据以及其他适当形式提供，或者安排申请人查阅、抄录相关政府信息。

4.5.4　以案说法

（1）案例：仅在告知书中告知申请人其所需信息的内容，是否属于已履行信息公开义务？

【结论】

仅在告知书中告知所需信息的内容，而不提供具体信息的，属于未完全履行信息公开义务。

【案情简介】

2014年11月18日，孙某向某镇政府提交信息公开申请，要求获取"某镇某村在修建××路中，征用土地、房屋拆迁及其补偿、补助费用的发放、使用情况"。该镇政府检索后作出答复，内容为："我区在修建××路过程中涉及某村征用土地共计97.7145亩。按照《北京市房屋重置成新价评估技术标准》（京国土房管拆〔2013〕808号）的规定，截至目前，某村共涉及补偿款18329471.5元（包括本村村民存续期补偿款、地上物补偿款及非住宅补偿款），补偿款已全部发放。"孙某对该答复不服，提起诉讼。

【裁判理由】

法院认为，根据原条例第六条、第二十一条第（一）项的规定，信息公开主体应当及时、准确地公开政府信息，对属于公开范围的政府信息，信息公开主体应当告知申请人获取该信息的方式和途径。本案中，该镇政府未向孙某提供完整的文件，仅在答复书中予以告知，属于未完全履行信息公开义务，依法应予撤销。

【律师点评】

"以一定形式记录、保存"是条例对政府信息的定义，也是公开政府信息的形式要求。

本案中，孙某申请获取的信息为"某项目征用土地、房屋拆迁及其补偿、补助费用的发放、使用情况"，该镇政府在答复书中告知孙某，该项目征用土地共计97.7145亩、补偿款共计18329471.5元、补偿款已全部发放完成。这种告知实质是对孙某的申请内容进行解答，而非按条例要求提供以一定形式记录、保存的政府信息，属于未完全履行信息公开义务。

【应对方式】

当申请人的申请指向明确的、有载体的政府信息时，信息公开主体应当按照条例要求准确、完整地公开具体的信息，不能仅在告知书中告知信息内容。同时，在向申请人提供信息前，应详细检查所要公开的信息，确保不存在人为导致的缺页、折页、模糊不清等情况。

(2) 案例：申请人同时选择多种获取信息的方式，是否必须都满足？

【结论】

申请人同时选择多种获取信息方式的，信息公开主体选择其中一种方式提供即可。

【案情简介】

2017年5月2日，贾某向某部委提出信息公开申请，在申请表"信息的指定提供方式"一栏同时选择了"纸面"和"电子邮件"。该部委在查询相关信息后作出书面告知书，告知贾某其申请获取的相关信息已经主动公开，并提供了相应网址。贾某不服，认为该部委未按照其要求的形式提供相关信息，未完全尽到公开义务，故提起诉讼。

【裁判理由】

法院认为，为避免信息公开主体提供的信息形式不能满足申请人获取信息的用途需要，信息公开主体应当尽可能按照申请人要求的形式提供信息，但信息公开主体没有义务按照申请人要求的所有形式提供信息。贾某在信息公开申请中指定信息的提供方式为"纸面"和"电子邮件"，表明纸面或电子邮件方式均能够满足贾某获取信息的需要，该部委以书面方式答复贾某，并无任何违法之处。故法院判决驳回贾某的诉讼请求。

【律师点评】

条例的主要目的在于保障申请人能依法获取信息，在申请人指定信息的获取方式时，信息公开主体应秉持尊重申请人、便利申请人的原则，按照申请人指定的方式提供信息。但是，当申请人指定了多种信息获取方式时，表明申请人对任一种方式均表示认可，信息公开主体通过任何一种方式答复，都能够达到让申请人知晓相关信息的目的。

在本案中，贾某在"信息的指定提供方式"一栏同时选择了"纸面"和"电子邮件"，说明其既认可纸面答复，也认可电子邮件答复。某部委选择以书面形式答复贾某，已满足了贾某获取信息的需要，其申请信息公开的目的业已实现。故法院认为，该部委已尽到答复义务，并无不当。

同时，信息公开主体选择其中一种方式提供信息，也避免了行政成本的增加。实践中，存在申请人同时要求以纸质文本、光盘、电子邮件、传真等多种形式答复的情况，如信息公开主体全部满足，无疑是对行政资源的浪费。因此，当申请人同时选择多种信息提供方式时，信息公开主体择一即可，不必全部满足。

【应对方式】

申请人同时选择多种获取信息方式的，信息公开主体可灵活掌握，在其中选择一种方式提供，确保申请人能够获得信息即可。

（3）案例：如何确定信息公开义务主体？

【结论】

在确定本机关是否为信息公开义务主体时，需区分信息来源。如该信息系行政机关制作的信息，则谁制作，谁公开。如该信息系从公民、法人或其他组织处获取的信息，则由最初获取的行政机关负责公开。

【案情简介】

范某向某开发建设办公室申请公开"《建设用地规划许可证》〔〔2009〕规（某）地字××号〕"的信息。该开发建设办公室经检索，未查找到范某所申请公开的信息。该开发建设办公室作出被诉告知书，主要内容为：经查，某开发建设办公室不具有制作《建设用地规划许可证》〔〔2009〕规（某）地字××号〕的职责，并非该信息的制作机关。根据条例第十条和第三十六条第（五）项的规定，范某申请的信息不属于本机关公开范围，建议范某向该市规划和自然资源委员会某分局申请了解相关信息。范某不服，提起诉讼。

【裁判理由】

法院认为，条例第十条第一款规定："行政机关制作的政府信息，由制作该政府信息的行政机关负责公开。行政机关从公民、法人和其他组织获取的政府信息,由保存该政府信息的行政机关负责公开;行政机关获取的其他行政机关的政府信息,由制作或者最初获取该政府信息的行政机关负责公开。法律、法规对政府信息公开的权限另有规定的,从其规定。"

从该条规定看,根据政府信息来源不同,分别确定了政府信息制作机关、保存机关、最初获取机关作为公开义务主体。政府信息公开首先应本着"谁制作,谁公开"原则,由制作机关承担公开信息义务,即只要政府信息是由某一行政机关制作的,无论另一行政机关是否通过获取的方式保存了该信息,均仍应由制作该政府信息的行政机关负责公开。其原因在于,如要求同时掌握某一政府信息的两个甚至多个行政机关都承担公开义务,会增加行政成本,浪费行政资源;而由制作机关作为公开义务主体,则有助于行政机关及时准确地把握政府信息属性,提高行政效率,节约行政成本,同时也能避免出现因属性不明导致泄露国家秘密等不利情形。

行政机关从公民、法人或者其他组织获取的政府信息,应由获取该信息的行政机关负责公开,但应注意排除其中由其他行政机关制作的信息,即对于信息获取机关而言,仅有权公开其从公民、法人或者其他组织处获取的、非由其他行政机关制作的信息。同时,如果申请公开的政府信息是行政机关从其他行政机关处获取,但该信息曾流转多个行政机关,最终向上溯源是由行政机关从公民、法人或者其他组织处获取而来,此时应由最初获取该政府信息的行政机关作为公开义务主体。

本案中,范某申请获取的政府信息《建设用地规划许可证》[〔2009〕规(某)地字××号],显然,该信息的制作机关并非该开发建设办公室,范某亦认可该信息的制作机关并非该开发建设办公室,但其认为该开发建设办公室从其他行政机关获取了涉案信息,故该开发建设办公室有公开的职责和义务。但根据上述分析可知,该信息系由其他行政机关制作,即使该开发建设办公室获取了该信息,因其并非该政府信息的制作机关或最初获取机关,故其并非该信息的公开义务主体。

【律师点评】

在确定本机关是否为信息公开义务主体时,需区分信息来源。如该信息系行政机关制作的信息,则谁制作,谁公开。如该信息系从公民、法人或其他组织处获取的信息,则由最初获取的机关负责公开。

【应对方式】

其一,行政机关制作的信息,无论如何流转,均应本着"谁制作,谁公开"原则,由制作机关承担公开义务。

其二,"最初获取"的信息,无论信息如何流转,只看源头是否来自公民、法人或其他组织。

其三,只要不是第一手从公民、法人或其他组织获取的信息,都不属于"最初获取"的信息。

4.6 申请公开的信息已主动公开

4.6.1 具体内容介绍

答复申请公开的信息已主动公开,看似是风险最小的答复类型,既无须判断信息是否属于政府信息,亦无须判断是否属于本机关公开范围。但恰恰因其判断难度低,信息公开主体往往会掉以轻心,因告知获取途径不准确或链接失效,导致无法证明已履行公开义务的败诉案件时有发生。本节内容总结了答复申请公开的信息已经主动公开时的注意事项,指导信息公开主体全面、准确履行公开义务。

4.6.2 实操指导

信息公开主体通过查找,判定申请获取的信息已主动公开的,可直接告知申请人信息已主动公开,并告知申请人获取该信息的方式及途径,此时一般无须考量信息公开主体在该信息形成、流转过程中是否具有职责。因此,答复信息已主动公开的难点往往不在于如何判定,而在于如何告知获取信息的方式和途径。因主动公开的信息载体较多,此处选取政府官方网站(线上)、档案馆档案(线下)这两种具有代表性的方式,讲解如何告知获取方式和途径。

对于在政府官方网站上主动公开的信息,应告知申请人获取信息的具体位置和网站链接。同时,为保证链接的有效性,信息公开主体在作出答复前,应对主动公开的页面进行证据保存,如可选择截图方式,截图内应包括链接的完整地址、主动公开信息的名称及具体内容、截图的时间等，以避免因网站调整而导致链接失效、信息公开主体无法证明其已履行公开义务的情况发生。

对于在档案馆中主动公开的信息，应告知申请人档案馆的地址、开放时间、联系电话及在档案馆中查询信息的方式（如档案号）等。同时，为证明确能通过该种方式查询到申请获取的信息，建议信息公开主体在作出答复前向档案馆进行书面协查，档案馆的协查回复则需包括主动公开信息的名称、查询方式等。

4.6.3 法条链接

《中华人民共和国政府信息公开条例》（中华人民共和国国务院令第711号）

第三十六条第(一)项 对政府信息公开申请，行政机关根据下列情况分别作出答复：

（一）所申请公开信息已经主动公开的，告知申请人获取该政府信息的方式、途径。

《最高人民法院关于审理政府信息公开行政案件适用法律若干问题的解释》（法释〔2025〕8号）

第十四条 有下列情形之一的，人民法院判决驳回原告的诉讼请求：

（二）申请公开的政府信息内容已经向公众公开，被告告知申请人获取该政府信息的方式、途径和时间的。

4.6.4 以案说法

案例：对于主动公开的信息，信息公开主体是否仍有依申请提供信息的义务？

【结论】

信息已主动公开的，信息公开主体一般没有再向申请人单独提供该信息的义务，告知申请人获取方式和渠道即可。

【案情简介】

2012年6月15日，王某向某市住房保障局提出信息公开申请，要求公开"你局所编制的机构名称、机构职能及其机构的处长或者科长、办公室主任的姓名"。同月28日，该市住房保障局作出书面答复，告知王某其申请公开的信息属于政府信息公开范围，已主动公开，可通过该局网站（www.xxx.gov.cn）——"信息公开"——"机构概况""内设机构"和"人事任免"栏目获取。王某对该答复不服，提起诉讼，要求撤销该市住房保障局作出的信息公开答复，责令该市住房保障局公开政府信息的纸质文本。

【裁判理由】

对于王某要求某市住房保障局应依申请向其提供纸质文本的主张，法院认为，主动公开的信息，其公开方式应遵循《某市政府信息公开规定》所明确的公开途径，一般不需要另行申请获得。王某申请公开的信息，该市住房保障局已通过政府网站向公众公开，在答复中也已明确告知王某查阅信息的方式和途径，故其已履行相应的法定职责。该市住房保障局据此作出信息公开答复，认定事实及法律适用均无不当。王某要求撤销信息公开答复的诉请，缺乏事实根据和法律依据，法院不予支持，依照当时有效的《最高人民法院关于审理政府信息公开行政案件若干问题的规定》（法释〔2011〕17号）第十二条第（二）项之规定，判决驳回王某的诉讼请求。

【律师点评】

根据《最高人民法院关于审理政府信息公开行政案件适用法律若干问题的解释》（法释〔2025〕8号）第十四条第（二）项的规定，申请公开的信息已经向公众公开，被告已经告知申请人获取该信息的方式和途径的，人民法院应当判决驳回原告的诉讼请求。

根据上述规定，对于答复主动公开的案件，法院会从三个角度进行审查：一是申请公开的信息是否已经向公众主动公开，二是信息公开主体是否告知申请人获取该信息的方式和途径，三是告知的方式和途径是否便于申请人权利的实现，这三个要件缺一不可。信息公开主体以信息已主动公开为由未作答复的，或仅告知申请人已主动公开但未告知获取方式和途径的，均属于未履行或未完全履行信息公开职责。

在本案中，该市住房保障局已在其官方网站上主动公开了王某申请获取的信息，且在告知书中给出了详细的查询步骤，法院按照该步骤进行查找，确能查询到王某申请获取的信息。据此,法院认为,该市住房保障局已履行信息公开法定职责,所作答复并无不当。

【应对方式】

对于已主动公开的信息,信息公开主体一般没有义务依申请重复公开,在答复中告知申请人获取该信息的方式和渠道即可。但同时,如申请人确实存在无法上网、不会上网等客观情况,信息公开主体出于便民考虑,在不影响行政效率的前提下可给予必要的帮助,如可按照申请人实际需要提供纸质文本。这样既能满足申请人获取信息的需求,又能避免后续纠纷的发生。

第5章 政府信息公开需要征求第三方意见

5.1 具体内容介绍

根据条例第十五条、第三十二条的规定，当信息公开主体认为申请公开的信息涉及商业秘密或个人隐私等，公开会损害第三方合法权益时，应当书面征求第三方意见。实践中，信息公开主体对于征求第三方意见的流程、征求第三方意见的注意事项、第三方未在规定期限内回复应当如何处理等问题存在诸多犹疑。本节内容主要通过讲解征求第三方意见的流程和注意事项，指导信息公开主体准确判断并合法合规地启动征求第三方意见程序。如何认定商业秘密、个人隐私可参考本书第4章4.2.2小节及4.2.3小节的内容。

5.2 实操指导

（1）征求第三方意见流程图。征求第三方意见流程图详见图5-1。

（2）信息公开主体对于是否需要启动征求第三方意见程序，具有最初的判断义务。信息公开主体的判断义务体现在，信息公开主体应当首先自行判断申请公开的信息是否涉及第三方的商业秘密、个人隐私等，以及如果公开

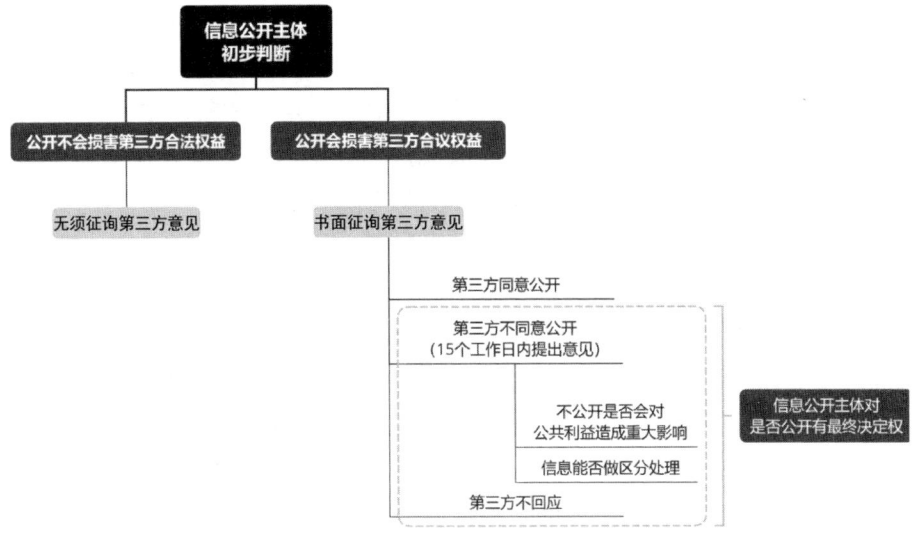

图 5 - 1　征求第三方意见流程图

是否会对第三方的合法权益造成损害，不能够一刀切地只要看到申请公开的信息涉及第三方，就不加判断地径行征求意见。

此外，如果信息公开主体判断申请公开的信息确实涉及商业秘密或个人隐私等，且公开会对第三方合法权益造成损害，信息公开主体也可进一步考量在不影响信息主体内容完整性的前提下，是否可以通过技术处理的方式，对涉及商业秘密或个人隐私等内容进行遮挡后公开其他内容。举个例子，申请人向某发改委申请公开"某第三方公司向某发改委提交的某保护整治项目的可行性研究报告"，申请公开的报告中可能涉及第三方公司部分工作人员的私人手机号码等信息，此时如果对私人手机号码等涉及第三方工作人员个人隐私的内容进行遮挡，并不会影响报告主体内容的完整性，则在此种情况下，亦不必启动征求第三方意见的程序。

（3）征求第三方意见应当采用书面形式。根据条例第三十二条的规定，信息公开主体在征求第三方意见时，应当采用书面形式，即需要向被征求意见的第三方出具正式的征求意见文书。

征求意见文书中一般应当包括：申请公开的信息、涉及第三方权益的情况、第三方提出意见的期限、逾期不提出意见的后果等。其中，第三方提出意见的期限为 15 个工作日，逾期不提出意见的后果为"由信息公开主体依照本条例的规定决定是否公开"。

此外，根据条例第三十三条第三款的规定，征求第三方意见的时间不计入答复期限内。因此,信息公开主体如果启动了征求第三方意见程序,便大概率无法在登记回执(或其他受理文书)记载的答复期限内向申请人作出答复。此时,从便利申请人及维护行政机关公信力的角度考量,建议信息公开主体将"因需要向第三方征求意见,故无法在登记回执(或其他受理文书)记载的答复期限内作出答复"的情况及时向申请人进行告知。

(4)信息公开主体对于信息是否应当公开,具有最终的决定权。信息公开主体的最终决定权体现在,申请公开的信息是否应当予以公开,最终应当由信息公开主体结合申请内容、第三方意见和理由等综合判断并作出决定,而非对第三方的意见和理由不加判断,直接根据第三方的意见作出不予公开的决定。具体而言,如果第三方逾期未提出意见,则信息公开主体可以依照条例的规定决定是否公开;如果第三方不同意公开,则信息公开主体可以综合考量第三方不同意公开的理由是否合理、申请公开的信息是否可以进行区分处理,以及不公开是否会对公共利益造成重大影响等因素,最终决定是否公开。

这里需特别注意三个问题。其一是关于个人信息自决权与公共利益的冲突与协调问题。除非涉及重大公共利益,一般应当尊重权利人的信息自决权。信息自决权是指每个人基本上有权自行决定是否将其个人信息交付他人与供他人利用。但是,信息自决权并不应被毫无限制地保障,在重大公共利益的前提下,个人必须忍受对其信息自决权的限制。因此,涉及商业秘密、个人隐私等的信息,不公开是原则,公开是例外。例外情形包括:权利人同意公开、因重大公共利益决定公开。

其二是关于区分处理的问题。尽管信息自决权需因公共利益加以限制,但这种限制也必须符合比例原则,即对个人信息自决权应当采取最轻微的侵害手段。根据条例第三十七条的规定,申请公开的信息中含有不应当公开或者不属于政府信息的内容,但是能够作区分处理的,信息公开主体应当向申请人提供可以公开的信息内容,并对不予公开的内容说明理由。这里的区分处理与可分割性原则,正是比例原则在信息处理方面的体现。

其三是将决定公开的信息内容和理由告知第三方的问题。信息公开主体如最终决定公开信息,根据条例第三十二条的规定,还应将决定公开的信息内容和理由书面告知第三方。此规定一方面属于对个人信息自决权的尊重,另一方面也可使第三方能够在"知其然"后及时决定是否采取救济行动。而信息公开主体的说理义务,则是属于信息公开主体对不利益处分①的当事人或利害关系人应尽的正当程序义务,意在使其"知其所以然",从而便于其在寻求救济时,采取有效的权利防御措施和手段。

5.3 法条链接

《中华人民共和国政府信息公开条例》(中华人民共和国国务院令第711号)

第十五条 涉及商业秘密、个人隐私等公开会对第三方合法权益造成损害的政府信息,行政机关不得公开。但是,第三方同意公开或者行政机关认为不公开会对公共利益造成重大影响的,予以公开。

第三十二条 依申请公开的政府信息公开会损害第三方合法权益的,行政机关应当书面征求第三方的意见。第三方应当自收到征求意见书之日起15个工作日内提出意见。第三方逾期未提出意见的,由行政机关依照本条例的规定决定是否公开。第三方不同意公开且有合理理由的,行政机关不予公开。行政机关认为不公开可能对公共利益造成重大影响的,可以决定予以公开,并将决定公开的政府信息内容和理由书面告知第三方。

第三十三条 行政机关收到政府信息公开申请,能够当场答复的,应当当场予以答复。

行政机关不能当场答复的,应当自收到申请之日起20个工作日内予以答复;需要延长答复期限的,应当经政府信息公开工作机构负责人同意并告知申请人,延长的期限最长不得超过20个工作日。

行政机关征求第三方和其他机关意见所需时间不计算在前款规定的期限内。

第三十七条 申请公开的信息中含有不应当公开或者不属于政府信息的内容,但是能够作区分处理的,行政机关应当向申请人提供可以公开的政府信息内容,并对不予公开的内容说明理由。

---

① 不利益处分一般包括两种情况:一是指行政主体通过具体行政行为,剥夺行政相对人已有的某种权利;二是行政主体通过具体行政行为,使行政相对人承担一定的义务。

《中华人民共和国反不正当竞争法》（中华人民共和国主席令第 29 号）

第九条 本法所称的商业秘密，是指不为公众所知悉、具有商业价值并经权利人采取相应保密措施的技术信息、经营信息等商业信息。

《中华人民共和国民法典》（中华人民共和国主席令第 45 号，2021 年 1 月 1 日施行）

第一千零三十二条　自然人享有隐私权。任何组织或者个人不得以刺探、侵扰、泄露、公开等方式侵害他人的隐私权。

隐私是自然人的私人生活安宁和不愿为他人知晓的私密空间、私密活动、私密信息。

第一千零三十四条　自然人的个人信息受法律保护。

个人信息是以电子或者其他方式记录的能够单独或者与其他信息结合识别特定自然人的各种信息，包括自然人的姓名、出生日期、身份证件号码、生物识别信息、住址、电话号码、电子邮箱、健康信息、行踪信息等。

个人信息中的私密信息，适用有关隐私权的规定；没有规定的，适用有关个人信息保护的规定。

5.4　以案说法

（1）案例：是否任何涉及第三方的信息都要征求意见？

【结论】

并非任何涉及第三方的信息都要征求意见，只有信息公开主体经审查后认为信息涉及商业秘密、个人隐私等，公开会损害第三方合法权益时，才有必要、才被允许启动征求第三方意见程序。

【案情简介】

2009 年 9 月 4 日，A 公司向某区政府提出信息公开申请，申请获取"某区政府与 B 公司 2003 年 9 月 30 日签订的《开发协议》中有关征用某集体土地，土地地上物以及其他相关补偿信息"。该区政府受理上述申请后，认为

《开发协议》涉及 B 公司利益，故于 9 月 11 日书面征求 B 公司意见。9 月 16 日，B 公司书面函复该区政府，认为《开发协议》第二十八条商定了对某开发项目其他全部信息和文件予以保密，且处于保密有效期，故要求该区政府履行《开发协议》要求，履行保密义务。因此，该区政府作出不予公开告知书，并在不予公开告知书中明确其理由为"法律、法规及相关规定不予公开的其他情形，具体是第三方不同意公开"。A 公司不服，提起诉讼。

另外，《开发协议》第二十八条第二项约定："（a）除以下（b）款另有规定外，该区政府和项目公司应当各自就其或其雇员、承包商、顾问或代理人获得的，关于本协议及本项目（无论是财务上、技术上或其他方面）的全部信息和文件，予以保密。（b）以上（a）款不适用于：已经公布的或者能以其他方式公开获得的信息或文件（但不包括以违反本协议的方式公布或获得者）；已经由一方以不违反任何保密义务的方式获得的信息或文件；以不违反任何保密义务的方式从第三方获得的信息或文件；按照法律须披露的信息或文件；或为按照本协议履行一方义务而披露的信息或文件；以上（a）款在本协议届满或终止后的五年内仍然有效。"

【裁判理由】

法院认为，原条例第十四条第四款规定，信息公开主体不得公开涉及国家秘密、商业秘密、个人隐私的政府信息。但是，经权利人同意公开或者信息公开主体认为不公开可能对公共利益造成影响的，可以予以公开。同时，第二十三条规定，信息公开主体认为申请公开的信息涉及商业秘密、个人隐私，公开后可能损害第三方合法权益的，应当书面征求第三方意见；第三方不同意公开的，不得公开。

因此，信息公开主体对涉及商业秘密的信息具有审查的法定职权，并对此负有举证责任。信息公开主体在不作审查的情况下，径行征求第三方意见，并以第三方不同意公开作为信息不予公开的理由，于法无据。该区政府在不予公开告知书中明确其理由为"法律、法规及相关规定不予公开的其他情形，具体是第三方不同意公开。"该理由不符合上述规定，该区政府以此为由不予公开 A 公司申请获取的信息，缺乏法律依据。

该区政府、B 公司在开庭审理时提出，A 公司申请公开的信息涉及商业秘密，依法属于不予公开的情形。对此，法院认为，首先，不予公开告知书并未将此作为理由；其次，无证据证明该区政府在作出不予公开告知书时对此进行了审查，且其在法定举证期限内提交的证据亦不能支持其庭审中提出的上述主张。因此，该区政府作出的不予公开告知书缺乏事实及法律依据，依法应予撤销。

【律师点评】

该区政府认为A公司申请公开的政府信息涉及第三方B公司的利益，故启动了征求第三方意见程序，并在B公司明确表示不同意公开的情况下，向A公司作出不予公开告知书。可以说，该区政府充分考虑了第三方的权益保护问题，也充分尊重了第三方的信息自决权。

但是，该区政府却忽略了更为重要的一个问题——启动征求第三方意见的前提是"申请公开的政府信息涉及商业秘密、个人隐私等，公开会损害第三方合法权益"，即并非任何涉及第三方的信息都要向第三方征求意见。信息公开主体只有进行了最初判断，审查后认为信息涉及商业秘密、个人隐私等，公开会损害第三方合法权益时，才有必要、才被允许启动征求第三方意见程序。

【应对方式】

当申请公开的信息涉及第三方时，信息公开主体应初步判断信息的内容是否涉及第三方商业秘密、个人隐私等，并举证证明已尽到审查义务。

信息公开主体经审查，如果认为信息的内容涉及第三方商业秘密、个人隐私等，公开可能会损害其合法权益，且如果进行遮挡会损害信息主体内容的完整性，则可启动征求第三方意见程序。

当第三方认为申请公开的信息涉及其商业秘密、个人隐私等，不同意公开时，信息公开主体可从以下几个方面进行考量，最终决定是否予以公开，并留存证据：

①第三方不同意公开的理由是否合理：如果信息公开主体认为第三方不同意公开的理由不合理，可对第三方意见不予采纳，并自行决定是否予以公开。如果信息公开主体认为第三方不同意公开的理由合理，则可进一步考量申请公开的信息是否可以进行区分处理。对于第三方不同意公开的理由是否合理的判断，涉及商业秘密和个人隐私的部分，可参考本书第4章4.2.2小节和4.2.3小节对商业秘密和个人隐私认定的内容。

②申请公开的信息是否可以进行区分处理，信息公开主体可通过会议纪要等证据证明已对区分处理问题进行了考量：如果第三方不同意公开的理由合理，则信息公开主体可考量申请公开的信息是否可以进行区分处理。如果可以区分处理，则信息公开主体可进一步考虑涉及商业秘密、个人隐私等部

分的信息不予公开是否会对公共利益造成重大影响。如果不可以区分处理，则信息公开主体可进一步考量整体不予公开是否会对公共利益造成重大影响。

③不予公开是否会对公共利益造成重大影响，信息公开主体可通过会议纪要等证据证明已对公共利益进行了考量：如果第三方不同意公开的理由合理，且不公开不会对公共利益造成重大影响，则信息公开主体可不予公开。如果不公开会对公共利益造成重大影响，则信息公开主体可决定予以公开。

（2）案例：第三方人数众多时应如何征求意见？

【结论】

信息涉及第三方个人隐私且第三方人数众多时，信息公开主体可通过公告方式征求意见。

【案情简介】

2019年4月9日，周某向某镇政府提出信息公开申请，要求获取"2017年某镇养殖场（户）退出清单及养殖场（户）退出奖励资金"。因周某申请公开的信息涉及全镇养殖场（户）相关隐私信息，2019年4月29日，该镇政府通过公告方式向不特定的养殖户征求意见。2019年5月22日，该镇政府作出被诉答复告知书，同时向周某公开了《某镇政府关于我镇畜禽规模养殖场（小区）关闭退出所需资金的函》和《某镇畜禽规模养殖场（小区）退出台账》（涉及个人隐私的信息被遮挡）。周某不服，提起诉讼。

【裁判理由】

法院认为，关于周某认为该镇政府采用公告方式征求第三方意见属于程序违法的诉讼意见，现行法律并未明确规定征求第三方意见的方式，本案中，鉴于周某要求公开的信息涉及全镇多个养殖户，该镇政府采用公告的方式征求意见并无不当。故周某的主张不成立，法院不予支持。

【律师点评】

条例与原条例对于公开涉及个人隐私信息的处理原则基本一致。条例并无关于征求第三方意见方式的明确规定，信息公开主体可根据案件具体情况，采取恰当合理的方式征求第三方意见。

【应对方式】

申请公开的信息涉及第三方人数众多时，信息公开主体可以采用公告的方式征求意见。公告的内容与征求意见文书中一致，一般应当包括：申请公开的信息、涉及第三方权益的情况、第三方提出意见的时间期限、逾期不提出意见的后果等。

同时，信息公开主体可通过多种渠道发布公告，如登报、广播、在电视上播映等。如被征求意见的第三方住所较为集中，如同住一个村，也可以在村内的村务公开栏等进行公告。

（3）案例：如何判断第三人不同意公开的理由是否合理？

【结论】

条例未直接规定第三方不同意公开理由合理性的判断标准，行政机关应以法律法规等为依据，并结合不予公开对公共利益影响的大小来综合判断。

【案情简介】

陈某向某县自然资源局申请公开"B公司厂区及办公地点的建筑控制线和用地红线图"。该县自然资源局在收到申请后，依法向B公司征求了意见。B公司及其母公司表示，该信息涉及公司商业秘密、公共安全和经济安全，若公开可能存在安全风险，故请求不予公开。基于B公司的反馈，该县自然资源局决定不予公开该信息，并向陈某进行了告知。陈某认为该县自然资源局适用法律错误且属于行政不作为，遂提起行政诉讼。

【裁判理由】

在处理涉及第三方的政府信息公开申请时，必须依法公平地保护申请人的知情权与第三方的合法权益。根据条例第三十二条规定，当行政机关认为公开的信息可能损害第三方权益时，有义务书面征求第三方意见，并在第三方有合理理由不同意公开时，可依法不予公开，除非行政机关认为不公开可能对公共利益造成重大影响。

本案中，陈某请求公开的第三方信息，经该县自然资源局函询后，第三方表示不同意公开，并提出了不同意公开的理由，其理由包括该信息涉及爆炸物品、珍贵资源的贮存安全及商业秘密，公开可能带来安全管控和泄密风险。因第三方提出的理由符合条例第十四条、第十五条关于依法不公开或可以不公开的规定，故可视为合理理由。该县自然资源局在审查后认为，第三方不同意公开的理由具有合理性，且不存在不公开可能对公共利益造成重大影响的情况，因此决定不公开该信息并书面告知陈某，符合条例的规定。

【律师点评】

根据条例规定，信息公开主体在征询第三方意见时，需要对第三方反馈的不予公开理由的合理性进行判断。这与原条例中"第三方不同意公开的，不得公开"之规定相比,条例为行政机关增加了对不予公开理由的判断职责。

条例修订前,不少信息公开主体根据"第三方不同意公开的,不得公开"这一规定,只要第三方作出"不同意公开"的意思表示,即作出不予公开的答复,而不对第三方不同意公开的理由进行审查。比如第三方称申请公开的信息属于商业秘密,信息公开主体往往不审查申请公开的信息是否确属商业秘密、是否可以区分处理。

条例修订后,进一步规定了信息公开主体需审查第三方不同意公开的理由,但没有对"不予公开理由的合理性"规定统一的判断标准。本案提供的思路是,信息公开主体对不予公开理由合理性的判断标准,可以法律规定为依据,比如信息属于条例规定的不予公开的情形,再如信息的公开可能违反《中华人民共和国个人信息保护法》《中华人民共和国反不正当竞争法》等。

【应对方式】

对于第三方不同意公开理由的合理性的判断,涉及条例第十四条规定的"三安全一稳定"的,一般属于信息公开主体行政裁量范畴;涉及条例第十五条规定的商业秘密和个人隐私的部分,可参考本书第 4 章 4.2.2 小节和 4.2.3 小节对商业秘密和个人隐私认定的内容;涉及条例第十六条规定的"内部信息"和"过程性信息"的,可参考本书第 4 章 4.2.4 小节对内部信息和过程性信息认定的内容。

第6章　政府信息公开的答复和送达

6.1　政府信息公开的答复

6.1.1　具体内容介绍

制作信息公开答复书是信息公开工作所有环节中的重中之重，如何将查找、判断的成果通过书面体现，如何起算行政复议、诉讼期限，都有赖于这一纸文书。本节内容通过系统梳理信息公开答复书的形式、必备要件等，指导信息公开主体写出内容完整、合法的答复书。

6.1.2　实操指导

（1）答复书形式。信息公开答复原则上应采用书面形式，例外情况下可采用其他形式，如申请人要求书面答复，则不建议采用其他形式。采用其他形式（如口头答复、当场提供信息）时，建议将答复的过程通过录音或录像等方式记录；采用书面形式时，答复书落款处应盖章，并在答复书两联间加盖骑缝章，所加盖的印章为信息公开专用章或信息公开主体公章。

（2）答复书文号。建议信息公开答复书的文号与受理告知文书（如登记回执）、延期告知书等文书的文号保持一致。

（3）答复书必备要件。答复书必备要件包括：
①申请人的姓名（自然人）或名称（法人或其他组织）。

②答复理由、答复类型和相匹配的准确法律依据,同时注意条例与原条例、条例与地方规定的衔接。

③救济方式:行政复议、行政诉讼的期限及渠道均要告知,其中申请行政复议的期限为收到答复书之日起60日,提起行政诉讼的期限为收到答复书之日起6个月;同时,建议告知具体、准确的复议机关和管辖法院名称。

④答复时间:一般情况下,信息公开主体应在收到申请之日起20个工作日内作出答复,经信息公开工作机构负责人批准延长答复期的,延长的期限最长不得超过20个工作日;特殊情况下,如申请人申请公开信息的数量、频次明显超过合理范围,信息公开主体可以要求申请人说明理由,信息公开主体认为理由合理,但是无法在前述规定的期限内答复申请人的,可以确定延迟答复的合理期限并告知申请人。

6.1.3 法条链接

《中华人民共和国政府信息公开条例》(中华人民共和国国务院令第711号)

第三十三条 行政机关收到政府信息公开申请,能够当场答复的,应当当场予以答复。

行政机关不能当场答复的,应当自收到申请之日起20个工作日内予以答复;需要延长答复期限的,应当经政府信息公开工作机构负责人同意并告知申请人,延长的期限最长不得超过20个工作日。

行政机关征求第三方和其他机关意见所需时间不计算在前款规定的期限内。

第四十条 行政机关依申请公开政府信息,应当根据申请人的要求及行政机关保存政府信息的实际情况,确定提供政府信息的具体形式;按照申请人要求的形式提供政府信息,可能危及政府信息载体安全或者公开成本过高的,可以通过电子数据以及其他适当形式提供,或者安排申请人查阅、抄录相关政府信息。

第四十二条 行政机关依申请提供政府信息,不收取费用。但是,申请人申请公开政府信息的数量、频次明显超过合理范围的,行政机关可以收取信息处理费。

行政机关收取信息处理费的具体办法由国务院价格主管部门会同国务院

财政部门、全国政府信息公开工作主管部门制定。

第四十三条　申请公开政府信息的公民存在阅读困难或者视听障碍的，行政机关应当为其提供必要的帮助。

《中华人民共和国行政诉讼法》（中华人民共和国主席令第 71 号）

第四十六条　公民、法人或者其他组织直接向人民法院提起诉讼的，应当自知道或者应当知道作出行政行为之日起六个月内提出。法律另有规定的除外。

因不动产提起诉讼的案件自行政行为作出之日起超过二十年，其他案件自行政行为作出之日起超过五年提起诉讼的，人民法院不予受理。

《最高人民法院关于适用〈中华人民共和国行政诉讼法〉的解释》（法释〔2018〕1 号）

第六十四条　行政机关作出行政行为时，未告知公民、法人或者其他组织起诉期限的，起诉期限从公民、法人或者其他组织知道或者应当知道起诉期限之日起计算，但从知道或者应当知道行政行为内容之日起最长不得超过一年。

复议决定未告知公民、法人或者其他组织起诉期限的，适用前款规定。

6.1.4　以案说法

（1）案例：信息公开答复是否必须采用书面形式？

【结论】

一般情况下，信息公开答复应采用书面形式，例外情况下可采用其他形式。

【案情简介】

2014 年 6 月 17 日，刘某向某县国土局提交信息公开申请，要求公开"某地块：1. 土地利用总体规划；2. 土地利用年度计划确定的农用地转用指标；3. 土地利用现状调查结果；4. 供地方案；5. 建设用地批准书；6. 国有土地有偿使用合同；7. 土地登记证；8. 农用地转用方案；9. 补充耕地方案；10. 征收土地方案；11. 挂牌出让成交确认书。"

该县国土局受理后，对第 2 项、第 3 项、第 5—7 项信息，口头答复刘某不存在；对于第 1 项、第 11 项信息，安排刘某进行查阅；对第 4 项、第 8—10 项信息，该县国土局因已在刘某此前的信息公开申请中进行了答复，故书面告知刘某已在此前进行答复，本次不再另行答复。刘某认为，该县国土局未履行信息公开职责，提起诉讼。

【裁判理由】

法院认为，虽然该县国土局作出的告知书未书面说明采取不同形式答复的原因，存在瑕疵，但该县国土局已经根据刘某申请公开的第 11 项信息的具体情况，采取现场口头答复、安排查阅资料及告知书的形式分别作出了回复，实质上已履行信息公开的职责。刘某诉称该县国土局不作为，缺乏事实和法律依据。据此，法院判决驳回刘某的诉讼请求。

【律师点评】

虽然原条例和条例都规定了信息公开主体要进行答复，但对于是否必须采用书面（纸质）形式均未进行说明。国务院法制办公室主编的《中华人民共和国政府信息公开条例读本》认为："本条例对行政机关答复申请人的具体形式并没有作出统一规定，行政机关可以根据实际情况，选择书面或者口头形式来答复申请人。当然，考虑到答复的严肃性和公正性，便于有据可查，一般情况下，行政机关还是应当尽可能地采取书面形式答复申请人。"这里实际确定了一个答复形式的原则——以书面形式为原则，以其他形式为例外。

例如，信息公开主体当场提供信息，能即时满足申请人信息获取的需要，另行制作书面答复并无必要且会增加行政成本，该种情况不应强制要求信息公开主体必须书面答复申请人，故属于书面形式答复的例外。本案中，该县国土局安排刘某查阅第 1 项、第 11 项信息，其申请获取上述信息的需求已经得到即时满足，再要求该县国土局制作送达书面答复，只会增加行政成本，因此法院认可了此种"安排查阅"的特殊答复形式。

但在一般情况下，尤其是信息公开主体无法提供申请人申请获取的信息，如答复信息不存在，还是建议信息公开主体采用书面形式，以更好地证明其已履行答复职责，为后续可能出现的纠纷保存证据。

【应对方式】

虽然《中华人民共和国政府信息公开条例读本》确定了"以书面形式为原则，以其他形式为例外"的答复形式原则，但在实际答复时，仍然建议信息公开主体采用书面形式。因为即使当场提供信息，或者安排申请人查阅，申请人仍可能认为信息公开主体未公开到位，答复仍存在被诉的可能。从举证角度考虑，为避免应诉时因无法证明已履行答复义务而败诉，建议信息公开主体采用书面形式答复。例外情况下采用其他形式答复的，也应对答复的过程以录音或录像等方式记录，做好证据留存。

（2）案例：政府信息公开答复书能否不告知起诉期限？

【结论】

信息公开答复书应告知申请人起诉期限，避免因遗漏告知导致起诉期限延长或被法院认定为程序瑕疵。

【案情简介】

2015年5月18日，许某向某部委提交信息公开申请，要求公开："某公司定制型号××手机的进网许可标志提交进网许可标志订制申请表的时间与贵部完成审核工作时间、完成该进网许可标志打印工作时间，某公司领取该进网许可标志的时间及方式。"同年6月1日，该部委向许某作出答复书，公开其申请获取的信息。许某不服，于2016年8月16日诉至法院。

该部委答辩称，其于2015年6月1日即已作出答复，许某迟至2016年5月方才提起本案诉讼，已经超过法定起诉期限，请求法院裁定驳回许某起诉。

【裁判理由】

法院认为，根据当时有效的《最高人民法院关于执行〈中华人民共和国行政诉讼法〉若干问题的解释》（法释〔2000〕8号）第四十一条第一款规定，行政机关作出具体行政行为时，未告知公民、法人或者其他组织诉权或者起诉期限的，起诉期限从公民、法人或者其他组织知道或者应当知道诉权或者起诉期限之日起计算，但从知道或者应当知道具体行政行为内容之日起最长不得超过2年。①

本案中，该部委于2015年6月1日作出答复，但该答复并未告知刘某起诉期限。依据上述规定，刘某于2016年8月16日提起本案诉讼，未超出法定起诉期限。故对于该部委提出的刘某起诉超期之主张，本院不予支持。

---

① 该司法解释已于2018年2月8日失效，现行有效的规定为《最高人民法院关于适用〈中华人民共和国行政诉讼法〉的解释》（法释〔2018〕1号）第六十四条，行政机关作出行政行为时，未告知公民、法人或者其他组织起诉期限的，起诉期限从公民、法人或者其他组织知道或者应当知道起诉期限之日起计算，但从知道或者应当知道行政行为内容之日起最长不得超过一年。

【律师点评】

对于该部委而言,如其在答复书中告知刘某起诉期限,则刘某的起诉期限为六个月,但恰恰因其未告知刘某起诉期限,导致起诉期限延长,该部委所要承担的法律风险也随之变高。

2018年2月8日,《最高人民法院关于适用〈中华人民共和国行政诉讼法〉的解释》(法释〔2018〕1号)施行后,信息公开主体未告知申请人起诉期限时,申请人的起诉期限由两年缩减为一年,但与《中华人民共和国行政诉讼法》(中华人民共和国主席令第71号)第四十六条规定的六个月起诉期限相比,仍有不小差距。

故对于信息公开主体而言,条例虽没有对信息公开答复书作出格式化、规范化的要求,在答复书中未告知起诉期限亦不足以导致答复书被确认违法,但为避免因遗漏告知导致起诉期限延长,或被法院认定为程序瑕疵甚至收到司法建议,还是建议信息公开主体在答复书中告知起诉期限。

【应对方式】

建议信息公开主体在信息公开答复时采用统一格式,在文书模板中将告知起诉期限的内容事先固定,避免因遗漏相关内容导致起诉期限延长,承担不利后果。

6.2 政府信息公开的送达

6.2.1 具体内容介绍

政府信息公开的送达是指信息公开主体按照法定的程序和方法,将相关文书送交申请人的行为。实践中,有的信息公开主体因对送达方式没有全面掌握,或者对送达程序不够重视,导致被法院确认程序违法。本节主要通过对送达方式展开讲解,指导信息公开主体正确开展文书送达工作。

6.2.2 实操指导

(1) 送达的文书类型。文书类型一般包括:受理告知文书(如登记回执）；补正告知书；延长答复期告知书；政府信息公开答复书。

（2）送达时间。一般应于文书作出的当日送达，因客观原因无法于文书作出之日送达的，建议于次个工作日送达。需要注意的是，送达时间是指文书的送交时间，例如在邮寄送达时，送达时间是指信息公开主体将文书送交至邮政机构的时间，而非文书落款时间，亦非申请人实际签收文书的时间。各类文书的送达时间如下：

①受理告知文书（如登记回执）的送达时间不晚于标准答复周期届满之日。

②补正告知书的送达时间不晚于补正的期限届满之日。

③延长答复期告知书的送达时间不晚于标准答复周期届满之日。

④政府信息公开答复书的送达时间不晚于答复期限届满之日。

（3）送达对象。申请人并非一人时，信息公开主体应当向全部申请人送达信息公开文书。

（4）送达的注意事项。送达的注意事项如下：

①当面送达：要求申请人在信息公开主体留存联上签字，并填写当日的日期；送达期限届满前，申请人仍未当面领取的，信息公开主体应在期限届满前主动改用邮寄方式送达，邮寄前，应当保留文书复印件；若邮寄后，申请人又当面申领文书，信息公开主体可向其出具文书复印件，并要求申请人在文书复印件留存联上签字，并填写当日的日期。

②邮寄送达：邮寄前，将文书复印一份并妥善保管；应当使用挂号信、EMS等中国邮政邮寄方式；填写纸质邮寄单的，邮寄单上需要用力填写寄件人信息、收件人信息、收件地址、邮寄日期、邮寄内容（如答复书1页，公开材料5页）等信息，同时妥善保存快递单、挂号信收据、物流签收记录等邮寄、送达凭证，通过线上方式下单邮寄的，亦需准确、完整填写前述信息，并保留前述邮寄、送达凭证。

③电子邮件送达：仅限于申请人明确要求通过电子邮件方式获取信息的情形。电子邮件送达的文书应当为文书的彩色扫描件，或者为加盖信息公开主体电子公章或信息公开专用章的电子文书；信息公开主体应当通过本单位信息公开专用邮箱发送电子邮件，不建议使用工作人员个人邮箱；电子邮件送达地址应当为申请人明确指定的获取信息的电子邮箱；若申请人指定的电子邮箱不存在，且在期限即将届满时申请人仍未提供有效的电子邮箱，信息公开主体应在期限届满前主动改用邮寄方式送达。

6.2.3 法条链接

《中华人民共和国政府信息公开条例》（中华人民共和国国务院令第711号）

第二十九条　公民、法人或者其他组织申请获取政府信息的，应当向行政机关的政府信息公开工作机构提出，并采用包括信件、数据电文在内的书面形式；采用书面形式确有困难的，申请人可以口头提出，由受理该申请的政府信息公开工作机构代为填写政府信息公开申请。

政府信息公开申请应当包括下列内容：

（一）申请人的姓名或者名称、身份证明、联系方式；

（二）申请公开的政府信息的名称、文号或者便于行政机关查询的其他特征性描述；

（三）申请公开的政府信息的形式要求，包括获取信息的方式、途径。

第三十条　政府信息公开申请内容不明确的，行政机关应当给予指导和释明，并自收到申请之日起7个工作日内一次性告知申请人作出补正，说明需要补正的事项和合理的补正期限。答复期限自行政机关收到补正的申请之日起计算。申请人无正当理由逾期不补正的，视为放弃申请，行政机关不再处理该政府信息公开申请。

第三十三条　行政机关收到政府信息公开申请，能够当场答复的，应当当场予以答复。

行政机关不能当场答复的，应当自收到申请之日起20个工作日内予以答复；需要延长答复期限的，应当经政府信息公开工作机构负责人同意并告知申请人，延长的期限最长不得超过20个工作日。

行政机关征求第三方和其他机关意见所需时间不计算在前款规定的期限内。

第四十条　行政机关依申请公开政府信息，应当根据申请人的要求及行政机关保存政府信息的实际情况，确定提供政府信息的具体形式；按照申请人要求的形式提供政府信息，可能危及政府信息载体安全或者公开成本过高的，可以通过电子数据以及其他适当形式提供，或者安排申请人查阅、抄录相关政府信息。

6.2.4 以案说法

（1）案例：申请人要求当面领取却迟迟不来领取时，应如何处理？

【结论】

如申请人要求当面领取，但迟迟不来领取的，信息公开主体应在答复期限届满前，主动采取邮寄方式送达。

【案情简介】

2014年5月26日，谢某向某区公安局提交信息公开申请，要求公开"某公司拆除某房屋取得的房屋拆除安全生产许可证以及该公司在某区公安局备案情况"，并附有谢某的身份证复印件及联系电话。同时，谢某在申请表中写明，获取信息的方式为电话通知、自行当面领取，并提供了联系地址。2014年6月6日，该区公安局作出告知书，并电话通知谢某现场领取。但直至2014年6月18日答复期届满，该区公安局仍未能与谢某取得联系，遂于2014年6月20日向谢某邮寄告知书，但该邮件也因"迁移新址不明"和"大宗拒收"的原因被退回。其后，该区公安局未再次向谢某送达告知书。谢某认为，该区公安局未对其进行答复的行为违法，提起诉讼。

【裁判理由】

法院认为，根据原条例第二十四条的规定，信息公开主体不能当场答复的，应当自收到申请之日起15个工作日内予以答复。该区公安局并未在15个工作日内答复谢某，故依法判决确认该区公安局程序违法。

【律师点评】

2014年5月27日，某区公安局收到谢某的信息公开申请后，在未延期的情况下，应在收到后15个工作日内，即2014年6月18日前作出答复并送达谢某。但在答复期限届满时，该区公安局既未联系上谢某当面领取，亦未将告知书邮寄送达，属于未在法定期限内答复，最终被法院认定程序违法。

在实际工作中，与本案相似的情况时有发生。例如申请人在信息公开申请时注明"当面领取"，但在接到领取答复的通知后却不配合领取，在这种情况下，如果信息公开主体一味消极被动等待，则会造成逾期答复或未作答复的后果，像该区公安局一样面临被诉不履职的风险。

所以，如申请人要求当面领取但未领取的，信息公开主体应积极通过多种渠道尽可能与申请人取得联系,并留存与申请人联系的证据(如申请人同意当面领取的录音、申请人电话无法打通的通信记录)。同时,在答复期限届满前,主动采取邮寄方式送达;邮件被退回的,应再尝试其他送达地址,证明已穷尽所有送达方式。

【应对方式】

第一,接收申请时,注意留存申请人有效的送达地址。

第二,在电话联系申请人当面领取文书时建议进行录音,并妥善保存录音文件;电话无法联系到申请人时,妥善保存通信记录。

第三,如申请人迟迟未当面领取文书,建议在答复期限届满前,主动采取邮寄方式送达,并注意留存邮寄凭证。

(2) 案例:邮寄信息公开答复时,可以邮寄到付方式送达吗?

【结论】

行政机关以邮寄方式送达政府信息公开答复时,不可使用到付方式。

【案情简介】

2020年3月9日,丁某通过邮寄方式向某县人民政府递交了信息公开申请表,申请公开相关信息。该县人民政府于2020年3月10日签收,并于2020年4月8日作出政府信息公开答复书,向丁某公开其所申请的信息。该县人民政府于2020年4月10日通过邮寄方式将该答复书及公开的信息送达给丁某,该快递邮费系丁某支付。

【裁判理由】

法院认为,条例第四十二条第一款规定,行政机关依申请提供政府信息,不收取费用。但是,申请人申请公开政府信息的数量、频次明显超过合理范围的,行政机关可以收取信息处理费。本案中,该县政府依丁某的申请提供政府信息不得收取费用,其以收件人付费方式向丁某邮寄送达案涉政府信息答复书,属于以要求申请人向邮政企业支付邮寄费用的方式收取费用,违反上述法律规定。

【律师点评】

原条例第二十七条曾规定:"行政机关依申请提供政府信息,除可以收取检索、复制、邮寄等成本费用外,不得收取其他费用。"因此在条例修订前,确实存在以邮寄到付的方式送达政府信息公开答复,并在司法实践中获得支持的案例。

原条例修订后，条例第四十二条第一款将前述收取成本费用的内容删除，修订为"行政机关依申请提供政府信息，不收取费用。但是，申请人申请公开政府信息的数量、频次明显超过合理范围的，行政机关可以收取信息处理费。"本案中，某县人民政府采用邮寄到付方式向丁某送达政府信息公开答复书，该邮寄费用不属于法定的信息处理费，且邮寄送达是行政机关为了履行其法定职责而采取的一种送达方式，其费用理应作为行政成本的一部分由行政机关自行承担。本案行政机关将自身履职的行政成本附加在相对人身上，缺乏法律依据。

【应对方式】

其一，送达政府信息公开答复应根据实际情况选择适当的送达方式，如当面送达、邮寄送达、电子邮件送达等。

其二，使用邮寄送达方式时，应由行政机关自行承担邮寄费用。

其三，申请人申请公开政府信息的处理费应依据国务院办公厅发布的《政府信息公开信息处理费管理办法》（国办函〔2020〕109号）收取。

附　　录

政府信息公开业务流程图

政府信息公开业务流程图详见图1。

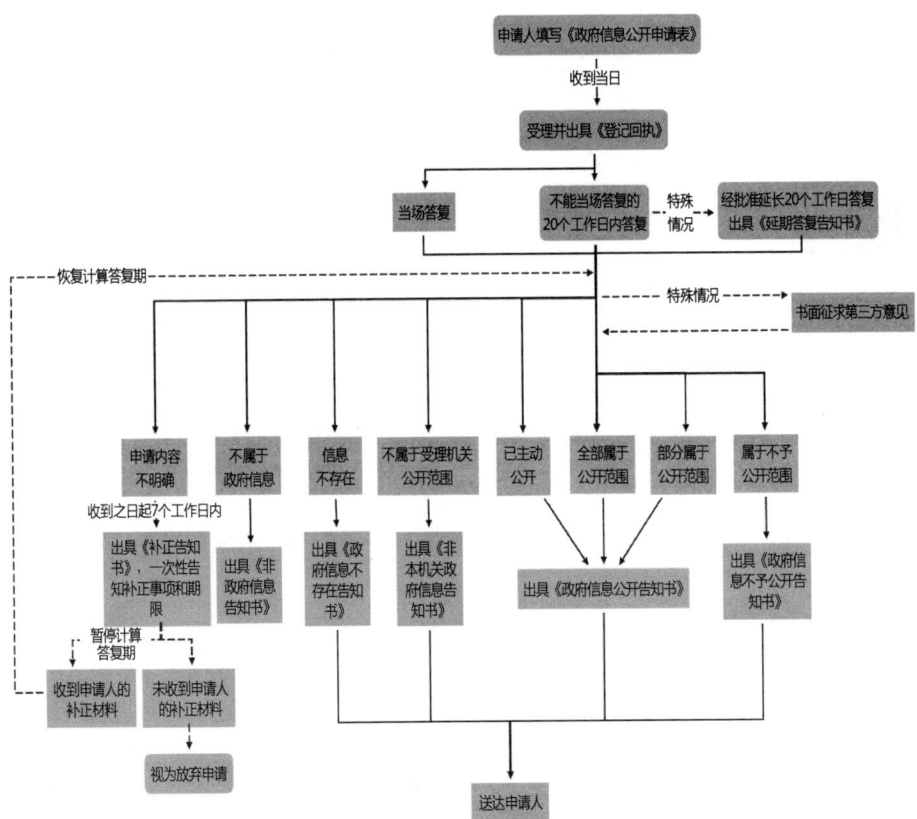

图1　政府信息公开业务流程图

政府信息公开答复判定流程图

政府信息公开答复判定流程图详见图2、图3、图4。

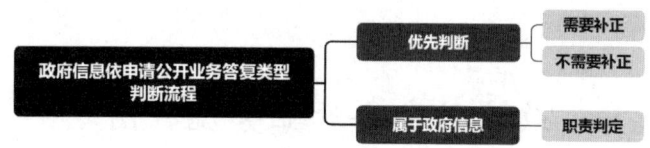

图2　政府信息公开答复判定流程图

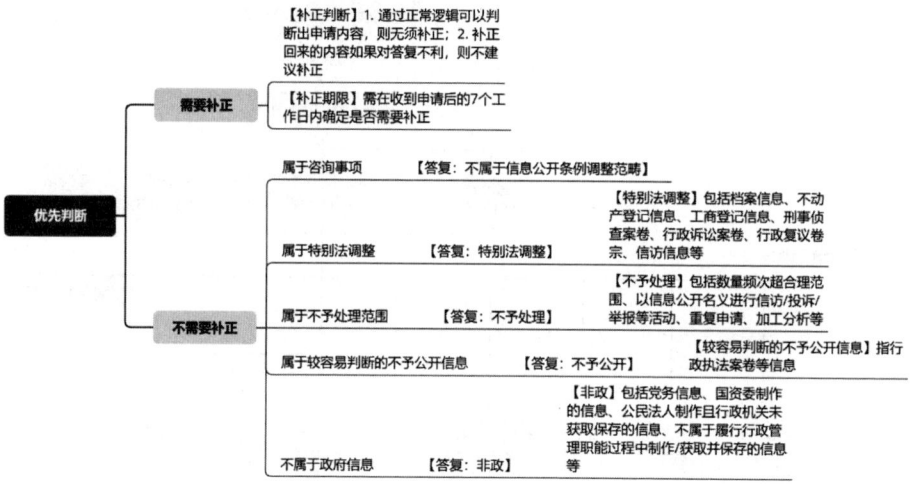

图3　政府信息公开答复判定流程图——优先判断

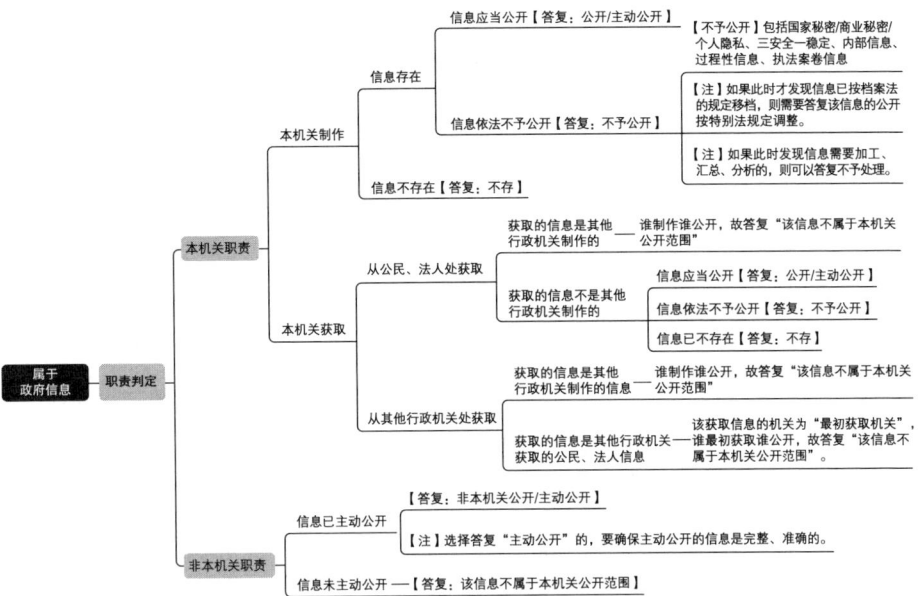

图4 政府信息公开答复判定流程图——属于政府信息

政府信息公开案件应诉流程图

政府信息公开案件应诉流程图详见图5、图6、图7。

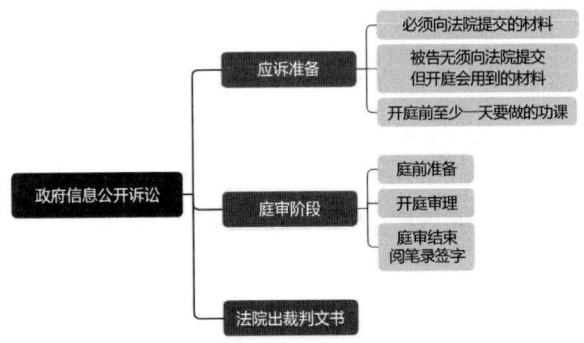

图5 政府信息公开案件应诉流程图

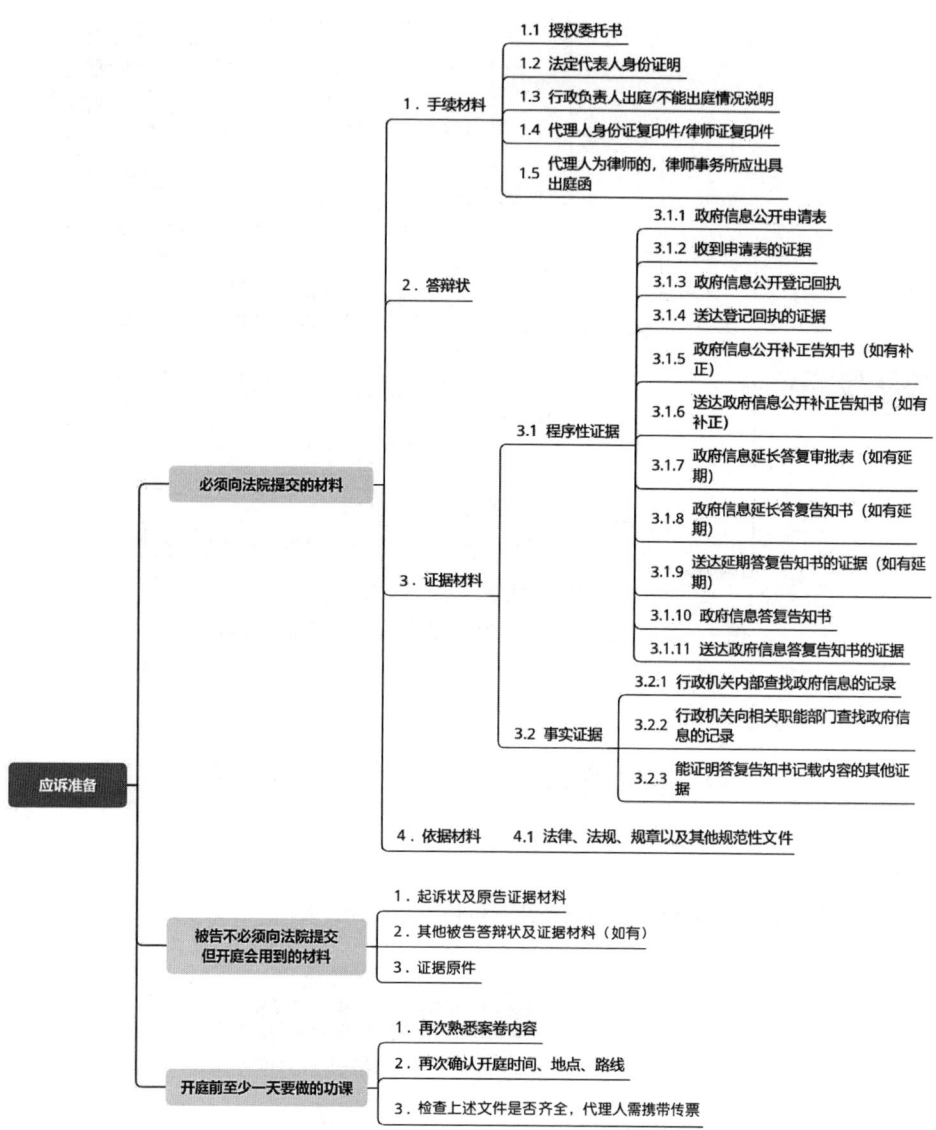

图6 政府信息公开案件应诉流程图——应诉准备

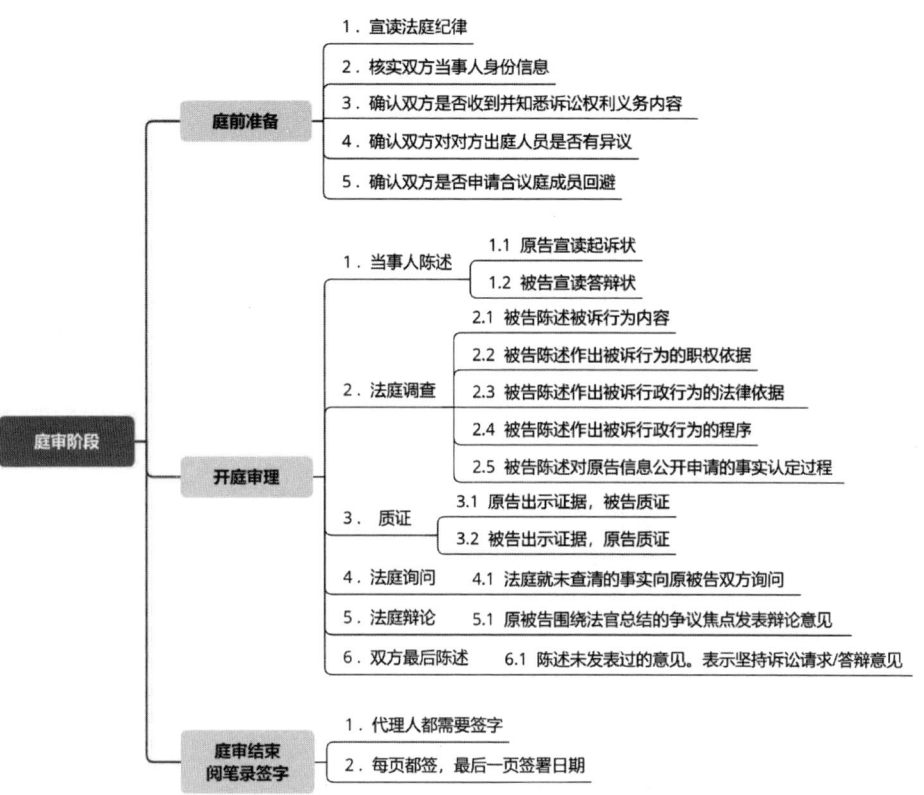

图7 政府信息公开案件应诉流程图——庭审阶段

政府信息公开文书模板

目 录

（一）程序类文书模板

1. 登记回执
2. 补正申请告知书
3. 补正登记回执
4. 延长答复期审批表
5. 延长答复期告知书
6. 政府信息公开征询第三方意见告知书
7. 第三方意见征询函
8. 共同制作文件机关的意见征询函

（二）答复类文书模板

1. 政府信息公开申请答复书——重复申请
2. 政府信息公开申请答复书——公开
3. 政府信息公开申请答复书——主动公开
4. 政府信息公开申请答复书——信息不存在
5. 政府信息公开申请答复书——非本机关公开范围
6. 政府信息公开申请答复书——不动产登记信息查询
7. 政府信息公开申请答复书——内部事务信息
8. 政府信息公开申请答复书——过程性信息
9. 政府信息公开申请答复书——信息需要加工、分析
10. 政府信息公开申请答复书——信访、投诉、举报
11. 政府信息公开申请答复书——国家秘密
12. 政府信息公开申请答复书——商业秘密、个人隐私
13. 政府信息公开申请答复书——执法案卷信息
14. 政府信息公开申请答复书——行政复议信息
15. 政府信息公开申请答复书——移交档案馆的信息
16. 政府信息公开申请答复书——咨询

（一）程序类文书模板

1. 登记回执

登记回执

———（ ）第＿＿号-回

：

您（单位）好，我们于＿＿年＿＿月＿＿日收到您（单位）提出要求获取＿＿＿＿＿＿＿＿＿＿的申请。

我们将于＿＿年＿＿月＿＿日前向您（单位）作出书面答复。如需延长答复期限，将另行告知。

衷心感谢您（单位）对我们工作的关心。

年　月　日

登记回执

———（ ）第＿＿号-回

：

您（单位）好，我们于＿＿年＿＿月＿＿日收到您（单位）提出要求获取＿＿＿＿＿＿＿＿＿＿的申请。

我们将于＿＿年＿＿月＿＿日前向您（单位）作出书面答复。如需延长答复期限，将另行告知。

衷心感谢您（单位）对我们工作的关心。

年　月　日

申请人签字：

2. 补正申请告知书

补正申请告知书

﹝_____﹞第 ____ 号-补

_____：

您（单位）好，我们于 ____ 年 ____ 月 ____ 日收到了您（单位）提出的政府信息公开申请，具体见登记回执﹝_____﹞第 ____ 号-回。

经查，您（单位）填写的政府信息公开申请内容不明确，本机关难以根据此申请内容确定具体的政府信息。现根据《中华人民共和国政府信息公开条例》第三十条的规定，请对您（单位）所需政府信息的具体名称、文号/所述"……"是指……，如……/……进行补充或更正。

请您（单位）于 ____ 年 ____ 月 ____ 日前向本机关提交补正材料或说明，以便本机关及时为您（单位）查找相应政府信息。逾期不补正的，视为您（单位）放弃本次政府信息公开申请，本机关不再处理您（单位）的该项政府信息公开申请。

衷心感谢您（单位）对我们工作的关心。

_____ 年 ____ 月 ____ 日

申请人签字：_____

3. 补正登记回执

登记回执

———（ ）第＿＿＿号－补回

您（单位）好，我们于＿＿年＿＿月＿＿日收到您（单位）提出的信息公开申请。因申请事项不明确，我们于＿＿年＿＿月＿＿日向您（单位）发出（ ）第＿＿＿号－补《补正申请告知书》。

我们于＿＿年＿＿月＿＿日收到您（单位）对申请事项的补充/更正。您要求获取的信息补充/更正为＿＿＿＿＿＿＿＿＿＿＿＿＿＿＿＿＿＿。

根据《中华人民共和国政府信息公开条例》第三十条的规定，我们将于＿＿年＿＿月＿＿日前向您（单位）作出书面答复。如需延长答复期限，将另行告知。衷心感谢您（单位）对我们工作的关心。

　　　　　　　　　　　　　　　　　年　月　日

申请人签字：＿＿＿＿＿＿

登记回执

———（ ）第＿＿＿号－补回

您（单位）好，我们于＿＿年＿＿月＿＿日收到您（单位）提出的信息公开申请。因申请事项不明确，我们于＿＿年＿＿月＿＿日向您（单位）发出（ ）第＿＿＿号－补《补正申请告知书》。

我们于＿＿年＿＿月＿＿日收到您（单位）对申请事项的补充/更正。您要求获取的信息补充/更正为＿＿＿＿＿＿＿＿＿＿＿＿＿＿＿＿＿＿。

根据《中华人民共和国政府信息公开条例》第三十条的规定，我们将于＿＿年＿＿月＿＿日前向您（单位）作出书面答复。如需延长答复期限，将另行告知。衷心感谢您（单位）对我们工作的关心。

　　　　　　　　　　　　　　　　　年　月　日

4. 延长答复期审批表

政府信息公开延长答复期审批表

申请人（个人）姓名			
申请人（法人或者其他组织）名称		法定代表人姓名	
受理机关名称			
所需的政府信息			
延期理由			
受理时间			
到期时间			
延长时间	二十个工作日		
延期后到期日			
信息公开工作机构负责人意见			
备注			

5. 延长答复期告知书

政府信息延长答复期告知书

第_____号-延

_____（　）第_____号-延

_____：

您（单位）好，我们于____年____月____日受理了您（单位）提出的政府信息公开申请，具体见登记回执（　　）第_____号-回。

根据《中华人民共和国政府信息公开条例》第三十三条第二款的规定，我们应当在____年____月____日前向您（单位）作出答复。现因故无法按期答复，经本机关政府信息公开工作机构负责人同意，延期至____年____月____日前作出答复。

衷心感谢您（单位）对我们工作的关心。

年　　月　　日

申请人签字：

政府信息延长答复期告知书

第_____号-延

_____（　）第_____号-延

_____：

您（单位）好，我们于____年____月____日受理了您（单位）提出的政府信息公开申请，具体见登记回执（　　）第_____号-回。

根据《中华人民共和国政府信息公开条例》第三十三条第二款的规定，我们应当在____年____月____日前向您（单位）作出答复。现因故无法按期答复，经本机关政府信息公开工作机构负责人同意，延期至____年____月____日前作出答复。

衷心感谢您（单位）对我们工作的关心。

年　　月　　日

6. 政府信息公开征询第三方意见告知书

政府信息公开征询第三方意见告知书

──────（ ）第 ___ 号-告

___：

您（单位）好，我们于___年___月___日受理了您（单位）提出的政府信息公开申请，具体内容见登记回执（ ）第___号-回。

根据《中华人民共和国政府信息公开条例》第三十三条第二款的规定，我们应当在___年___月___日前向您（单位）作出答复。现因您（单位）申请获取的信息涉及第十条、第三十二条、据《中华人民共和国政府信息公开条例》第十五条、第三十二条的规定，需向___征求意见。根据《中华人民共和国政府信息公开条例》第三十三条第三款的规定，行政机关征求第三方意见和其他机关意见所需时间不计算在法定答复期限内。故我们未能在___年___月___日前向您（单位）作出答复。请您（单位）耐心等待，我们将按照法定程序处理，依法向您（单位）作出答复。

衷心感谢您（单位）对我们工作的关心。

申请人签字：

___年___月___日

7. 第三方意见征询函

政府信息公开第三方意见征询函

(第三方姓名或名称)：

　　(申请人)于____年____月____日向本机关提出政府信息公开申请，申请获取_____信息。

　　上述信息涉及您（单位）的个人隐私/商业秘密/……，现根据《中华人民共和国政府信息公开条例》第三十二条的规定向您（单位）书面征求意见。请您（单位）于收到本征询函之日起15个工作日内，以书面形式将是否同意公开该信息的意见回复本机关。如不同意公开，请说明理由并提交相应证明材料，同时说明该信息能否区分处理后公开其中的部分内容。如不能够区分处理，亦请说明理由。

　　如您（单位）逾期未提出意见，则由本机关根据《中华人民共和国政府信息公开条例》的规定决定是否公开该信息。

　　感谢您（单位）对本机关工作的配合！

联系人：
联系方式：

（机关印章）
年　月　日

8. 共同制作文件机关的意见征询函

信息公开意见征询函

（机关名称）：

<u>（申请人）</u>于___年___月___日向本机关提出政府信息公开申请，申请获取_____信息。

上述信息由我机关与贵机关共同制作。现根据《中华人民共和国政府信息公开条例》第三十四条的规定向贵机关书面征求意见。请贵机关于收到本征询函之日起15个工作日内，以书面形式将是否同意公开该信息的意见回复本机关。如不同意公开，请说明理由。逾期未提出意见的，视为同意公开该信息。

感谢贵机关对我机关工作的配合！

联系人：
联系方式：

（机关印章）

年　月　日

(二) 答复类文书模板

1. 政府信息公开申请答复书——重复申请

政府信息公开申请答复书

_____( )第____号

您（单位）好，我们于____年____月____日受理了您（单位）提出的政府信息公开申请，具体见登记回执____( )第____号—回。

经查，您（单位）曾就相同的信息向本机关提出过政府信息公开申请，本机关已向您（单位）进行答复，告知书文号为_____( )第____号。现根据《中华人民共和国政府信息公开条例》第三十六条第（六）项的规定向您（单位）告知，您（单位）本次申请属于就同一事项向同一行政机关重复提出信息公开申请，本机关不再重复办理。

如果您（单位）对本答复有异议，可以在收到本答复之日起60日内向××申请行政复议，或者在6个月内向××人民法院提起行政诉讼。

衷心感谢您（单位）对我们工作的关心。

年　月　日

申请人签字：

政府信息公开申请答复书

_____( )第____号

您（单位）好，我们于____年____月____日受理了您（单位）提出的政府信息公开申请，具体见登记回执____( )第____号—回。

经查，您（单位）曾就相同的信息向本机关提出过政府信息公开申请，本机关已向您（单位）进行答复，告知书文号为_____( )第____号。现根据《中华人民共和国政府信息公开条例》第三十六条第（六）项的规定向您（单位）告知，您（单位）本次申请属于就同一事项向同一行政机关重复提出信息公开申请，本机关不再重复办理。

如果您（单位）对本答复有异议，可以在收到本答复之日起60日内向××申请行政复议，或者在6个月内向××人民法院提起行政诉讼。

衷心感谢您（单位）对我们工作的关心。

年　月　日

2. 政府信息公开申请答复书——公开

政府信息公开申请答复书

〔　　〕第　　号

　　　　　　：

您（单位）好，我们于　　年　　月　　日受理了您（单位）提出的政府信息公开申请，具体见登记回执〔　　〕第　　号一回。

　　　　　　与您（单位）申请获取的信息描述相符，该信息属于政府信息公开范围。本机关为该信息的制作（获取/保存）机关，系该信息的适格公开主体。现根据《中华人民共和国政府信息公开条例》第十条及第三十六条第（二）项的规定，向您（单位）公开您（单位）所申请获取的政府信息。

如果您（单位）对本答复有异议，可以在收到本答复之日起60日内向××申请行政复议，或者在6个月内向××人民法院提起行政诉讼。

衷心感谢您（单位）对我们工作的关心。

年　　月　　日

申请人签字：_____

政府信息公开申请答复书

〔　　〕第　　号

　　　　　　：

您（单位）好，我们于　　年　　月　　日受理了您（单位）提出的政府信息公开申请，具体见登记回执〔　　〕第　　号一回。

　　　　　　与您（单位）申请获取的信息描述相符，该信息属于政府信息公开范围。本机关为该信息的制作（获取/保存）机关，系该信息的适格公开主体。现根据《中华人民共和国政府信息公开条例》第十条及第三十六条第（二）项的规定，向您（单位）公开您（单位）所申请获取的政府信息。

如果您（单位）对本答复有异议，可以在收到本答复之日起60日内向××申请行政复议，或者在6个月内向××人民法院提起行政诉讼。

衷心感谢您（单位）对我们工作的关心。

年　　月　　日

3. 政府信息公开申请答复书——主动公开

政府信息公开申请答复书

〔　　　〕第　　号

　　　　　　：

您（单位）好，我们于　年　月　日受理了您（单位）提出的政府信息公开申请，具体见登记回执〔　　　〕第　　号-1回。

经查，该信息已在　　　　主动公开。系与您（单位）描述相符的政府信息。现根据《中华人民共和国政府信息公开条例》第三十六条第（一）项的规定向您（单位）告知，您（单位）申请获取的信息已主动公开，您（单位）可通过　　　　途径获取该政府信息。

如果您（单位）对本答复有异议，可以在收到本答复之日起60日内向××申请行政复议，或者在6个月内向××人民法院提起行政诉讼。

衷心感谢您（单位）对我们工作的关心。

　　　　　　　　　　　　　　　年　月　日

政府信息公开申请答复书

〔　　　〕第　　号

　　　　　　：

您（单位）好，我们于　年　月　日受理了您（单位）提出的政府信息公开申请，具体见登记回执〔　　　〕第　　号-1回。

经查，该信息已在　　　　主动公开。系与您（单位）描述相符的政府信息。现根据《中华人民共和国政府信息公开条例》第三十六条第（一）项的规定向您（单位）告知，您（单位）申请获取的信息已主动公开，您（单位）可通过　　　　途径获取该政府信息。

如果您（单位）对本答复有异议，可以在收到本答复之日起60日内向××申请行政复议，或者在6个月内向××人民法院提起行政诉讼。

衷心感谢您（单位）对我们工作的关心。

　　　　　　　　　　　　　　　年　月　日

申请人签字：

4. 政府信息公开申请答复书——信息不存在

政府信息公开申请答复书

———（ ）第 号

＿＿＿：

您（单位）好，我们于＿＿年＿＿月＿＿日受理了您（单位）提出的政府信息公开申请，具体见登记回执——（ ）第——号—回。

经本机关检索，（简单说明理由）本机关未制作/未获取/未保存/未找到您（单位）所申请公开的信息。现在根据《中华人民共和国政府信息公开条例》第三十六条第（四）项的规定向您（单位）告知，您（单位）申请获取的政府信息不存在。

如您（单位）对本答复复议有异议，可以在收到本答复之日起60日内向××申请行政复议，或者在6个月内向××人民法院提起行政诉讼。

衷心感谢您（单位）对我们工作的关心。

年　月　日

申请人签字：＿＿＿＿＿＿

政府信息公开申请答复书

———（ ）第 号

＿＿＿：

您（单位）好，我们于＿＿年＿＿月＿＿日受理了您（单位）提出的政府信息公开申请，具体见登记回执——（ ）第——号—回。

经本机关检索，（简单说明理由）本机关未制作/未获取/未保存/未找到您（单位）所申请公开的信息。现在根据《中华人民共和国政府信息公开条例》第三十六条第（四）项的规定向您（单位）告知，您（单位）申请获取的政府信息不存在。

如您（单位）对本答复复议有异议，可以在收到本答复之日起60日内向××申请行政复议，或者在6个月内向××人民法院提起行政诉讼。

衷心感谢您（单位）对我们工作的关心。

年　月　日

5. 政府信息公开申请答复书——非本机关公开范围

政府信息公开申请答复书

〔　　　〕第　　号

_____：

您（单位）好，我们于___年___月___日受理了您（单位）提出的政府信息公开申请，具体见登记回执〔　　　〕第___号-□回。

经查，（说明理由），本机关在实际工作中未掌握您（单位）申请获取的信息。现根据《中华人民共和国政府信息公开条例》第十条、第三十六条第（五）项的规定向您（单位）告知，您（单位）申请获取的政府信息不属于本机关负责公开的范围，建议您（单位）向_____提出申请，联系方式为：_____。

如您（单位）对本答复有异议，可以在收到本答复之日起60日内向××申请行政复议，或者在6个月内向××人民法院提起行政诉讼。

衷心感谢您（单位）对我们工作的关心。

年　月　日

申请人签字：_____

政府信息公开申请答复书

〔　　　〕第　　号

_____：

您（单位）好，我们于___年___月___日受理了您（单位）提出的政府信息公开申请，具体见登记回执〔　　　〕第___号-□回。

经查，（说明理由），本机关在实际工作中未掌握您（单位）申请获取的信息。现根据《中华人民共和国政府信息公开条例》第十条、第三十六条第（五）项的规定向您（单位）告知，您（单位）申请获取的政府信息不属于本机关负责公开的范围，建议您（单位）向_____提出申请，联系方式为：_____。

如您（单位）对本答复有异议，可以在收到本答复之日起60日内向××申请行政复议，或者在6个月内向××人民法院提起行政诉讼。

衷心感谢您（单位）对我们工作的关心。

年　月　日

147

6. 政府信息公开申请答复书——不动产登记信息查询

政府信息公开申请答复书

_____（　）第___号

___（单位）好，我们于___年___月___日受理了您（单位）提出的政府信息公开申请，具体见登记回执___号一回。

经查，您（单位）申请获取的信息属于不动产登记信息，您（单位）的申请实质上是对不动产登记资料进行查询。现根据《中华人民共和国政府信息公开条例》第三十六条第（七）项的规定向您（单位）告知，您（单位）的申请属于特定行政管理领域查询事项，不属于《中华人民共和国政府信息公开条例》规定的公开范围。___辖区范围内的不动产登记信息由___负责，您（单位）可按照《不动产登记暂行条例》及《不动产登记暂行条例实施细则》的有关规定向___查询（单位）所申请获取的不动产登记信息，联系方式：___。

如您（单位）对本答复有异议，可以在收到本答复之日起60日内向×××申请行政复议，或者6个月内向×××人民法院提起行政诉讼。

衷心感谢您（单位）对我们工作的关心。

申请人签字：___

　　　　　年　　月　　日

政府信息公开申请答复书

_____（　）第___号

___（单位）好，我们于___年___月___日受理了您（单位）提出的政府信息公开申请，具体见登记回执___号一回。

经查，您（单位）申请获取的信息属于不动产登记信息，您（单位）的申请实质上是对不动产登记资料进行查询。现根据《中华人民共和国政府信息公开条例》第三十六条第（七）项的规定向您（单位）告知，您（单位）的申请属于特定行政管理领域查询事项，不属于《中华人民共和国政府信息公开条例》规定的公开范围。___辖区范围内的不动产登记信息由___负责，您（单位）可按照《不动产登记暂行条例》及《不动产登记暂行条例实施细则》的有关规定向___查询（单位）所申请获取的不动产登记信息，联系方式：___。

如您（单位）对本答复有异议，可以在收到本答复之日起60日内向×××申请行政复议，或者6个月内向×××人民法院提起行政诉讼。

衷心感谢您（单位）对我们工作的关心。

　　　　　年　　月　　日

7. 政府信息公开申请答复书——内部事务信息

政府信息公开申请答复书

( ) 第 号

您（单位）：

您（单位）好，我们于____年____月____日受理了您（单位）提出的政府信息公开申请，具体见登记回执（　）第____号——回。

经查，您（单位）申请获取的信息系本机关为（描述文件作用），所形成的人事管理信息/后勤管理信息/内部工作流程信息。该信息属于行政机关的内部事务信息。现根据《中华人民共和国政府信息公开条例》第十六条第一款、第三十六条第（三）项的规定向您（单位）告知，您（单位）申请获取的信息系本机关的内部事务信息，属于可以不予公开的信息，本机关决定不予公开。

如您（单位）对本答复有异议，可以在收到本答复之日起60日内先行向××申请行政复议。对行政复议决定不服的，可依法提起行政诉讼。

衷心感谢您（单位）对我们工作的关心。

年 月 日

申请人签字：____

政府信息公开申请答复书

( ) 第 号

您（单位）：

您（单位）好，我们于____年____月____日受理了您（单位）提出的政府信息公开申请，具体见登记回执（　）第____号——回。

经查，您（单位）申请获取的信息系本机关为（描述文件作用），所形成的人事管理信息/后勤管理信息/内部工作流程信息。该信息属于行政机关的内部事务信息。现根据《中华人民共和国政府信息公开条例》第十六条第一款、第三十六条第（三）项的规定向您（单位）告知，您（单位）申请获取的信息系本机关的内部事务信息，属于可以不予公开的信息，本机关决定不予公开。

如您（单位）对本答复有异议，可以在收到本答复之日起60日内先行向××申请行政复议。对行政复议决定不服的，可依法提起行政诉讼。

衷心感谢您（单位）对我们工作的关心。

年 月 日

8. 政府信息公开申请答复书——过程性信息

政府信息公开申请答复书

———（ ）第___号

___：

您（单位）好，我们于___年___月___日受理了您（单位）提出的政府信息公开申请，具体见登记回执（ ）第___号—回。

经查，您（单位）申请获取的信息系本机关为（描述文件用途，所形成的讨论记录信息/过程稿信息/磋商信函信息/请示报告信息。该信息属于行政机关在履行行政管理职能过程中形成的过程性信息。现根据《中华人民共和国政府信息公开条例》第十六条第二款、第三十六条第（三）项的规定向您（单位）告知，您（单位）申请获取的信息属于可以不予公开的信息，本机关决定不予公开。

如您（单位）对本答复有异议，可以在收到本答复之日起60日内先行向××申请行政复议。对行政复议决定不服的，可依法提起行政诉讼。

衷心感谢您（单位）对我们工作的关心。

年　月　日

申请人签字：

政府信息公开申请答复书

———（ ）第___号

___：

您（单位）好，我们于___年___月___日受理了您（单位）提出的政府信息公开申请，具体见登记回执（ ）第___号—回。

经查，您（单位）申请获取的信息系本机关为（描述文件用途，所形成的讨论记录信息/过程稿信息/磋商信函信息/请示报告信息。该信息属于行政机关在履行行政管理职能过程中形成的过程性信息。现根据《中华人民共和国政府信息公开条例》第十六条第二款、第三十六条第（三）项的规定向您（单位）告知，您（单位）申请获取的信息属于可以不予公开的信息，本机关决定不予公开。

如您（单位）对本答复有异议，可以在收到本答复之日起60日内先行向××申请行政复议。对行政复议决定不服的，可依法提起行政诉讼。

衷心感谢您（单位）对我们工作的关心。

年　月　日

9. 政府信息公开申请答复书——信息需要加工、分析

政府信息公开申请答复书

〔　　〕第　　号

您（单位）：

您（单位）好，我们于　　年　　月　　日受理了您（单位）提出的政府信息公开申请，具体见登记回执〔　　〕第　　号—　　号—　　回。

经查，您（单位）的申请描述未能指向既有的、已制作或者获取的政府信息，需要本机关对现有政府信息进行加工、分析后方能形成。现根据《中华人民共和国政府信息公开条例》第三十八条的规定向您（单位）告知，您（单位）的申请实质上是要求本机关对既有信息进行加工、分析、重新制作，而非申请获取既有的政府信息，本机关无法向您（单位）提供。

如您（单位）对本答复有异议，可以在收到本答复之日起60日内向××申请行政复议，或者在6个月内向××人民法院提起行政诉讼。

衷心感谢您（单位）对我们工作的关心。

　　　　　　　　　　　　　年　　月　　日

申请人签字：_____

政府信息公开申请答复书

〔　　〕第　　号

您（单位）：

您（单位）好，我们于　　年　　月　　日受理了您（单位）提出的政府信息公开申请，具体见登记回执〔　　〕第　　号—　　号—　　回。

经查，您（单位）的申请描述未能指向既有的、已制作或者获取的政府信息，需要本机关对现有政府信息进行加工、分析后方能形成。现根据《中华人民共和国政府信息公开条例》第三十八条的规定向您（单位）告知，您（单位）的申请实质上是要求本机关对既有信息进行加工、分析、重新制作，而非申请获取既有的政府信息，本机关无法向您（单位）提供。

如您（单位）对本答复有异议，可以在收到本答复之日起60日内向××申请行政复议，或者在6个月内向××人民法院提起行政诉讼。

衷心感谢您（单位）对我们工作的关心。

　　　　　　　　　　　　　年　　月　　日

10. 政府信息公开申请答复书——信访、投诉、举报

政府信息公开申请答复书

———（ ）第 ___ 号

___：

您（单位）好，我们于 ___ 年 ___ 月 ___ 日受理了您（单位）提出的政府信息公开申请，具体见登记回执（ ）第 ___ 号—回。

经查，您（单位）的政府信息公开申请实质上是以信息公开的形式进行信访活动/投诉活动/举报活动。现根据《中华人民共和国政府信息公开条例》第三十九条第一款的规定向您（单位）告知，您（单位）的申请内容属于信访事项/投诉事项/举报事项，本机关不将您（单位）的申请作为政府信息公开申请处理。您（单位）可向 ___ 提出，联系方式：___。

如您（单位）对本答复有异议，可以在收到本答复之日起60日内向××申请行政复议，或者在6个月内向×××人民法院提起行政诉讼。

衷心感谢您（单位）对我们工作的关心。

年 月 日

申请人签字：

政府信息公开申请答复书

———（ ）第 ___ 号

___：

您（单位）好，我们于 ___ 年 ___ 月 ___ 日受理了您（单位）提出的政府信息公开申请，具体见登记回执（ ）第 ___ 号—回。

经查，您（单位）的政府信息公开申请实质上是以信息公开的形式进行信访活动/投诉活动/举报活动。现根据《中华人民共和国政府信息公开条例》第三十九条第一款的规定向您（单位）告知，您（单位）的申请内容属于信访事项/投诉事项/举报事项，本机关不将您（单位）的申请作为政府信息公开申请处理。您（单位）可向 ___ 提出，联系方式：___。

如您（单位）对本答复有异议，可以在收到本答复之日起60日内向××申请行政复议，或者在6个月内向×××人民法院提起行政诉讼。

衷心感谢您（单位）对我们工作的关心。

年 月 日

11. 政府信息公开申请答复书——国家秘密

政府信息公开申请答复书

———（ ）第＿＿号

＿＿＿＿＿：

您（单位）好，我们于＿＿年＿＿月＿＿日受理了您（单位）提出的政府信息公开申请，具体见登记回执（ ）第＿＿号－回。

经查，您（单位）申请获取的信息为被定为国家秘密的政府信息／为法律、行政法规禁止公开的政府信息／为公开后可能危及国家安全、公共安全、经济安全、社会稳定的政府信息。现根据《中华人民共和国政府信息公开条例》第十四条、第三十六条第（三）项的规定，您（单位）告知，您（单位）申请获取的信息属于不予公开范围，本机关无法向您（单位）提供。

如您（单位）对本答复有异议，可以在收到本答复之日起60日内先行向××申请行政复议。对行政复议决定不服的，可依法提起行政诉讼。

衷心感谢您（单位）对我们工作的关心。

＿＿年＿＿月＿＿日

申请人签字：＿＿＿＿＿

政府信息公开申请答复书

———（ ）第＿＿号

＿＿＿＿＿：

您（单位）好，我们于＿＿年＿＿月＿＿日受理了您（单位）提出的政府信息公开申请，具体见登记回执（ ）第＿＿号－回。

经查，您（单位）申请获取的信息为被定为国家秘密的政府信息／为法律、行政法规禁止公开的政府信息／为公开后可能危及国家安全、公共安全、经济安全、社会稳定的政府信息。现根据《中华人民共和国政府信息公开条例》第十四条、第三十六条第（三）项的规定，您（单位）告知，您（单位）申请获取的信息属于不予公开范围，本机关无法向您（单位）提供。

如您（单位）对本答复有异议，可以在收到本答复之日起60日内先行向××申请行政复议。对行政复议决定不服的，可依法提起行政诉讼。

衷心感谢您（单位）对我们工作的关心。

＿＿年＿＿月＿＿日

12. 政府信息公开申请答复书——商业秘密、个人隐私

政府信息公开申请答复书

_____（　）第___号

_____：

您（单位）好，我们于___年___月___日受理了您（单位）提出的政府信息公开申请，具体见登记回执（　　）第___号－回。

经查，您（单位）申请获取的信息（描述信息内容概况），属于涉及商业秘密/涉及个人隐私/公开会对第三方合法权益造成损害的信息。现根据《中华人民共和国政府信息公开条例》第十五条、第三十六条第（三）项的规定向您（单位）告知，您（单位）申请获取的信息属于可以不予公开的信息，本机关决定不予公开。

如您（单位）对本答复有异议，可以在收到本答复之日起60日内先行向××申请行政复议。对行政复议决定不服的，可依法提起行政诉讼。

衷心感谢您（单位）对我们工作的关心。

　　　　　　　　　　　　　　　　　　年　　月　　日

政府信息公开申请答复书

_____（　）第___号

_____：

您（单位）好，我们于___年___月___日受理了您（单位）提出的政府信息公开申请，具体见登记回执（　　）第___号－回。

经查，您（单位）申请获取的信息（描述信息内容概况），属于涉及商业秘密/涉及个人隐私/公开会对第三方合法权益造成损害的信息。现根据《中华人民共和国政府信息公开条例》第十五条、第三十六条第（三）项的规定向您（单位）告知，您（单位）申请获取的信息属于可以不予公开的信息，本机关决定不予公开。

如您（单位）对本答复有异议，可以在收到本答复之日起60日内先行向××申请行政复议。对行政复议决定不服的，可依法提起行政诉讼。

衷心感谢您（单位）对我们工作的关心。

　　　　　　　　　　　　　　　　　　年　　月　　日

申请人签字：_____

13. 政府信息公开申请答复书——执法案卷信息

政府信息公开申请答复书

_____（ ）第_____号

_____：

您（单位）好，我们于____年____月____日受理了您（单位）提出的政府信息公开申请，具体见登记回执_____（ ）第_____号－回。

经查，您（单位）申请获取的信息系本机关在履行行政管理职能过程中形成的行政执法案卷信息。现根据《中华人民共和国政府信息公开条例》第十六条第二款、第三十六条第（三）项的规定向您（单位）告知，本机关（单位）申请获取的信息属于可以不予公开的信息，本机关决定不予公开。建议您（单位）通过以下途径查阅或了解您（单位）所申请的案卷信息：_____。

如您（单位）对本答复有异议，可以在收到本答复之日起60日内先行向××申请行政复议。对行政复议决定不服的，可依法提起行政诉讼。

衷心感谢您（单位）对我们工作的关心。

　　　　　　　　　　　　　　　　年　　月　　日

申请人签字：_____

政府信息公开申请答复书

_____（ ）第_____号

_____：

您（单位）好，我们于____年____月____日受理了您（单位）提出的政府信息公开申请，具体见登记回执_____（ ）第_____号－回。

经查，您（单位）申请获取的信息系本机关在履行行政管理职能过程中形成的行政执法案卷信息。现根据《中华人民共和国政府信息公开条例》第十六条第二款、第三十六条第（三）项的规定向您（单位）告知，本机关（单位）申请获取的信息属于可以不予公开的信息，本机关决定不予公开。建议您（单位）通过以下途径查阅或了解您（单位）所申请的案卷信息：_____。

如您（单位）对本答复有异议，可以在收到本答复之日起60日内先行向××申请行政复议。对行政复议决定不服的，可依法提起行政诉讼。

衷心感谢您（单位）对我们工作的关心。

　　　　　　　　　　　　　　　　年　　月　　日

14. 政府信息公开申请答复书——行政复议信息

政府信息公开申请答复书

（　　）第　　号

___：

您（单位）好，我们于___年___月___日受理了您（单位）提出的政府信息公开申请，具体见登记回执（　　）第___号—回。

经查，您（单位）的信息公开申请实质上是要求查阅行政复议案卷信息。现根据《中华人民共和国政府信息公开条例》第三十六条第（七）项的规定向您（单位）告知，您（单位）的申请内容不属于《中华人民共和国政府信息公开条例》公开范围。您（单位）可按照《中华人民共和国行政复议法》及《中华人民共和国行政复议法实施条例》关于阅卷程序的规定查阅行政复议案件的有关材料。

如您（单位）对本答复有异议，可以在收到本答复之日起60日内向××申请行政复议，或者在6个月内向××人民法院提起行政诉讼。

衷心感谢您（单位）对我们工作的关心。

　　　　　　　　　　　　年　　月　　日

申请人签字：___

15. 政府信息公开申请答复书——移交档案馆的信息

政府信息公开申请答复书

〔　　　〕第　　号

　　　　　：

您（单位）好，我们于　　年　　月　　日受理了您（单位）提出的政府信息公开申请，具体见登记回执（　　）第　　号－1回。

经查，您（单位）申请获取的信息已移交至　　　档案馆，属于已移交各级国家档案馆的政府信息。现根据《中华人民共和国政府信息公开条例》第三十六条第（七）项的规定向（单位）您告知，您（单位）的申请内容不属于《中华人民共和国政府信息公开条例》公开范围。您（单位）可按照《中华人民共和国档案法》的有关规定向　　档案馆查询您申请获取的档案信息，联系方式：　　　　　　。

如您（单位）对本答复有异议，可以在收到本答复之日起60日内向××申请行政复议，或者在6个月内向××人民法院提起行政诉讼。

衷心感谢您（单位）对我们工作的关心。

　　　　　　　　　　　　　　　年　　月　　日

申请人签字：

政府信息公开申请答复书

〔　　　〕第　　号

　　　　　：

您（单位）好，我们于　　年　　月　　日受理了您（单位）提出的政府信息公开申请，具体见登记回执（　　）第　　号－1回。

经查，您（单位）申请获取的信息已移交至　　　档案馆，属于已移交各级国家档案馆的政府信息。现根据《中华人民共和国政府信息公开条例》第三十六条第（七）项的规定向（单位）您告知，您（单位）的申请内容不属于《中华人民共和国政府信息公开条例》公开范围。您（单位）可按照《中华人民共和国档案法》的有关规定向　　档案馆查询您申请获取的档案信息，联系方式：　　　　　　。

如您（单位）对本答复有异议，可以在收到本答复之日起60日内向××申请行政复议，或者在6个月内向××人民法院提起行政诉讼。

衷心感谢您（单位）对我们工作的关心。

　　　　　　　　　　　　　　　年　　月　　日

16. 政府信息公开申请答复书——咨询

政府信息公开申请答复书

____（　　）第____号

____：

您（单位）好，我们于____年____月____日受理了您（单位）提出的政府信息公开申请，具体见登记回执（　　）第____号－１回。

经查，您（单位）的申请未能指向具体的明确的政府信息。根据您（单位）的描述可知，您（单位）的申请是向本机关询问问题，需本机关结合实际工作及主观判断方能进行回答。

此种询问实质上是以信息公开的名义向本机关就相关事项进行咨询。现根据《中华人民共和国政府信息公开条例》第二条的规定向您（单位）告知，您（单位）的申请属于咨询事项，本机关不再按照《中华人民共和国政府信息公开条例》调整范围，本机关不再按照《中华人民共和国政府信息公开条例》的有关规定向您（单位）作出答复。

如果您（单位）对本答复有异议，可以在收到本答复之日起60日内向××申请行政复议，或者在6个月内向××人民法院提起行政诉讼。

衷心感谢您（单位）对我们工作的关心。

____年____月____日

申请人签字：____

政府信息公开申请答复书

____（　　）第____号

____：

您（单位）好，我们于____年____月____日受理了您（单位）提出的政府信息公开申请，具体见登记回执（　　）第____号－１回。

经查，您（单位）的申请未能指向具体的明确的政府信息。根据您（单位）的描述可知，您（单位）的申请是向本机关询问问题，需本机关结合实际工作及主观判断方能进行回答。

此种询问实质上是以信息公开的名义向本机关就相关事项进行咨询。现根据《中华人民共和国政府信息公开条例》第二条的规定向您（单位）告知，您（单位）的申请属于咨询事项，本机关不再按照《中华人民共和国政府信息公开条例》调整范围，本机关不再按照《中华人民共和国政府信息公开条例》的有关规定向您（单位）作出答复。

如果您（单位）对本答复有异议，可以在收到本答复之日起60日内向××申请行政复议，或者在6个月内向××人民法院提起行政诉讼。

衷心感谢您（单位）对我们工作的关心。

____年____月____日

政府信息公开相关法律、法规、指导文件汇编

目　录

1. 《中华人民共和国政府信息公开条例》（中华人民共和国国务院令第711号）

2. 《国务院办公厅政府信息与政务公开办公室关于机构改革后政府信息公开申请办理问题的解释》（国办公开办函〔2019〕14号）

3. 《国务院办公厅政府信息与政务公开办公室关于政府信息公开申请接收渠道问题的解释》（国办公开办函〔2017〕19号）

4. 《国务院办公厅政府信息与政务公开办公室关于政府信息公开处理决定送达问题的解释》（国办公开办函〔2016〕235号）

5. 《国务院办公厅政府信息与政务公开办公室关于明确政府信息公开与业务查询事项界限的解释》（国办公开办函〔2016〕206号）

6. 《国务院办公厅政府信息与政务公开办公室关于政府信息公开期限有关问题的解释》（国办公开办函〔2015〕207号）

7. 《国务院办公厅政府信息与政务公开办公室关于政府信息公开申请答复主体有关问题的解释》（国办公开办函〔2014〕67号）

8. 《国务院办公厅关于做好政府信息依申请公开工作的意见》（国办发〔2010〕5号）

9. 《国务院办公厅秘书局关于外国公民、法人或其他组织向我行政机关申请公开政府信息问题的处理意见》（国办秘函〔2008〕50号）

10. 《国务院办公厅关于施行〈中华人民共和国政府信息公开条例〉若干问题的意见》（国办发〔2008〕36号）

11. 《最高人民法院关于审理政府信息公开行政案件适用法律若干问题的解释》（法释〔2025〕8号）

12. 《最高人民法院关于请求公开与本人生产生活科研等特殊需要无关政府信息请求人是否具有原告诉讼主体资格问题的批复》（〔2010〕行他字第193号）

13. 《北京市高级人民法院关于印发〈北京市高级人民法院关于审理政府信息公开行政案件若干问题的解答〉的通知》（京高法发〔2014〕82号）

14. 《北京市高级人民法院关于政府信息公开裁驳类案件研讨会会议纪要》（2016年4月19日）

15. 《住房和城乡建设部关于印发政府信息公开实施办法（修订）的通知》（建办〔2020〕35号）

16. 《政府信息公开信息处理费管理办法》（国办函〔2020〕109号）

17. 《北京市财政局、北京市发展和改革委员会关于做好北京市政府信息公开信息处理费收费工作的通知》（京财税〔2021〕229号）

18. 《北京市政务服务管理局关于政府信息公开信息处理费收费工作有关事项的通知》（京政服函〔2021〕2号）

19. 《公共企事业单位信息公开规定制定办法》（国办发〔2020〕50号）

20. 《国务院办公厅转发司法部关于审理政府信息公开行政复议案件若干问题指导意见的通知》（国办函〔2021〕132号）

21. 《国务院办公厅关于进一步做好政府信息公开保密审查工作的通知》（国办发〔2010〕57号）

22. 《公共交通企业信息公开规定》（交通运输部令2022年第11号）

23. 《上海市政府信息公开规定》（上海市人民政府令第32号）

1.《中华人民共和国政府信息公开条例》（中华人民共和国国务院令第711号）

第一章 总 则

第一条 为了保障公民、法人和其他组织依法获取政府信息，提高政府工作的透明度，建设法治政府，充分发挥政府信息对人民群众生产、生活和经济社会活动的服务作用，制定本条例。

第二条 本条例所称政府信息，是指行政机关在履行行政管理职能过程中制作或者获取的，以一定形式记录、保存的信息。

第三条 各级人民政府应当加强对政府信息公开工作的组织领导。

国务院办公厅是全国政府信息公开工作的主管部门，负责推进、指导、协调、监督全国的政府信息公开工作。

县级以上地方人民政府办公厅（室）是本行政区域的政府信息公开工作主管部门，负责推进、指导、协调、监督本行政区域的政府信息公开工作。

实行垂直领导的部门的办公厅（室）主管本系统的政府信息公开工作。

第四条 各级人民政府及县级以上人民政府部门应当建立健全本行政机关的政府信息公开工作制度，并指定机构（以下统称政府信息公开工作机构）负责本行政机关政府信息公开的日常工作。

政府信息公开工作机构的具体职能是：

（一）办理本行政机关的政府信息公开事宜；

（二）维护和更新本行政机关公开的政府信息；

（三）组织编制本行政机关的政府信息公开指南、政府信息公开目录和政府信息公开工作年度报告；

（四）组织开展对拟公开政府信息的审查；

（五）本行政机关规定的与政府信息公开有关的其他职能。

第五条 行政机关公开政府信息，应当坚持以公开为常态、不公开为例外，遵循公正、公平、合法、便民的原则。

第六条 行政机关应当及时、准确地公开政府信息。

行政机关发现影响或者可能影响社会稳定、扰乱社会和经济管理秩序的虚假或者不完整信息的，应当发布准确的政府信息予以澄清。

第七条 各级人民政府应当积极推进政府信息公开工作，逐步增加政府信息公开的内容。

第八条 各级人民政府应当加强政府信息资源的规范化、标准化、信息化管理，加强互联网政府信息公开平台建设，推进政府信息公开平台与政务服务平台融合，提高政府信息公开在线办理水平。

第九条 公民、法人和其他组织有权对行政机关的政府信息公开工作进行监督，并提出批评和建议。

第二章 公开的主体和范围

第十条 行政机关制作的政府信息，由制作该政府信息的行政机关负责公开。行政机关从公民、法人和其他组织获取的政府信息，由保存该政府信息的行政机关负责公开；行政机关获取的其他行政机关的政府信息，由制作或者最初获取该政府信息的行政机关负责公开。法律、法规对政府信息公开的权限另有规定的，从其规定。

行政机关设立的派出机构、内设机构依照法律、法规对外以自己名义履行行政管理职能的，可以由该派出机构、内设机构负责与所履行行政管理职能有关的政府信息公开工作。

两个以上行政机关共同制作的政府信息，由牵头制作的行政机关负责公开。

第十一条 行政机关应当建立健全政府信息公开协调机制。行政机关公开政府信息涉及其他机关的，应当与有关机关协商、确认，保证行政机关公开的政府信息准确一致。

行政机关公开政府信息依照法律、行政法规和国家有关规定需要批准的，经批准予以公开。

第十二条 行政机关编制、公布的政府信息公开指南和政府信息公开目录应当及时更新。

政府信息公开指南包括政府信息的分类、编排体系、获取方式和政府信息公开工作机构的名称、办公地址、办公时间、联系电话、传真号码、互联网联系方式等内容。

政府信息公开目录包括政府信息的索引、名称、内容概述、生成日期等内容。

第十三条　除本条例第十四条、第十五条、第十六条规定的政府信息外，政府信息应当公开。

行政机关公开政府信息，采取主动公开和依申请公开的方式。

第十四条　依法确定为国家秘密的政府信息，法律、行政法规禁止公开的政府信息，以及公开后可能危及国家安全、公共安全、经济安全、社会稳定的政府信息，不予公开。

第十五条　涉及商业秘密、个人隐私等公开会对第三方合法权益造成损害的政府信息，行政机关不得公开。但是，第三方同意公开或者行政机关认为不公开会对公共利益造成重大影响的，予以公开。

第十六条　行政机关的内部事务信息，包括人事管理、后勤管理、内部工作流程等方面的信息，可以不予公开。

行政机关在履行行政管理职能过程中形成的讨论记录、过程稿、磋商信函、请示报告等过程性信息以及行政执法案卷信息，可以不予公开。法律、法规、规章规定上述信息应当公开的，从其规定。

第十七条　行政机关应当建立健全政府信息公开审查机制，明确审查的程序和责任。

行政机关应当依照《中华人民共和国保守国家秘密法》以及其他法律、法规和国家有关规定对拟公开的政府信息进行审查。

行政机关不能确定政府信息是否可以公开的，应当依照法律、法规和国家有关规定报有关主管部门或者保密行政管理部门确定。

第十八条　行政机关应当建立健全政府信息管理动态调整机制，对本行政机关不予公开的政府信息进行定期评估审查，对因情势变化可以公开的政府信息应当公开。

第三章　主动公开

第十九条　对涉及公众利益调整、需要公众广泛知晓或者需要公众参与决策的政府信息，行政机关应当主动公开。

第二十条　行政机关应当依照本条例第十九条的规定，主动公开本行政机关的下列政府信息：

（一）行政法规、规章和规范性文件；

（二）机关职能、机构设置、办公地址、办公时间、联系方式、负责人姓名；

（三）国民经济和社会发展规划、专项规划、区域规划及相关政策；

（四）国民经济和社会发展统计信息；

（五）办理行政许可和其他对外管理服务事项的依据、条件、程序以及办理结果；

（六）实施行政处罚、行政强制的依据、条件、程序以及本行政机关认为具有一定社会影响的行政处罚决定；

（七）财政预算、决算信息；

（八）行政事业性收费项目及其依据、标准；

（九）政府集中采购项目的目录、标准及实施情况；

（十）重大建设项目的批准和实施情况；

（十一）扶贫、教育、医疗、社会保障、促进就业等方面的政策、措施及其实施情况；

（十二）突发公共事件的应急预案、预警信息及应对情况；

（十三）环境保护、公共卫生、安全生产、食品药品、产品质量的监督检查情况；

（十四）公务员招考的职位、名额、报考条件等事项以及录用结果；

（十五）法律、法规、规章和国家有关规定规定应当主动公开的其他政府信息。

第二十一条　除本条例第二十条规定的政府信息外，设区的市级、县级人民政府及其部门还应当根据本地方的具体情况，主动公开涉及市政建设、公共服务、公益事业、土地征收、房屋征收、治安管理、社会救助等方面的政府信息；乡（镇）人民政府还应当根据本地方的具体情况，主动公开贯彻落实农业农村政策、农田水利工程建设运营、农村土地承包经营权流转、宅基地使用情况审核、土地征收、房屋征收、筹资筹劳、社会救助等方面的政府信息。

第二十二条　行政机关应当依照本条例第二十条、第二十一条的规定，确定主动公开政府信息的具体内容，并按照上级行政机关的部署，不断增加主动公开的内容。

第二十三条　行政机关应当建立健全政府信息发布机制，将主动公开的政府信息通过政府公报、政府网站或者其他互联网政务媒体、新闻发布会以及报刊、广播、电视等途径予以公开。

第二十四条　各级人民政府应当加强依托政府门户网站公开政府信息的

工作，利用统一的政府信息公开平台集中发布主动公开的政府信息。政府信息公开平台应当具备信息检索、查阅、下载等功能。

第二十五条 各级人民政府应当在国家档案馆、公共图书馆、政务服务场所设置政府信息查阅场所，并配备相应的设施、设备，为公民、法人和其他组织获取政府信息提供便利。

行政机关可以根据需要设立公共查阅室、资料索取点、信息公告栏、电子信息屏等场所、设施，公开政府信息。

行政机关应当及时向国家档案馆、公共图书馆提供主动公开的政府信息。

第二十六条 属于主动公开范围的政府信息，应当自该政府信息形成或者变更之日起 20 个工作日内及时公开。法律、法规对政府信息公开的期限另有规定的，从其规定。

第四章 依申请公开

第二十七条 除行政机关主动公开的政府信息外，公民、法人或者其他组织可以向地方各级人民政府、对外以自己名义履行行政管理职能的县级以上人民政府部门（含本条例第十条第二款规定的派出机构、内设机构）申请获取相关政府信息。

第二十八条 本条例第二十七条规定的行政机关应当建立完善政府信息公开申请渠道，为申请人依法申请获取政府信息提供便利。

第二十九条 公民、法人或者其他组织申请获取政府信息的，应当向行政机关的政府信息公开工作机构提出，并采用包括信件、数据电文在内的书面形式；采用书面形式确有困难的，申请人可以口头提出，由受理该申请的政府信息公开工作机构代为填写政府信息公开申请。

政府信息公开申请应当包括下列内容：

（一）申请人的姓名或者名称、身份证明、联系方式；

（二）申请公开的政府信息的名称、文号或者便于行政机关查询的其他特征性描述；

（三）申请公开的政府信息的形式要求，包括获取信息的方式、途径。

第三十条 政府信息公开申请内容不明确的，行政机关应当给予指导和释明，并自收到申请之日起 7 个工作日内一次性告知申请人作出补正，说明需要补正的事项和合理的补正期限。答复期限自行政机关收到补正的申请之日起计算。申请人无正当理由逾期不补正的，视为放弃申请，行政机关不再处理该政府信息公开申请。

第三十一条　行政机关收到政府信息公开申请的时间，按照下列规定确定：

（一）申请人当面提交政府信息公开申请的，以提交之日为收到申请之日；

（二）申请人以邮寄方式提交政府信息公开申请的，以行政机关签收之日为收到申请之日；以平常信函等无须签收的邮寄方式提交政府信息公开申请的，政府信息公开工作机构应当于收到申请的当日与申请人确认，确认之日为收到申请之日；

（三）申请人通过互联网渠道或者政府信息公开工作机构的传真提交政府信息公开申请的，以双方确认之日为收到申请之日。

第三十二条　依申请公开的政府信息公开会损害第三方合法权益的，行政机关应当书面征求第三方的意见。第三方应当自收到征求意见书之日起15个工作日内提出意见。第三方逾期未提出意见的，由行政机关依照本条例的规定决定是否公开。第三方不同意公开且有合理理由的，行政机关不予公开。行政机关认为不公开可能对公共利益造成重大影响的，可以决定予以公开，并将决定公开的政府信息内容和理由书面告知第三方。

第三十三条　行政机关收到政府信息公开申请，能够当场答复的，应当当场予以答复。

行政机关不能当场答复的，应当自收到申请之日起20个工作日内予以答复；需要延长答复期限的，应当经政府信息公开工作机构负责人同意并告知申请人，延长的期限最长不得超过20个工作日。

行政机关征求第三方和其他机关意见所需时间不计算在前款规定的期限内。

第三十四条　申请公开的政府信息由两个以上行政机关共同制作的，牵头制作的行政机关收到政府信息公开申请后可以征求相关行政机关的意见，被征求意见机关应当自收到征求意见书之日起15个工作日内提出意见，逾期未提出意见的视为同意公开。

第三十五条　申请人申请公开政府信息的数量、频次明显超过合理范围，行政机关可以要求申请人说明理由。行政机关认为申请理由不合理的，告知申请人不予处理；行政机关认为申请理由合理，但是无法在本条例第三十三条规定的期限内答复申请人的，可以确定延迟答复的合理期限并告知申请人。

第三十六条 对政府信息公开申请，行政机关根据下列情况分别作出答复：

（一）所申请公开信息已经主动公开的，告知申请人获取该政府信息的方式、途径；

（二）所申请公开信息可以公开的，向申请人提供该政府信息，或者告知申请人获取该政府信息的方式、途径和时间；

（三）行政机关依据本条例的规定决定不予公开的，告知申请人不予公开并说明理由；

（四）经检索没有所申请公开信息的，告知申请人该政府信息不存在；

（五）所申请公开信息不属于本行政机关负责公开的，告知申请人并说明理由；能够确定负责公开该政府信息的行政机关的，告知申请人该行政机关的名称、联系方式；

（六）行政机关已就申请人提出的政府信息公开申请作出答复、申请人重复申请公开相同政府信息的，告知申请人不予重复处理；

（七）所申请公开信息属于工商、不动产登记资料等信息，有关法律、行政法规对信息的获取有特别规定的，告知申请人依照有关法律、行政法规的规定办理。

第三十七条 申请公开的信息中含有不应当公开或者不属于政府信息的内容，但是能够作区分处理的，行政机关应当向申请人提供可以公开的政府信息内容，并对不予公开的内容说明理由。

第三十八条 行政机关向申请人提供的信息，应当是已制作或者获取的政府信息。除依照本条例第三十七条的规定能够作区分处理的外，需要行政机关对现有政府信息进行加工、分析的，行政机关可以不予提供。

第三十九条 申请人以政府信息公开申请的形式进行信访、投诉、举报等活动，行政机关应当告知申请人不作为政府信息公开申请处理并可以告知通过相应渠道提出。

申请人提出的申请内容为要求行政机关提供政府公报、报刊、书籍等公开出版物的，行政机关可以告知获取的途径。

第四十条 行政机关依申请公开政府信息，应当根据申请人的要求及行政机关保存政府信息的实际情况，确定提供政府信息的具体形式；按照申请人要求的形式提供政府信息，可能危及政府信息载体安全或者公开成本过高的，可以通过电子数据以及其他适当形式提供，或者安排申请人查阅、抄录相关政府信息。

第四十一条　公民、法人或者其他组织有证据证明行政机关提供的与其自身相关的政府信息记录不准确的，可以要求行政机关更正。有权更正的行政机关审核属实的，应当予以更正并告知申请人；不属于本行政机关职能范围的，行政机关可以转送有权更正的行政机关处理并告知申请人，或者告知申请人向有权更正的行政机关提出。

第四十二条　行政机关依申请提供政府信息，不收取费用。但是，申请人申请公开政府信息的数量、频次明显超过合理范围的，行政机关可以收取信息处理费。

行政机关收取信息处理费的具体办法由国务院价格主管部门会同国务院财政部门、全国政府信息公开工作主管部门制定。

第四十三条　申请公开政府信息的公民存在阅读困难或者视听障碍的，行政机关应当为其提供必要的帮助。

第四十四条　多个申请人就相同政府信息向同一行政机关提出公开申请，且该政府信息属于可以公开的，行政机关可以纳入主动公开的范围。

对行政机关依申请公开的政府信息，申请人认为涉及公众利益调整、需要公众广泛知晓或者需要公众参与决策的，可以建议行政机关将该信息纳入主动公开的范围。行政机关经审核认为属于主动公开范围的，应当及时主动公开。

第四十五条　行政机关应当建立健全政府信息公开申请登记、审核、办理、答复、归档的工作制度，加强工作规范。

第五章　监督和保障

第四十六条　各级人民政府应当建立健全政府信息公开工作考核制度、社会评议制度和责任追究制度，定期对政府信息公开工作进行考核、评议。

第四十七条　政府信息公开工作主管部门应当加强对政府信息公开工作的日常指导和监督检查，对行政机关未按照要求开展政府信息公开工作的，予以督促整改或者通报批评；需要对负有责任的领导人员和直接责任人员追究责任的，依法向有权机关提出处理建议。

公民、法人或者其他组织认为行政机关未按照要求主动公开政府信息或者对政府信息公开申请不依法答复处理的，可以向政府信息公开工作主管部门提出。政府信息公开工作主管部门查证属实的，应当予以督促整改或者通报批评。

第四十八条 政府信息公开工作主管部门应当对行政机关的政府信息公开工作人员定期进行培训。

第四十九条 县级以上人民政府部门应当在每年 1 月 31 日前向本级政府信息公开工作主管部门提交本行政机关上一年度政府信息公开工作年度报告并向社会公布。

县级以上地方人民政府的政府信息公开工作主管部门应当在每年 3 月 31 日前向社会公布本级政府上一年度政府信息公开工作年度报告。

第五十条 政府信息公开工作年度报告应当包括下列内容：

（一）行政机关主动公开政府信息的情况；

（二）行政机关收到和处理政府信息公开申请的情况；

（三）因政府信息公开工作被申请行政复议、提起行政诉讼的情况；

（四）政府信息公开工作存在的主要问题及改进情况，各级人民政府的政府信息公开工作年度报告还应当包括工作考核、社会评议和责任追究结果情况；

（五）其他需要报告的事项。

全国政府信息公开工作主管部门应当公布政府信息公开工作年度报告统一格式，并适时更新。

第五十一条 公民、法人或者其他组织认为行政机关在政府信息公开工作中侵犯其合法权益的，可以向上一级行政机关或者政府信息公开工作主管部门投诉、举报，也可以依法申请行政复议或者提起行政诉讼。

第五十二条 行政机关违反本条例的规定，未建立健全政府信息公开有关制度、机制的，由上一级行政机关责令改正；情节严重的，对负有责任的领导人员和直接责任人员依法给予处分。

第五十三条 行政机关违反本条例的规定，有下列情形之一的，由上一级行政机关责令改正；情节严重的，对负有责任的领导人员和直接责任人员依法给予处分；构成犯罪的，依法追究刑事责任：

（一）不依法履行政府信息公开职能；

（二）不及时更新公开的政府信息内容、政府信息公开指南和政府信息公开目录；

（三）违反本条例规定的其他情形。

第六章 附 则

第五十四条 法律、法规授权的具有管理公共事务职能的组织公开政府信息的活动，适用本条例。

第五十五条 教育、卫生健康、供水、供电、供气、供热、环境保护、公共交通等与人民群众利益密切相关的公共企事业单位，公开在提供社会公共服务过程中制作、获取的信息，依照相关法律、法规和国务院有关主管部门或者机构的规定执行。全国政府信息公开工作主管部门根据实际需要可以制定专门的规定。

前款规定的公共企事业单位未依照相关法律、法规和国务院有关主管部门或者机构的规定公开在提供社会公共服务过程中制作、获取的信息，公民、法人或者其他组织可以向有关主管部门或者机构申诉，接受申诉的部门或者机构应当及时调查处理并将处理结果告知申诉人。

第五十六条 本条例自 2019 年 5 月 15 日起施行。

2. 《国务院办公厅政府信息与政务公开办公室关于机构改革后政府信息公开申请办理问题的解释》（国办公开办函〔2019〕14 号）

广东省人民政府办公厅：

《关于请求明确依申请公开相关事宜处理方式的函》（粤办函〔2019〕4号）收悉。经研究并征求司法部、国家档案局、最高人民法院等单位意见，现函复如下：

按照有关法律规定，行政机关职权发生变更的，由负责行使有关职权的行政机关承担相应的责任。根据《中华人民共和国政府信息公开条例》有关规定，政府信息公开申请应当按照"谁收到、谁处理"的原则办理。对于行政机关职权划转后的政府信息公开责任划分问题，提出如下处理意见：

第一，行政机关涉及职权划转的，应当尽快将相关政府信息一并划转。

第二，申请人向职权划出行政机关申请相关政府信息公开的，职权划出行政机关可在征求职权划入行政机关意见后作出相应处理，也可告知申请人向职权划入行政机关另行提出申请。

第三，申请人向职权划入行政机关申请相关政府信息公开的，职权划入行政机关应当严格依法办理，与职权划出行政机关做好衔接，不得以相关政府信息尚未划转为由拒绝。

第四，相关政府信息已经依法移交国家档案馆、成为国家档案的，按照《中华人民共和国档案法》及相关规定管理。对于相关政府信息公开申请，行政机关可以告知申请人按照档案法的规定办理。

第五，行政机关职权划入党的机关的，如果党的机关对外加挂行政机关牌子，相关信息公开事项以行政机关名义参照前述规定办理；如果党的机关没有对外加挂行政机关牌子，相关信息公开事项按照《中国共产党党务公开条例（试行）》办理。

国务院办公厅政府信息与政务公开办公室
2019 年 2 月 2 日

3. 《国务院办公厅政府信息与政务公开办公室关于政府信息公开申请接收渠道问题的解释》
（国办公开办函〔2017〕19号）

水利部办公厅：

《关于商请明确信息公开申请受理渠道有关问题的函》（办综函〔2017〕559号）收悉。经研究，并经征求国务院法制办公室、最高人民法院等单位的意见，现答复如下：

《中华人民共和国政府信息公开条例》规定，申请人应当以书面方式（包括数据电文形式）申请获取政府信息，或者口头提出、由行政机关代为填写政府信息公开申请，但是，对于行政机关通过什么渠道、具体如何接收申请人的申请，没有具体规定。为进一步规范行政机关的政府信息公开申请接收行为，在充分参考行政许可申请接收、行政复议申请受理等相关领域法律规定及实际做法的基础上，现就政府信息公开申请接收渠道有关问题明确如下：

一、"当面提交"和"邮政寄送"是政府信息公开申请的基本渠道，申请人通过这两种基本渠道提交的政府信息公开申请，行政机关不得以任何理由拒绝接收。

二、为进一步便利申请人、提高工作效率，鼓励行政机关结合自身实际开通传真、在线申请、电子邮箱等多样化申请接收渠道。行政机关应当将本单位所开通的申请接收渠道及具体的使用注意事项，在政府信息公开指南中专门说明并向社会公告，并对已经专门说明并公告的申请接收渠道承担相应法律义务。行政机关没有按照上述要求专门说明并公告的，应当充分尊重申请人的选择。

三、行政机关应当加强对政府信息公开申请接收渠道的规范管理，建立健全内部管理制度，完善申请处理流程，防止因遗漏、延误、内部衔接不畅等问题损害申请人合法权益，最大限度减少不必要的行政争议。

国务院办公厅政府信息与政务公开办公室
2017年7月5日

4.《国务院办公厅政府信息与政务公开办公室关于政府信息公开处理决定送达问题的解释》

（国办公开办函〔2016〕235号）

农业部办公厅：

《关于可否采用到付方式送达政府信息公开答复的函》（农办便函〔2016〕233号）收悉。经研究并征求国务院法制办、最高人民法院和国家邮政管理部门意见，现答复如下：

一、行政机关作出的信息公开处理决定，是正式的国家公文，应当以权威、规范的方式依法送达申请人。参照有关法律规定，送达方式包括直接送达、委托其他行政机关代为送达和邮寄送达。

二、采取邮寄送达方式送达的，根据《中华人民共和国邮政法》第五十五条规定，以及我国国家公文邮寄送达实际做法，应当通过邮政企业送达，不得通过不具有国家公文寄递资格的其他快递企业送达。

三、采取邮寄送达方式送达的，行政机关可以依照《中华人民共和国政府信息公开条例》及有关规定收取邮寄成本费用，但不得以要求申请人向邮政企业支付邮寄费的方式收取。

四、采取直接送达、委托其他行政机关代为送达等方式送达的，以申请人及其法定代理人签收之日当日为期限计算时点。采取邮寄送达方式送达的，以交邮之日当日为期限计算时点。

五、本答复做出以前，已经通过其他快递企业寄出的，以交邮之日当日为期限计算时点。

国务院办公厅政府信息与政务公开办公室
2016年12月7日

5.《国务院办公厅政府信息与政务公开办公室关于明确政府信息公开与业务查询事项界限的解释》（国办公开办函〔2016〕206号）

国土资源部办公厅：

《关于不动产登记资料依申请公开问题的函》（国土资厅函〔2016〕363号）收悉。经研究，并经征求国务院法制办公室、最高人民法院的意见，答复如下：

不动产登记资料查询，以及户籍信息查询、工商登记资料查询等，属于特定行政管理领域的业务查询事项，其法律依据、办理程序、法律后果等，与《政府信息公开条例》所调整的政府信息公开行为存在根本性差别。当事人依据《政府信息公开条例》申请这类业务查询的，告知其依据相应的法律法规规定办理。

2016年9月18日

6.《国务院办公厅政府信息与政务公开办公室关于政府信息公开期限有关问题的解释》
(国办公开办函〔2015〕207号)

国务院国有资产监督管理委员会信息公开办公室：

《关于商请明确依申请公开办理程序有关问题的函》收悉。综合参考我国诉讼法和其他国家信息公开法的相关规定，结合信息公开工作实际，经征求国务院法制办秘书行政司、最高人民法院办公厅等单位的意见，现答复如下：

一、关于"收到信息公开申请"的时点确定问题

1. 申请人当面提交信息公开申请的，以提交之日为收到申请之日。

2. 申请人以邮寄方式提交信息公开申请的，以行政机关签收之日为收到申请之日。申请人以平信等无须签收的邮寄方式提交信息公开申请的，或者将信息公开申请寄送至行政机关政府信息公开工作机构以外的机构或个人的，政府信息公开工作机构应当在实际收到信息公开申请的当日电话联系申请人予以确认，并以确认之日为收到申请之日，申请人没有提供联系电话或提供的联系电话无法接通的，行政机关政府信息公开工作机构应当做好登记，自恢复与申请人的联络之日启动处理程序并起算期限。

3. 申请人通过行政机关对外公布的信息公开申请邮箱提交申请的，自电子邮件系统接收之日为收到申请之日。

4. 申请人通过行政机关对外公布的信息公开申请传真提交申请的，自传真收到并双方确认之日为收到申请之日。

5. 申请人通过行政机关对外公布的其他接收渠道提交申请的，以行政机关规定的时间为收到申请之日，没有规定的，以双方确认之日为收到申请之日。

信息公开处理期限，自收到申请之日的次日起计算。

二、关于补正期间停止计算期限问题

申请人申请内容不明确，行政机关依法告知申请人作出更改、补充的，

依申请办理时限可以自补正通知发出之日停止计算,待收到申请人补正材料之日起,继续计算剩余期限。补正通知发出之日当日以及收到申请人补正材料之日当日,不计算在内。

　　行政机关在补正通知中明确了合理的补正材料提交期限,申请人逾期不提交补正材料的,视为撤回信息公开申请。

国务院办公厅政府信息与政务公开办公室
2015 年 11 月 18 日

7. 《国务院办公厅政府信息与政务公开办公室关于政府信息公开申请答复主体有关问题的解释》
（国办公开办函〔2014〕67号）

河北省人民政府办公厅：

《关于征地批复类信息依申请公开有关问题的请示》收悉。经研究并书面征求国土资源部、国务院法制办的意见，现回复如下：

根据《政府信息公开条例》的规定，收到信息公开申请的部门，应当在法定期限内对申请人做出答复。申请人向省政府办公厅提出申请的，省政府办公厅应当依法做出答复。你们2011年商省法制办、省高院等单位确定的答复方式，即省政府办公厅在法定期限内书面告知申请人、由省国土资源厅在法定期限内对申请人予以答复，法律上可视为省政府办公厅委托省国土资源厅在法定期限内做出答复，并将这一委托行为告知申请人。这一处理方式并不违反《政府信息公开条例》的规定，只是其法律后果依然由省政府办公厅承担。如果省政府办公厅以征地批复类信息由省国土资源厅具体制作并保存为由，对申请人的申请不予答复，或者告知申请人应当向省国土资源厅另行提出申请，尚缺乏法律依据。

国务院办公厅政府信息与政务公开办公室
2014年9月3日

8. 《国务院办公厅关于做好政府信息依申请公开工作的意见》（国办发〔2010〕5 号）

各省、自治区、直辖市人民政府，国务院各部委、各直属机构：

自 2008 年 5 月 1 日《中华人民共和国政府信息公开条例》（以下简称《条例》）施行以来，各地区、各部门在受理依申请公开政府信息过程中遇到一些新的情况。根据有关法律法规政策和工作实践，现提出以下意见。

一、准确把握《条例》第十三条内涵

《条例》的立法本意是为了保障公民、法人和其他组织依法获取政府信息，提高政府工作透明度，促进依法行政，充分发挥政府信息对人民群众生产、生活和经济社会活动的服务作用。公开政府信息应当遵循公正、公平、便民的原则。

为此，《条例》第九条明确了政府信息主动公开的 4 项基本要求，第十条、第十一条规定了县级以上人民政府及其部门应当重点主动公开的 15 类政府信息；第十二条还规定了乡（镇）人民政府应当重点主动公开的 8 类政府信息。《条例》还设置了依申请公开制度，以满足公民、法人或者其他组织自身生产、生活、科研等特殊需要。为规范依申请公开工作，《国务院办公厅关于施行中华人民共和国政府信息公开条例若干问题的意见》（国办发〔2008〕36 号）第十四条规定，行政机关对申请人申请公开与本人生产、生活、科研等特殊需要无关的政府信息，可以不予提供；对申请人申请的政府信息，如公开可能危及国家安全、公共安全、经济安全和社会稳定，按规定不予提供，可告知申请人不属于政府信息公开的范围。

二、准确把握政府信息的适用范畴

《条例》所称政府信息，是指行政机关在履行职责过程中制作或者获取的，以一定形式记录、保存的信息。

行政机关向申请人提供的政府信息，应当是正式、准确、完整的，申请人可以在生产、生活和科研中正式使用，也可以在诉讼或行政程序中作为书证使用。因此,行政机关在日常工作中制作或者获取的内部管理信息以及处于讨论、研究或者审查中的过程性信息,一般不属于《条例》所指应公开的政府信息。

行政机关向申请人提供的政府信息,应当是现有的,一般不需要行政机关汇总、加工或重新制作(作区分处理的除外)。依据《条例》精神,行政机关一般不承担为申请人汇总、加工或重新制作政府信息,以及向其他行政机关和公民、法人或者其他组织搜集信息的义务。

三、明确"一事一申请"原则

在实际工作中,有时会遇到一个申请要求公开分属多个行政机关制作或保存的政府信息,有的申请公开的信息类别和项目繁多,受理机关既不能如需提供,又难以一一指明哪条信息不存在,哪条信息属于哪个行政机关公开,影响了办理时效。为提高工作效率,方便申请人尽快获取所申请公开的信息,对一些要求公开项目较多的申请,受理机关可要求申请人按照"一事一申请"原则对申请方式加以调整:即一个政府信息公开申请只对应一个政府信息项目。

同时,对将申请公开的政府信息拆分过细的情况,即申请人就一个具体事项向同一行政机关提出多个内容相近的信息公开申请,行政机关需要对现有的信息进行拆分处理才能答复,受理机关可要求申请人对所提申请作适当归并处理。

四、妥善处理研究课题类申请

对于要求行政机关为其大范围提供课题研究所需资料、数据的申请,因其不同于《条例》规定一般意义上的申请,且在一定程度上超出了设置依申请公开的立法本意,行政机关可要求申请人对其申请方式作出调整:

对于课题研究所需政府信息,若已经主动公开的,可告知申请人通过政府网站、政府公报、部门统计年鉴、相关公开出版物和档案馆、图书馆信息查阅点等渠道自行查阅。

通过主动公开渠道确实难以获取的政府信息,申请人可按照"一事一申请"的方式,向相关行政机关分别提出申请。

五、加大政府信息主动公开工作力度

政府信息主动公开和依申请公开是《条例》规定的我国政府信息公开的

两种基本方式，二者相辅相成。全面、及时、准确地主动公开政府信息，可以大大减少依申请公开数量。各地区、各部门都应加大政府信息主动公开工作力度，增强主动性、权威性和实效性。凡是《条例》规定应该公开、能够公开的事项，都应及时、全面、主动公开。各部门要细化本系统政府信息公开目录和范围，抓紧对本系统所涉政府信息哪些可以公开，哪些可部分公开，提出明确的指导意见，供本系统各单位依循。

在受理依申请公开政府信息过程中，对于需要或者可以让社会广泛知晓的政府信息，行政机关应在答复申请人的同时，通过政府网站等渠道主动公开，尽量避免将公共性政府信息只向个别申请人公开，以减少对同一政府信息的一再申请，节约行政成本，提高工作效率。

六、改进依申请公开政府信息服务

各地区、各部门要进一步拓宽受理渠道，为申请人提供便捷的依申请公开服务。进一步完善申请的受理、审查、处理、答复程序，有关记录应当保存备查。对于申请事项不属于政府信息公开工作范畴或无法按申请提供政府信息的，应主动与申请人沟通，尽量取得申请人的理解。在答复申请时，要依法有据、严谨规范、慎重稳妥。

七、加强、完善保密审查和协调会商

要进一步完善政府信息公开保密审查机制，规范审查程序，落实审查责任。遇到情况复杂或者可能涉及国家安全、公共安全、经济安全和社会稳定的申请，应加强相关部门间的协调会商，依据有关法律法规，对申请是否有效、信息是否应该公开、公开后可能带来的影响等进行综合分析，研究提出处理意见。

各地区、各部门要在实践中积极探索，积累经验，完善规章制度，积极稳妥推进政府信息公开工作。

9. 《国务院办公厅秘书局关于外国公民、法人或其他组织向我行政机关申请公开政府信息问题的处理意见》
（国办秘函〔2008〕50号）

发展改革委办公厅：

《关于请明确能否受理国外驻华机构和人员申请政府信息公开事宜的函》（发改办厅〔2008〕1057号）收悉。现函复如下：

一、在我国境内的外国公民、法人或其他组织，因生产、生活、科研等特殊需要，向我行政机关申请获取相关政府信息，由我行政机关依照《中华人民共和国政府信息公开条例》有关规定办理。在我国境外的外国公民、法人或其他组织向我行政机关提出政府信息公开申请的，我行政机关不予受理。

二、我行政机关收到在我境内的外国公民、法人或其他组织关于公开政府信息的申请后，应当对申请人的身份进行核实；对于拟提供的政府信息，要依照保守国家秘密法及其他法律法规和国家规定进行严格的保密审查。

三、我行政机关向外国公民、法人或其他组织提供的政府信息一般为中文，不提供外文译本。

香港特别行政区、澳门特别行政区和台湾地区居民、法人或其他组织向我行政机关申请获取政府信息事宜，参照上述意见办理。

国务院办公厅秘书局
二〇〇八年六月二十三日

10. 《国务院办公厅关于施行〈中华人民共和国政府信息公开条例〉若干问题的意见》
（国办发〔2008〕36号）

各省、自治区、直辖市人民政府，国务院各部委、各直属机构：

为有利于贯彻施行《中华人民共和国政府信息公开条例》（以下简称条例），积极稳妥地推进政府信息公开工作，保障公民、法人和其他组织依法获取政府信息，经国务院同意，现就条例施行中的若干问题提出以下意见：

一、关于政府信息公开管理体制问题

（一）县级以上人民政府各部门（单位）要在本级人民政府信息公开工作主管部门的统一指导、协调、监督下开展政府信息公开工作。

（二）实行垂直领导的部门（单位）要在其上级业务主管部门（单位）的领导下，在所在地地方人民政府统一指导、协调下开展政府信息公开工作。实行双重领导的部门（单位）要在所在地地方人民政府的领导下开展政府信息公开工作，同时接受上级业务主管部门（单位）的指导。

二、关于建立政府信息发布协调机制问题

（三）各级人民政府信息公开工作主管部门要组织、协调有关行政机关建立健全政府信息发布协调机制，形成畅通高效的信息发布沟通渠道。行政机关拟发布的政府信息涉及其他行政机关的，要与有关行政机关沟通协调，经对方确认后方可发布；沟通协调后不能达成一致意见的，由拟发布该政府信息的行政机关报请本级政府信息公开工作主管部门协调解决。

（四）根据法律、行政法规和国家有关规定，发布农产品质量安全状况、重大传染病疫情、重大动物疫情、重要地理信息数据、统计信息等政府信息，要严格按照规定权限和程序执行。

三、关于发布政府信息的保密审查问题

（五）行政机关在制作政府信息时，要明确该政府信息是否应当公开；对于不能确定是否可以公开的,要报有关业务主管部门(单位)或者同级保密工作部门确定。

(六)行政机关要严格依照《中华人民共和国保守国家秘密法》及其实施办法等相关规定,对拟公开的政府信息进行保密审查。凡属国家秘密或者公开后可能危及国家安全、公共安全、经济安全和社会稳定的政府信息,不得公开。

(七)对主要内容需要公众广泛知晓或参与,但其中部分内容涉及国家秘密的政府信息,应经法定程序解密并删除涉密内容后,予以公开。

(八)已经移交档案馆及档案工作机构的政府信息的管理,依照有关档案管理的法律、行政法规和国家有关规定执行。

四、关于主动公开政府信息问题

(九)各级行政机关特别是国务院各部门(单位)、各省(区、市)人民政府及其部门(单位)要建立健全政府信息主动公开机制,增强工作的主动性和实效性。要充分利用政府网站、政府公报等各种便于公众知晓的方式,及时公开政府信息,并逐步完善政府信息公开目录及网上查询功能,为公众提供优质服务。

(十)因政府机构改革不再保留的部门(单位)的政府信息公开工作,由继续履行其职能的部门(单位)负责。

五、关于依申请公开政府信息问题

(十一)国务院各部门(单位)和地方各级人民政府及其部门(单位)要切实做好依申请公开政府信息的工作。要采取多种方式,方便公民、法人和其他组织申请公开政府信息。特别是设区的市级人民政府及其部门(单位)、县级人民政府及其部门(单位)、乡(镇)人民政府,直接面向基层群众,要充分利用现有的行政服务大厅、行政服务中心等行政服务场所,或者设立专门的接待窗口和场所,为人民群众提供便利,确保政府信息公开申请得到及时、妥善处理。省(区、市)人民政府、国务院各部门(单位)在做好本行政机关依申请公开政府信息工作的同时,要加强对下级政府和部门(单位)的指导。国务院办公厅不直接受理公民、法人和其他组织提出的政府信息公开申请。

(十二)行政机关要按照条例规定的时限及时答复申请公开政府信息的当

事人。同时，对于可以公开的政府信息，能够在答复时提供具体内容的，要同时提供；不能同时提供的，要确定并告知申请人提供的期限。在条例正式施行后，如一段时间内出现大量申请公开政府信息的情况，行政机关难以按照条例规定期限答复的，要及时向申请人说明并尽快答复。

（十三）对于同一申请人向同一行政机关就同一内容反复提出公开申请的，行政机关可以不重复答复。

（十四）行政机关对申请人申请公开与本人生产、生活、科研等特殊需要无关的政府信息，可以不予提供；对申请人申请的政府信息，如公开可能危及国家安全、公共安全、经济安全和社会稳定，按规定不予提供，可告知申请人不属于政府信息公开的范围。

六、关于监督保障问题

（十五）国务院各部门（单位）和地方各级人民政府要抓紧制订完善政府信息公开工作考核办法，明确考核的原则、内容、标准、程序和方式。要建立社会评议制度，把政府信息公开工作纳入社会评议政风、行风的范围，并根据评议结果完善制度、改进工作。

（十六）国务院各部门（单位）和地方各级人民政府及其部门（单位）要建立健全分层级受理举报的制度，及时研究解决政府信息公开工作中反映出来的问题。公民、法人或者其他组织认为行政机关不依法履行政府信息公开义务的，可向本级监察机关、政府信息公开工作主管部门举报；对本级监察机关和政府信息公开工作主管部门的处理不满意的，可向上一级业务主管部门、监察机关或者政府信息公开工作主管部门举报。

（十七）国务院各部门（单位）和地方各级人民政府要按照《国务院办公厅关于做好施行〈中华人民共和国政府信息公开条例〉准备工作的通知》（国办发〔2007〕54号）的要求，落实业务经费，加强队伍建设。

（十八）国务院各部门（单位）和地方各级人民政府可以根据条例的规定，结合本部门（单位）、本地区的实际情况，制定施行条例的具体办法，保证条例的各项规定得到落实。

七、关于公共企事业单位的信息公开工作

（十九）国务院有关主管部门（单位）要按照条例的要求，把公共企事业单位的信息公开纳入本部门（单位）信息公开工作的总体部署，在2008年

10 月底前制定具体的实施办法，积极推动公共企事业单位的信息公开工作。同时，要加强对各省（区、市）人民政府有关部门的工作指导，把公共企事业单位信息公开工作全面推向深入。

（二十）公共企事业单位要以涉及人民群众切身利益、社会普遍关心的内容为重点，切实做好信息公开工作。要创新公开形式，拓展公开渠道，完善公开制度，全面提高公开工作水平。

国务院办公厅
二〇〇八年四月二十九日

11. 《最高人民法院关于审理政府信息公开行政案件适用法律若干问题的解释》
（法释〔2025〕8号）

为正确审理政府信息公开行政案件，根据《中华人民共和国行政诉讼法》（以下简称行政诉讼法）、《中华人民共和国政府信息公开条例》（以下简称政府信息公开条例）等法律、行政法规的规定，结合行政审判工作实际，制定本解释。

第一条 公民、法人或者其他组织认为下列涉政府信息公开行为侵犯其合法权益，依法提起行政诉讼的，人民法院应当受理：

（一）向行政机关申请获取政府信息，行政机关告知政府信息无法提供或者不予处理的；

（二）行政复议机关对政府信息公开条例第十四条、第十五条、第十六条规定的不予公开行为作出行政复议决定的；

（三）认为行政机关提供的政府信息不符合其申请内容的；

（四）认为行政机关主动公开或者依他人申请公开政府信息侵犯其商业秘密、个人隐私等合法权益的；

（五）认为行政机关在政府信息公开工作中的其他行为侵犯其合法权益的。

第二条 公民、法人或者其他组织认为行政机关不依法履行主动公开政府信息职责，直接向人民法院提起诉讼的，应当告知其先向行政机关申请获取政府信息。

对行政机关的答复、逾期不予答复等行为不服的，可以依法申请行政复议或者提起行政诉讼。

第三条 认为行政机关作出的政府信息公开、不予公开等行为侵害其合法权益提起诉讼的公民、法人或者其他组织，属于行政诉讼法第二十五条第一款规定的"有利害关系的公民、法人或者其他组织"。

第四条 公民、法人或者其他组织对主动公开政府信息行为不服提起诉讼的，以公开该政府信息的行政机关为被告。

公民、法人或者其他组织对依申请公开政府信息行为不服提起诉讼的，以作出答复的行政机关为被告；逾期未作答复的，以收到申请的行政机关为被告。

根据政府信息公开条例第四条的规定，县级以上地方人民政府指定政府信息公开工作机构负责本机关政府信息公开日常工作，公民、法人或者其他组织对该机构以自己名义所作的政府信息公开行为不服提起诉讼的，以该机构为被告。

第五条 被告对其作出的政府信息公开、不予公开等行为的合法性承担举证责任。

有下列情形之一的，被告应当承担相应的举证责任：

（一）被告主张政府信息已经公开的，应当就公开的事实举证，并向人民法院提交其已告知申请人获取该政府信息方式、途径等证据；

（二）被告主张因公共利益决定公开涉及商业秘密、个人隐私的政府信息的，应当就认定公共利益的理由以及不公开可能对公共利益造成重大影响举证；

（三）被告主张原告申请公开的信息属于内部事务信息不予公开的，应当就该信息属于人事管理、后勤管理或者内部工作流程信息等举证；

（四）被告主张原告申请公开的信息属于过程性信息不予公开的，应当就该信息系行政机关作出行政处理决定之前形成的内部讨论记录、过程稿、磋商信函、请示报告等举证；

（五）被告主张原告申请公开的信息属于行政执法案卷信息不予公开的，应当就该信息系行政执法过程中形成并记录于执法案卷的当事人信息、调查笔录、询问笔录等举证；

（六）被告主张政府信息不存在的，应当就其已尽合理检索义务等事实举证或者作出合理说明。

第六条 被告主张原告申请公开的信息系国家秘密不予公开，并提供密级标识、保密期限或者其他证明材料的，人民法院应予支持。

被告主张原告申请公开的政府信息公开后可能危及国家安全、公共安全、社会稳定，并提供该信息公开后可能产生不利影响的证据或者作出合理说明的，人民法院应予支持。

人民法院经审理认为政府信息公开后可能危及国家安全、公共安全、社会稳定的,有权要求当事人提供或者补充证据。

第七条 原告应当就下列事项承担举证责任:

(一)起诉要求被告公开政府信息的,应当就其曾向行政机关提出政府信息公开申请举证;

(二)起诉要求被告不得公开政府信息的,应当就政府信息涉及其商业秘密、个人隐私举证;

(三)就行政机关公开或者不予公开等行为可能损害其合法权益举证。

第八条 人民法院审理第一审政府信息公开案件,可以适用简易程序。

人民法院审理政府信息公开案件,应当视情采取适当的审理方式,避免泄露涉及国家秘密、商业秘密、个人隐私或者法律、法规和国家有关规定中要求应当保密的政府信息。

第九条 政府信息由被告的档案机构或者档案工作人员保管的,适用政府信息公开条例的相关规定。

涉及政府信息公开事项的档案已经移交各级国家档案馆的,依照有关档案管理的法律、法规和国家有关规定执行。

第十条 公民、法人或者其他组织提起的涉政府信息公开诉讼明显不符合行政诉讼法规定的起诉条件的,人民法院不予登记立案。

有下列情形之一的,人民法院裁定不予立案;已经立案的,裁定驳回起诉:

(一)按照《中华人民共和国行政复议法》第二十三条第一款第四项的规定,应当先向行政复议机关申请行政复议而未申请的;

(二)行政机关作出延长答复期限或者要求申请人补正等程序性告知行为的;

(三)单独起诉行政机关收取信息处理费决定的;

(四)申请人重复申请公开已经予以公开的政府信息,行政机关作出不予重复处理答复的;

(五)申请行政机关公开的信息属于工商、不动产登记等资料,行政机关告知其按照法律、行政法规规定查询的;

(六)要求行政机关为其制作、加工、分析政府信息,行政机关未予提供的;

(七)申请人以政府信息公开申请的形式进行信访、投诉、举报等活动的;

（八）要求行政机关提供政府公报、报刊、书籍等公开出版物的；

（九）认为公共企事业单位未公开在提供社会公共服务过程中制作、获取的信息的；

（十）其他对公民、法人或者其他组织权利义务不产生实际影响的情形。

第十一条　有下列情形之一的，人民法院判决被告履行政府信息公开职责：

（一）被告对依法应当公开的政府信息拒绝或者部分拒绝公开的，人民法院判决撤销或者部分撤销被诉不予公开决定，并判决被告在二十个工作日内公开；

（二）被告对原告要求公开的申请无正当理由逾期不予答复，原告请求判决被告公开理由成立的，人民法院判决被告在二十个工作日内公开；

（三）被告不予公开的政府信息内容能够作区分处理的，人民法院判决被告在二十个工作日内公开能够公开的内容；

（四）被告以政府信息公开会损害第三方合法权益为由不予公开，但第三方在诉讼程序中同意公开且人民法院经审理认为可以公开的，判决被告在二十个工作日内公开。

第十二条　有下列情形之一的，人民法院判决确认违法：

（一）被告公开政府信息行为违法，但不具有可撤销内容的；

（二）被告在诉讼程序中公开政府信息，原告仍然要求确认原不予公开或者逾期不予答复行为违法的；

（三）被告不予公开或者不予答复行为违法，但判决公开没有意义的。

第十三条　政府信息尚未公开前，原告起诉要求被告不得公开政府信息的，人民法院经审理认为政府信息涉及原告商业秘密、个人隐私且不存在不公开会对公共利益造成重大影响的，应当判决被告不得公开政府信息。

诉讼期间，原告申请停止公开涉及其商业秘密、个人隐私的政府信息，人民法院经审理认为符合行政诉讼法第五十六条规定的，裁定暂时停止公开。

第十四条　有下列情形之一的，人民法院判决驳回原告的诉讼请求：

（一）被告作出的公开、不予公开的决定或者无法提供、不予处理的告知合法的；

（二）申请公开的政府信息内容已经向公众公开，被告告知申请人获取该政府信息的方式、途径和时间的；

（三）被告收到同一申请人的不同申请或者不同申请人内容相同的申请

后,在同一个政府信息公开答复中一并予以答复且答复内容合法的;

(四)原告起诉被告逾期不予答复理由不成立的;

(五)原告以政府信息侵犯其商业秘密、个人隐私为由请求不公开,理由不成立的;

(六)其他应当判决驳回诉讼请求的情形。

第十五条 本解释自2025年6月1日起施行。

本解释施行后,《最高人民法院关于审理政府信息公开行政案件若干问题的规定》(法释〔2011〕17号)同时废止。最高人民法院以前发布的司法解释及规范性文件,与本解释不一致的,不再适用。

12. 《最高人民法院关于请求公开与本人生产生活科研等特殊需要无关政府信息请求人是否具有原告诉讼主体资格问题的批复》
（〔2010〕行他字第 193 号）

山东省高级人民法院：

你院鲁高法〔2010〕153 号请示收悉。经研究，答复如下：公民、法人或者其他组织认为行政机关针对政府信息公开申请作出的答复或逾期不予答复侵犯其合法权益，提起行政诉讼，人民法院应予受理。申请人申请公开的政府信息是否与本人生产生活科研等特殊需要有关，属于实体审理的内容，不宜作为原告主体资格的条件。

此复。

2010 年 12 月 14 日

13. 《北京市高级人民法院关于印发〈北京市高级人民法院关于审理政府信息公开行政案件若干问题的解答〉的通知》
（京高法发〔2014〕82号）

市第一、第二、第三中级人民法院；

各区、县人民法院：

北京市高级人民法院《关于审理政府信息公开行政案件若干问题的解答》已于2014年2月17日由市高级法院审判委员会第2次（总第347次）会议讨论通过，现予以印发，请认真贯彻执行。执行中有何问题，望及时报告市高级法院。

特此通知。

北京市高级人民法院
二〇一四年二月十八日

北京市高级人民法院关于审理政府信息公开行政案件若干问题的解答

为依法公正审理政府信息公开行政案件，积极应对此类案件审理中的疑难法律问题，统一裁判标准，根据《中华人民共和国行政诉讼法》《中华人民共和国政府信息公开条例》（以下简称《条例》）最高人民法院《关于审理政府信息公开行政案件若干问题的规定》等法律法规和司法解释的规定，结合本市审判实际，制定本解答。

1. 行政机关以申请内容不明确为由对申请人作出更改、补充告知答复，人民法院如何确定其可诉性？

答：行政机关在告知书中仅要求申请人更改、补充申请内容，并未对申请人的申请事项作出结论意见，属于行政机关在处理申请人的申请事宜过程中的阶段性行为，尚未对申请人权利义务产生实际影响，申请人对其提起诉讼的，人民法院不予受理。

2. 行政机关对涉及国防、外交等相关信息不予公开或者答复的，申请人不服提起诉讼的，人民法院如何确定其可诉性？

答：涉及国防、外交等国家行为事项不属于行政诉讼受案范围，公民、法人或其他组织提起诉讼的，人民法院不予受理。申请人申请公开的信息涉及国防、外交等国家行为事项，行政机关不予公开或者答复，申请人提起诉讼的，人民法院不予受理；已经受理的，可迳行裁定驳回起诉。

3. 行政程序中的当事人、利害关系人以政府信息公开名义申请查阅案卷材料，申请人对行政机关答复不服提起诉讼的，人民法院如何确定其可诉性？

答：行政程序中的当事人、利害关系人以政府信息公开名义申请查阅案卷材料，行政机关告知其应当按照相关法律、法规的规定办理，申请人提起诉讼的，人民法院不予受理。但有下列情形之一的除外：

（一）除行政程序中的当事人、利害关系人以外的其他申请人以政府信息公开名义申请查阅案卷材料的；

（二）行政程序中的当事人、利害关系人在行政程序终结后以政府信息公开名义申请查阅案卷材料的。

4. 申请人对政府及其部门设立的议事协调机构、临时性机构等非常设机构以自己名义作出的政府信息公开答复不服的，人民法院如何确定被告？

答：申请人对政府及其部门设立的议事协调机构、临时性机构等非常设机构提出政府信息公开申请的，非常设机构在没有法律、法规、规章授权的情况下，一般不是政府信息公开答复的义务主体，也不是政府信息公开诉讼的被告。申请人对非常设机构作出的政府信息公开答复提起诉讼的，应当以设立非常设机构的行政机关为被告。

5. 对申请人以信息公开名义进行政策咨询、提出合法性质疑或法律状态确认等要求，行政机关答复不属于《条例》调整范围的，人民法院应如何审查？

答：人民法院经对申请人的申请内容进行审查，确属申请获取政府信息的，应当认定属于《条例》的调整范围。申请人申请内容实质上并非获取政府信息，行政机关答复不属于《条例》调整范围的，人民法院应予支持。

6. 行政机关以相关信息属于日常工作中制作或获取的内部管理信息为由，答复不属于《条例》调整范围的，人民法院应如何审查？

答：行政机关内部管理信息一般只涉及内部管理事务，对外部不具有约束力，亦对相对人的权利义务不产生实际影响，行政机关据此不予公开的，人民法院应予支持。

实践中如行政机关内部管理信息对外部产生约束力，亦对相对人的权利义务产生实际影响,则属于《条例》的调整范围,行政机关以属于内部管理信息为由不予公开的,人民法院不予支持。

7. 行政机关以申请人所申请的信息属于党务信息而不予公开的,人民法院应当如何审查?

答:人民法院经审查,凡以党组织文号印发的信息,或者党组织制发的党政联合文件,一般不属于《条例》的调整范围,行政机关以不属于政府信息为由不予公开的,人民法院应予支持。对于没有文号的其他信息,制定主体是党委部门的,可认定为党务信息。行政机关以属于党务信息不予公开,但未能提供证据证明的,人民法院不予支持。

8. 对行政机关作出的政府信息不存在告知书,人民法院应如何审查?

答:行政机关主张政府信息不存在的,应当说明理由。理由的成立需要证据支持的,应提供进行合理搜索的证据。申请人对其申请的政府信息存在状态提供线索和初步证明的,不影响行政机关承担举证责任。

9. 行政机关以申请人所申请信息已移交本单位档案管理机构,并告知其向本单位档案管理机构联系查询的,人民法院应如何审查?

答:最高人民法院《关于审理政府信息公开行政案件若干问题的规定》第七条第二款规定,政府信息已经移交各级国家档案馆的,依照有关档案管理的法律、行政法规和国家有关规定执行。相关政府信息移交本单位档案管理机构的,不属于已移交国家档案馆的情形,属于《条例》的调整范围。行政机关以属于《中华人民共和国档案法》调整为由不予公开,或告知其向本单位档案管理机构查询公开的,应当认定其未尽到政府信息公开义务,人民法院不予支持。

10. 行政机关在收到政府信息公开申请后,将相关政府信息移交国家档案馆,并以此为由不予公开的,人民法院应如何审查?

答:行政机关在收到政府信息公开申请后,将相关政府信息移交国家档案馆的行为,属于规避法定义务的行为,其信息公开义务应以收到申请人申请的时间为准,而不以作出答复时的实际状态确定。行政机关在收到政府信息公开申请后,将相关政府信息移交国家档案馆,并以此为由不予公开的,人民法院不予支持。

11. 上级行政机关对其履行职责过程中制作、获取的政府信息,答复告知申请人向其下级行政机关申请公开的,人民法院应当如何审查?

答:上级行政机关与下级行政机关应当在各自职责范围内,履行信息公开义务。

12. 行政机关以申请人未提交身份证明为由拒绝处理政府信息公开申请，申请人不服提起行政诉讼的，人民法院应当如何审查？

答：申请人依据《条例》第二十五条申请提供与其自身相关的税费缴纳、社会保障、医疗卫生等政府信息，但未提交身份证明的，行政机关以未提交身份证明为由拒绝处理的，人民法院应予支持。

13. 行政机关以政府信息涉及国家秘密为由不予公开的，人民法院应当如何审查？

答：行政机关以申请公开的信息涉及国家秘密为由不予公开，且告知申请人并说明理由的，人民法院经审查，被告能够证明政府信息已经依照法定程序确定为国家秘密的，人民法院应予支持。行政机关在政府信息公开告知书中未明示其不予公开的理由为相关信息涉及国家秘密，诉讼过程中又以涉及国家秘密为由答辩的，应当认定违反法定说明理由义务，人民法院不予支持。

14. 行政机关以政府信息涉及第三方商业秘密或个人隐私为由不予公开的，人民法院应如何审查？

答：对行政机关以政府信息涉及第三方商业秘密或个人隐私，且第三方不同意公开为由不予公开的，人民法院应从以下四个方面审查：

（一）行政机关对政府信息是否涉及第三方商业秘密或个人隐私进行初步判断；

（二）经初步判断认为政府信息涉及第三方商业秘密或个人隐私，且公开可能侵犯第三方权益，行政机关履行书面征询第三方意见的情况；

（三）第三方不同意公开时，行政机关对于不予公开是否存在对公共利益造成重大影响进行审查的情况；

（四）涉及第三方商业秘密或个人隐私的信息是否存在可以区分处理的情形，能够区分处理的，是否向申请人提供了可以公开的信息内容。

15. 行政机关答复相关信息已主动公开，并告知查询方式，申请人不服提起诉讼的，人民法院应如何审查？

答：人民法院应当围绕相关信息主动公开是否属实、主动公开的信息与申请人申请的信息是否对应，告知的查询方式是否正确等方面进行审查。

16. 行政机关作出政府信息公开答复未援引法律依据的，人民法院应当如何处理？

答：行政机关作出政府信息公开答复无对应法律条文可以援引的，人民法院不应以政府信息公开答复未列明具体法律条款为由而否定其适用法律的合法性。

行政机关作出政府信息公开答复有对应法律条文可以援引,应当写明法律依据及具体条款,如果未写明法律依据,则可以认定被诉行政行为法律适用错误。

17. 行政机关作出不予公开告知未说明理由,或者说明理由与申请公开的信息无关的,人民法院应如何处理?

答:根据《条例》第二十一条第(二)项的规定,对申请公开的政府信息不属于公开范围的,应当告知申请人并说明理由。行政机关在作出不予公开告知时未说明理由的,或者说明理由与申请公开的信息无关的,属于未依法履行政府信息公开说明理由义务,人民法院应认定属于适用法律错误。

14.《北京市高级人民法院关于政府信息公开裁驳类案件研讨会会议纪要》
（2016年4月19日）

北京市高级人民法院关于政府信息公开裁驳类案件研讨会会议纪要（2016年4月19日）

自《中华人民共和国政府信息公开条例》（以下简称《政府信息公开条例》）颁布后，本市法院审理了大量政府信息公开案件。近几年，此类案件出现了许多亟待解决的新情况和新问题，其中包括如何正确理解裁定驳回起诉处理方式的适用范围问题。为统一全市法院的裁判标准，市高级法院行政庭专门召开了"政府信息公开裁驳类案件专题研讨会"。研讨会后，市高级法院对相关法律问题进行了进一步的研究讨论，现将有关法律问题的意见以会议纪要的形式下发，供大家在审判实践中参考。

一、信息公开类案件裁驳处理方式的适用目的

近年来的审判实践发现，部分信息公开案件的原告并非为了依法获取政府信息，如向行政机关提出咨询、对行政行为提出合法性质疑、转嫁信访诉求等，有的甚至滥用信息公开申请权、形成滋扰性诉讼。因此，为正确理解与适用《政府信息公开条例》的适用范围，有效保护当事人依法获取政府信息的权利，规范其诉权行使、提高审判效率，解决好保护当事人依法获得政府信息的权利与规范行政机关依法提供政府信息之间的平衡，对部分信息公开案件，法院可以依法采取裁定驳回原告起诉的方式处理案件。

二、信息公开案件裁驳处理方式的适用范围

经对研讨会各院意见的汇总，除最高法院《关于审理政府信息公开行政案件若干问题的规定》第二条规定的几种情形外，信息公开案件裁驳处理方式还可以适用于以下几种情形：

1. 相对人的申请实际构成咨询的。相对人向行政机关提出法律、政策或业

务等事项咨询的，不属于《政府信息公开条例》第二条的调整范围。一般情形下，如果针对相对人的申请，行政机关无法直接以既有的信息、而是需要进行一定的主观判断后方可回应的，可认定该申请构成咨询事项。如相对人的申请中包括了要求行政机关回答"是什么""为什么""进展程度""是否包括""是否合法""事实根据""合法性依据"等内容，或者借信息公开形式要求行政机关作出并提供行政处理决定的，一般可认定相对人的申请构成咨询事项。

审判实践中，对于行政机关可通过简单检索即可收集相关信息的，不宜认定为咨询事项。同时，需要甄别咨询事项与需要行政机关加工汇总信息的区别，并选择不同的裁驳依据。

2. 相对人申请公开的明显属于非政府信息的。一般情形下，相对人申请公开的信息属于公安刑事侦查信息、党务信息等情形的，可认定为非政府信息。如申请公开"本人被刑事拘留的卷宗信息""拘留证"等刑事侦查信息，申请公开以党组织文号印发或者党组织制发的党政联合文件等。但对是否属于政府信息争议较大的，法院应考虑案件进入实体审理。

3. 相对人申请公开的信息涉及政治敏感性或历史遗留问题的。参照最高人民法院《关于人民法院登记立案若干问题的规定》第十条有关不予立案登记范围的规定，相对人申请公开的信息涉及国防外交等国家行为事项，或涉及处理落私等历史遗留问题过程中产生的信息，可考虑裁驳处理。

4. 相对人申请公开复议或信访等救济程序中的信息的。行政复议或信访程序属于行政救济制度，相对人可通过查阅卷宗等其他途径获取上述程序中的信息，其通过信息公开方式申请获取相关信息的，法院可考虑裁定驳回起诉。

5. 相对人存在明显滥用信息公开申请权利的。《政府信息公开条例》保护的是相对人依法获取政府信息的权利。对于明显滥用信息公开申请权的相对人，如明显针对同一信息重复申请的，申请公开自己在行政程序中提供的材料、无正当理由以不正当方式大量申请公开同类信息的以及明显不具备政府信息正当用途的，可以考虑采取裁驳方式处理。法院认定相对人属滥用信息公开申请权并裁定驳回其起诉的，应上报市高级法院备案。

三、信息公开案件裁驳处理方式的法律依据

因裁定驳回起诉的情形各异，故应根据不同情形选择不同的法律依据：

1. 相对人的申请实际构成咨询、存在明显滥用信息公开申请权情形或申请公开救济程序信息的，因相应申请并不符合《政府信息公开条例》的立法目的，

行政机关之行为实际未侵害其依法获取政府信息的权利，故法院可考虑依据最高人民法院《关于适用〈中华人民共和国行政诉讼法〉若干问题的解释》（以下简称《适用问题解释》）第三条第一款第（八）项的规定，裁定驳回其起诉。

2. 相对人的申请明显属于非政府信息的，可考虑认定相对人的起诉不具备事实根据，依据《中华人民共和国行政诉讼法》（以下简称《行政诉讼法》）第四十九条第（三）项、最高人民法院《适用问题解释》第三条第一款第（一）项的规定，裁定驳回其起诉。

3. 相对人申请公开的信息涉及政治敏感性或历史遗留问题的，可考虑认定相对人的起诉不属于人民法院行政审判权限范围，依据《行政诉讼法》第四十九条第（四）项、最高人民法院《适用问题解释》第三条第一款第（一）项的规定，裁定驳回其起诉。

四、信息公开裁驳案件的审理方式

1. 一审审理方式。根据《行政诉讼法》第八十二条第一款第（三）项及最高人民法院《适用问题解释》第三条第二款的规定，对于信息公开裁驳案件，一审法院可适用简易程序审理，并在事实清楚的情况下，不开庭或谈话、不通知被告应诉，径行裁定驳回原告的起诉，但应注意依法保障原告的诉讼权利，如申请回避权利等。

2. 二审审理方式。根据《行政诉讼法》第八十六条的规定，对于信息公开裁驳案件，二审法院认为一审裁定驳回起诉正确、不需要开庭或谈话的，可径行作出二审裁定，但应注意依法保障上诉人的诉讼权利，如申请回避权利等。

五、信息公开裁驳案件中如何处理行政机关的相关认定

法院经审查如认为相对人的起诉属于应裁定驳回情形的，可不考虑行政机关针对相对人的信息公开申请是否答复以及相应的答复内容，可直接依据相应法律规定裁定驳回原告的起诉，一并起诉维持或驳回请求复议决定的，可一并裁定驳回。

六、其他问题

1. 关于复议不予受理决定的诉讼问题。相对人起诉行政机关作出的涉及信息公开的复议不予受理决定，但其信息公开申请本质属于应裁定驳回起诉情形的，法院可考虑直接裁定驳回相对人针对该复议不予受理决定的起诉。裁判理由可考虑认定相对人的起诉不具备事实根据,法律依据可考虑适用《行政诉讼法》第四十九条第(三)项、最高人民法院《适用问题解释》第三条第一款第(一)项的规定。一、二审审理方式可参考"四、信息公开裁驳案件的审理方式"部分。

2. 关于示范性诉讼。不同当事人申请公开同一政府信息的,法院对其中一个当事人作出的生效裁判,可视为对其他当事人具有羁束力,对其他当事人的起诉可考虑根据最高人民法院《适用问题解释》第三条第一款第(九)项的规定径行裁定驳回。一、二审审理方式可参考"四、信息公开裁驳案件的审理方式"部分。

3. 关于案件督导。对审判实践中出现的其他应裁定驳回起诉的案件,各法院可结合案件实际情况,具体权衡是否可适用裁定驳回起诉方式处理案件,并报市高级法院。

15.《住房和城乡建设部关于印发政府信息公开实施办法（修订）的通知》
（建办〔2020〕35号）

部机关各单位、直属各单位：

《住房和城乡建设部政府信息公开实施办法（修订）》已经2020年1月19日第15次部务会审议通过，现印发你们，请认真贯彻执行。

中华人民共和国住房和城乡建设部
2020年4月16日

住房和城乡建设部政府信息公开实施办法（修订）

第一章 总 则

第一条 为推进和规范住房和城乡建设部政府信息公开工作，保障公民、法人和其他组织依法获取政府信息，提高政府工作透明度，建设法治政府，依据《中华人民共和国政府信息公开条例》和有关法规、规定，结合住房和城乡建设部工作实际，制定本办法。

第二条 本办法适用于住房和城乡建设部机关（以下简称部机关）在履行行政管理职能和提供公共服务过程中，依法向社会公众以及管理、服务对象公开相关政府信息的活动。

本办法所称政府信息，是指部机关在履行职责过程中制作或者获取的，以一定形式记录、保存的信息。

第三条 住房和城乡建设部政务公开领导小组负责领导和协调部政府信息公开工作，审定相关制度，研究解决信息公开工作中的重大问题。

住房和城乡建设部政务公开领导小组办公室（以下简称部公开办）负责部机关政府信息公开的日常工作，具体职能是：

（一）组织办理部机关的政府信息公开事宜；

（二）组织维护和更新部机关公开的政府信息；

（三）组织编制部机关的政府信息公开相关制度、政府信息公开指南、政府信息公开目录和政府信息公开年度报告；

（四）组织部机关各单位对拟公开的政府信息进行审查；

（五）部机关规定的与政府信息公开有关的其他职能。

第四条 政府信息公开是住房和城乡建设部的一项基本工作制度，部机关各单位主要负责人负责本单位政府信息公开工作的组织领导，综合处长或办公室主任负责本单位政府信息公开相关事宜的具体组织协调。

第五条 部机关公开政府信息，应当坚持以公开为常态、不公开为例外，遵循公正、公平、合法、便民的原则。

第六条 部机关应当及时、准确地公开政府信息。部机关发现影响或者可能影响社会稳定、扰乱社会和行业管理秩序的虚假或者不完整信息的，应当通过部新闻办公室发布准确的政府信息予以澄清。

第七条 部机关应当建立健全政府信息发布协调机制。各单位拟发布涉及部内其他司局或其他机关的政府信息，应当进行协商、确认，保证发布的信息准确一致。

部机关各单位发布政府信息依照法律、行政法规和国家有关规定需要批准的，经批准予以公开。

第八条 部机关应当编制、公布并及时更新政府信息公开指南和政府信息公开目录，加强政府信息资源的规范化、标准化、信息化管理，加强政府信息公开平台建设。

第二章 公开的主体和范围

第九条 以下政府信息由住房和城乡建设部负责公开：

（一）住房和城乡建设部独立制作的政府信息；

（二）住房和城乡建设部牵头制作的政府信息；

（三）住房和城乡建设部保存的，直接从公民、法人和其他组织获取的政府信息。但住房和城乡建设部从其他行政机关获取的政府信息，由制作或最初获取该政府信息的行政机关负责公开。法律、法规对政府信息公开的权限另有规定的，从其规定。

第十条 住房和城乡建设部公开政府信息，采取主动公开和依申请公开的方式。

第十一条 下列信息不予公开：

（一）依法确定为国家秘密的政府信息，法律、行政法规禁止公开的政府信息，以及公开后可能危及国家安全、公共安全、经济安全和社会稳定的；

（二）涉及商业秘密、个人隐私等公开会对第三方合法权益造成损害的；但是，第三方同意公开或者不公开会对公共利益造成重大影响的，予以公开；

（三）住房和城乡建设部的内部事务信息，包括人事管理、后勤管理、内部工作流程等方面的信息；

（四）住房和城乡建设部机关在履行行政管理职能过程中形成的讨论记录、过程稿、磋商信函、请示报告等过程性信息和行政执法案卷信息，但法律法规和国家有关规定上述信息应当公开的，从其规定；

（五）法律、法规规定其他不得公开的信息。

第十二条 部机关各单位在拟公开政府信息前，应当依照《中华人民共和国保守国家秘密法》以及其他法律、法规和国家有关规定，对拟公开的政府信息进行审查。

不能确定政府信息是否可以公开的，应当依照法律、法规和国家有关规定报有关主管部门或者保密行政管理部门确定。

第十三条 住房和城乡建设部根据政府信息依申请公开情况对不予公开的政府信息进行定期评估审查，建立健全政府信息管理动态调整机制，及时公开因情势变化可以公开的政府信息。

第三章 主动公开

第十四条 对涉及公众利益调整、需要公众广泛知晓或者需要公众参与决策的政府信息，部机关应当主动公开。

第十五条 部机关应当根据本办法第十四条的规定，主动公开下列政府信息：

（一）政府信息公开指南和政府信息公开目录，包括政府信息的分类、编排体系、获取方式和政府信息公开工作机构的名称，以及政府信息的索引、名称、内容概述、生成日期等内容；

（二）机关职能、机构设置、办公地址、办公时间、联系方式、负责人姓名、工作分工；

（三）部门规章类：住房和城乡建设部制定或者联合其他部门制定的部门规章；

（四）发展规划和产业政策类：住房和城乡建设事业中长期发展规划，有关专项发展规划、产业政策、发展战略，以及依法应当公开的部工作计划等；

（五）管理政策类：部机关制定印发的规范性文件；

（六）行政执法类：行政处罚、行政强制、行政许可、行政检查等执法行为主体、职责、权限、依据、程序、救济渠道及执法决定的执法机关、对象、结论，涉敏感信息的除外；

（七）工程建设标准规范类：发布工程建设标准规范的公告及文告；

（八）统计数据类：依法应当公开的住房和城乡建设行业相关统计数据信息；

（九）工作动态类：依法应当公开的工作动态信息；

（十）财政预算、决算信息；

（十一）行政事业性收费项目及其依据、标准；

（十二）部机关集中采购项目的目录、标准实施情况；

（十三）扶贫、教育等方面的政策、措施及其实施情况；

（十四）公务员招考的职位、名额、报考条件等事项以及录用结果；

（十五）法律、法规、规章和国家有关规定应当主动公开的其他政府信息。

第十六条　对属于主动公开范围的信息，应当采取符合该信息特点、便于公众及时准确获得的以下一种或几种方式予以公开：

（一）住房和城乡建设部门户网站；

（二）中国建设报；

（三）住房和城乡建设部文告；

（四）新闻发布会、新闻通气会、记者招待会；

（五）中央主要新闻媒体；

（六）国家规定的其他政务媒体。

其中，住房和城乡建设部门户网站是信息公开的主渠道。

第十七条　属于主动公开范围的政府信息，应当自该政府信息形成或者变更之日起20个工作日内及时公开。法律、法规对政府信息公开的期限另有规定的，从其规定。

第十八条　主动公开政府信息应当按照下列程序进行：

（一）主办单位在核签《住房和城乡建设部发文审核单》时，同时审签《住房和城乡建设部政府信息公开审查表》。由拟稿人对拟制的政府信息进行审查，明确公开属性，随公文一并报批，拟不公开的，要说明理由。对拟不公开的政策性文件，报批前应送部公开办审查。《住房和城乡建设部政府信息公开审查表》应与《住房和城乡建设部发文稿纸》一并报办公厅（秘书处）审核。

（二）办公厅（秘书处）在核稿时，审查主办单位是否已填写《住房和城乡建设部政府信息公开审查表》。

（三）文件印制完成后，主办单位应于10个工作日内将核签的《住房和城乡建设部政府信息公开审查表》原件及该政府信息的正式文本（含电子版）交部公开办。未经部公开办审查同意公开的公文，主办单位不得向社会发布。

部公开办定期向部领导报送有关情况。

（四）对可以公开的政府信息，部公开办按规定对信息进行分类、编码、标注后，由信息中心上传至部门户网站"信息公开专栏"。

第十九条　工程建设标准、定额管理信息，由标准定额司按照工程建设标准管理的有关规定予以公开。

第二十条　住房和城乡建设部按照国务院统一部署，不断增加主动公开的内容。

第四章　依申请公开

第二十一条　公民、法人或者其他组织申请获取政府信息的，应当采用书面形式向部公开办提出，按照"一事一申请"的原则填写并提交住房和城乡建设部政府信息公开申请表，一个政府信息公开申请表只对应一个政府信息项目；采用书面形式确有困难的，申请人可以口头提出，由部公开办代为填写政府信息公开申请。

两个（含）以上申请人申请公开同一条政府信息的，可以填写提交一份申请表。政府信息公开申请应当包括下列内容：

（一）申请人的姓名或者单位名称、身份证明、营业执照、联系方式，代为申请的还需提交代理人的姓名、身份证明、联系方式以及由申请人签署的授权委托书，每张申请表均须申请人在签字栏签字确认；

（二）申请公开的政府信息的名称、文号或者便于行政机关查询的其他特征性描述；

（三）申请公开的政府信息的形式要求，包括获取信息的方式、途径。

《住房和城乡建设部政府信息公开申请表》可以到住房和城乡建设部指定场所领取或自行复制，也可以从住房和城乡建设部门户网站下载。

第二十二条 部机关收到政府信息公开申请的时间,按照下列规定确定:

(一)申请人当面提交政府信息公开申请的,以提交之日为收到申请之日;

(二)申请人以邮寄方式提交政府信息公开申请的,以行政机关签收之日为收到申请之日;

(三)以平常信函等无须签收的邮寄方式提交政府信息公开申请的,部公开办应当于收到申请的当日与申请人确认,确认之日为收到申请之日;

(四)申请人通过其他方式提交政府信息公开申请的,以双方确认之日为收到申请之日。

第二十三条 部公开办收到申请后,应当进行审查,对符合要求的,予以受理。对申请内容不明确的,部公开办应自收到申请之日7个工作日内一次性告知申请人作出补正,说明需要补正的事项和合理的补正期限。答复期限自部公开办收到补正的申请之日起计算。申请人无正当理由逾期不补正的,视为放弃申请,部机关不再处理该政府信息公开申请。

第二十四条 依申请公开的政府信息公开会损害第三方合法权益的,部机关应当书面征求第三方的意见。第三方应当自收到征求意见书之日起15个工作日内提出意见。第三方逾期未提出意见的,由部机关依照本条例的规定决定是否公开。第三方不同意公开且有合理理由的,部机关不予公开。部机关认为不公开可能对公共利益造成重大影响的,予以公开,并将决定公开的政府信息内容和理由书面告知第三方。

第二十五条 申请公开的政府信息由住房和城乡建设部牵头制作的,部机关应该征求其他行政机关意见,其他行政机关在收到征求意见书之日起15个工作日内未提出意见,则视为其他行政机关同意公开相应的政府信息。部机关应按照相关法律法规的规定决定是否予以公开。

第二十六条 部公开办收到政府信息公开申请,能够当场答复的,应当当场予以答复;不能当场答复的,应当自收到申请之日起20个工作日内予以答复;如需延长答复期限,应当告知申请人,延长答复的期限不得超过20个工作日。

部机关征求第三方和其他机关意见所需时间不计算在前款规定的期限内。

第二十七条 对申请人提出的政府信息公开申请,按照以下程序办理:

(一)部公开办对信息公开申请进行登记;

(二)部公开办根据信息内容和部机关各单位职责分工确定主办单位,在

3个工作日内将《政府信息公开申请转送单》和《住房和城乡建设部依申请公开政府信息审查表》送主办单位；

（三）主办单位一般要在3个工作日内，对政府信息公开申请提出处理意见，经单位主要负责同志核签后送部公开办；

（四）部公开办一般应在2个工作日内根据主办单位处理意见答复申请人。对于涉及重大、敏感问题的政府信息公开申请，部公开办答复申请人前，告知书应经部保密办会签。

第二十八条 申请人申请公开政府信息的数量、频次明显超出合理范围，部公开办可以要求申请人说明理由。部公开办认为申请理由不合理的，告知申请人不予处理；部公开办认为申请理由合理，但是无法在《中华人民共和国政府信息公开条例》第三十三条规定的期限内答复申请人的，可以确定延迟答复的合理期限并告知申请人。

第二十九条 部机关各单位对申请公开的政府信息提出是否公开意见时，应根据不同情况分别进行处理：

（一）所申请公开信息已经主动公开的，告知申请人获取该政府信息的方式、途径；

（二）所申请公开信息可以公开的，向申请人提供该政府信息，或者告知申请人获取该政府信息的方式、途径和时间；

（三）依据《中华人民共和国政府信息公开条例》和本办法第十一条的规定决定不予公开的，告知申请人不予公开并说明理由；

（四）经检索没有所申请公开信息的，告知申请人该政府信息不存在；

（五）所申请公开信息不属于住房和城乡建设部负责公开或需另行制作的，告知申请人无法提供并说明理由；能够确定负责公开该政府信息的行政机关的，告知申请人该行政机关的名称、联系方式；

（六）已就申请人提出的政府信息公开申请作出答复、申请人重复申请公开相同政府信息的，告知申请人不予重复处理；

（七）所申请公开信息属于工商、不动产登记资料等信息，有关法律、法规对信息的获取有特别规定的，告知申请人依照有关法律、法规的规定处理；

（八）所申请公开信息补正仍不明确的，告知申请人无法提供；

（九）所申请公开信息名实不副、非正常申请、确认已获取信息的，告知申请人不予处理；

（十）所申请公开信息属于公开出版物的，告知申请人不予处理。

第三十条 申请公开的信息中含有不应当公开或者不属于政府信息的内容，但是能够作区分处理的，部机关应当向申请人提供可以公开的政府信息内容，并对不予公开的内容说明理由。

第三十一条 向申请人提供的信息，应当是已制作或者获取的政府信息。除本办法第三十条规定能够做区分处理的外，需要部机关对现有政府信息进行汇总、加工、分析或重新制作的，部公开办可以不予提供。

第三十二条 申请人以政府信息公开申请的形式进行信访、咨询、投诉、举报、侮辱等活动，应当告知申请人不作为政府信息公开申请处理并可以告知通过相应渠道提出。

第三十三条 部机关依申请提供政府信息，不收取费用。但是申请人申请公开政府信息的数量、频次明显超过合理范围的，部机关可以按国家有关规定收取信息处理费。

第三十四条 申请公开政府信息的公民存在阅读困难或者视听障碍的，部机关应当为其提供必要的帮助。

第三十五条 多个申请人就相同政府信息向部机关提出公开申请，且该政府信息经评估审查属于可以公开的，部机关可以纳入主动公开的范围。

对部机关依申请公开的政府信息，申请人认为涉及公众利益调整、需要公众广泛知晓或者需要公众参与决策的，可以建议部机关将该信息纳入主动公开的范围。部公开办经评估审查认为可以主动公开的，应当及时主动公开。

第五章 监督和保障

第三十六条 部机关应当建立健全政府信息公开工作考核制度、评议制度和责任追究制度，定期对政府信息公开工作进行考核、评议。

第三十七条 部公开办应当加强对政府信息公开工作的日常指导和监督检查。

第三十八条 部公开办应当对政府信息公开工作人员定期进行培训。

第三十九条 部公开办应当每年1月31日前向社会公布上一年度政府信息公开工作年度报告。

第四十条 政府信息公开工作年度报告应当包括下列内容：

（一）住房和城乡建设部主动公开政府信息的情况；

（二）部公开办收到和处理政府信息公开申请的情况；

（三）因政府信息公开工作被申请行政复议、提起行政诉讼的情况；

（四）政府信息公开工作存在的主要问题及改进情况；

（五）其他需要报告的事项。

第四十一条 公民、法人或者其他组织认为在政府信息公开工作中侵犯其合法权益的，可以依法申请行政复议或者提起行政诉讼。

第四十二条 公民、法人和其他组织有权对部机关的政府信息公开工作进行监督，并提出批评和建议。

第四十三条 政府信息公开工作所需经费纳入部年度预算，以保障政府信息公开工作的正常开展。

第四十四条 部机关有关单位违反《中华人民共和国政府信息公开条例》《中国共产党纪律处分条例》和本办法规定，有下列情形之一的，由住房和城乡建设部政务公开领导小组给予批评教育并限期整改；情节严重的，对单位直接负责的主管人员和其他直接责任人依法予以处分；构成犯罪的，依法追究刑事责任：

（一）不依法履行政府信息公开职能的；

（二）不及时更新公开的政府信息内容、政府信息公开指南和政府信息公开目录的；

（三）违反规定收取费用的；

（四）通过其他组织、个人以有偿服务方式提供政府信息的；

（五）公开不应当公开的政府信息的；

（六）违反《中华人民共和国政府信息公开条例》和本办法规定的其他行为的。

第六章 附 则

第四十五条 已经移交档案馆的政府信息的管理，依照有关档案管理的法律、行政法规和国家有关规定执行。

第四十六条 本办法由住房和城乡建设部政务公开领导小组负责解释。

第四十七条 本办法自印发之日起实施。

16. 《政府信息公开信息处理费管理办法》
（国办函〔2020〕109号）

第一条 为了进一步规范政府信息公开法律关系，维护政府信息公开工作秩序，更好保障公众知情权，根据《中华人民共和国政府信息公开条例》有关规定，制定本办法。

第二条 本办法所称信息处理费，是指为了有效调节政府信息公开申请行为、引导申请人合理行使权利，向申请公开政府信息超出一定数量或者频次范围的申请人收取的费用。

第三条 信息处理费可以按件计收，也可以按量计收，均按照超额累进方式计算收费金额。行政机关对每件申请可以根据实际情况选择适用其中一种标准，但不得同时按照两种标准重复计算。

第四条 按件计收适用于所有政府信息公开申请处理决定类型。申请人的一份政府信息公开申请包含多项内容的，行政机关可以按照"一事一申请"原则，以合理的最小单位拆分计算件数。

按件计收执行下列收费标准：

（一）同一申请人一个自然月内累计申请10件以下（含10件）的，不收费。

（二）同一申请人一个自然月内累计申请11—30件（含30件）的部分：100元/件。

（三）同一申请人一个自然月内累计申请31件以上的部分：以10件为一档，每增加一档，收费标准提高100元/件。

第五条 按量计收适用于申请人要求以提供纸质件、发送电子邮件、复制电子数据等方式获取政府信息的情形。相关政府信息已经主动对外公开，行政机关依据《中华人民共和国政府信息公开条例》第三十六条第（一）项、第（二）项的规定告知申请人获取方式、途径等的，不适用按量计收。按量计收以单件政府信息公开申请为单位分别计算页数（A4及以下幅面纸张的单面为1页），对同一申请人提交的多件政府信息公开申请不累加计算页数。

按量计收执行下列收费标准：

（一）30 页以下（含 30 页）的，不收费。

（二）31—100 页（含 100 页）的部分：10 元/页。

（三）101—200 页（含 200 页）的部分：20 元/页。

（四）201 页以上的部分：40 元/页。

第六条 行政机关依法决定收取信息处理费的，应当在政府信息公开申请处理期限内，按照申请人获取信息的途径向申请人发出收费通知，说明收费的依据、标准、数额、缴纳方式等。申请人应当在收到收费通知次日起 20 个工作日内缴纳费用，逾期未缴纳的视为放弃申请，行政机关不再处理该政府信息公开申请。

政府信息公开申请处理期限从申请人完成缴费次日起重新计算。

第七条 申请人对收取信息处理费的决定有异议的，不能单独就该决定申请行政复议或者提起行政诉讼，可以在缴费期满后，就行政机关不再处理其政府信息公开申请的行为，依据《中华人民共和国政府信息公开条例》第五十一条的规定，向上一级行政机关或者政府信息公开工作主管部门投诉、举报，或者依法申请行政复议、提起行政诉讼。法律、行政法规另有规定的，从其规定。

第八条 行政机关收取的信息处理费属于行政事业性收费，按照政府非税收入和国库集中收缴管理有关规定纳入一般公共预算管理，及时足额缴入同级国库。具体收缴方式按照同级政府财政部门有关规定执行。

第九条 行政机关收取信息处理费，应当按照财务隶属关系分别使用财政部或者省、自治区、直辖市财政部门统一监（印）制的财政票据。

第十条 价格、财政、审计部门依据各自职责，加强对信息处理费收取行为的监管。

第十一条 政府信息公开工作主管部门应当加强监督指导，及时处理申请人提出的投诉、举报，严肃纠正违法或者不当行为。信息处理费收取情况，要按照全国政府信息公开工作主管部门规定的格式统计汇总，并纳入政府信息公开工作年度报告，接受社会监督。

第十二条 本办法由全国政府信息公开工作主管部门、国务院价格主管部门、国务院财政部门依据各自职责负责解释。

第十三条 本办法自 2021 年 1 月 1 日起施行。

17.《北京市财政局、北京市发展和改革委员会关于做好北京市政府信息公开信息处理费收费工作的通知》（京财税〔2021〕229号）

市级各有关部门，各区财政局、发展改革委：

根据《国务院办公厅关于印发〈政府信息公开信息处理费管理办法〉的通知》（国办函〔2020〕109号）和《财政部办公厅关于政府信息公开信息处理费收入收缴管理有关事宜的通知》（财办库〔2020〕254号），为做好本市政府信息公开信息处理费收费工作，结合本市实际情况，现将有关事项通知如下。

一、信息处理费属于中央设立的行政事业性收费，一级收费项目名称"信息处理收费"（收费编码：220003），下设二级收费项目名称"信息处理费"（收费编码：220003001）。

二、信息处理费按照政府非税收入和国库集中收缴管理有关规定纳入一般公共预算管理，及时足额缴入同级国库，原则上通过非税收入收缴系统收缴，收费时使用财政部门统一监（印）制的财政票据。

三、信息处理费列在政府收支分类科目"103049950 其他缴入国库的行政事业性收费"。

四、各行政机关应严格按照《国务院办公厅关于印发〈政府信息公开信息处理费管理办法〉的通知》（国办函〔2020〕109号）相关规定收取信息处理费，不得擅自增加收费项目、扩大收费范围、提高收费标准或加收其他任何费用，并按照有关规定做好收费公示工作，向社会公布收费项目、收费标准及收费依据文件等，自觉接受审计、市场监管等部门和社会监督。

五、本通知自2021年1月1日起施行。

北京市财政局
北京市发展和改革委员会
2021年2月7日

18.《北京市政务服务管理局关于政府信息公开信息处理费收费工作有关事项的通知》(京政服函〔2021〕2号)

市级各有关部门、市属单位,各区政务服务局:

根据《国务院办公厅关于印发〈政府信息公开信息处理费管理办法〉的通知》(国办函〔2020〕109号)、《财政部办公厅关于政府信息公开信息处理费收入收缴管理有关事宜的通知》(财办库〔2020〕254号)和《北京市财政局、北京市发展和改革委员会关于做好北京市政府信息公开信息处理费收费工作的通知》(京财税〔2021〕229号)相关规定和要求,结合我市工作实际,现就政府信息公开信息处理费收费工作有关事项通知如下:

一、信息处理费可以按件计收,也可以按量计收,均按照超额累进方式计算收费金额。行政机关对每件申请可以根据实际情况选择适用其中一种标准,但不得同时按照两种标准重复计算。具体收费标准按照国办函〔2020〕109号文件执行。

二、行政机关依法决定收取信息处理费的,应当在政府信息公开申请处理期限内,按照申请人获取信息的途径向申请人发出收费通知,说明收费的依据、标准、数额、缴纳方式等。申请人应当在收到收费通知次日起20个工作日内缴纳费用,逾期未缴的视为放弃申请,行政机关不再处理该政府信息公开申请。政府信息公开申请处理期限从申请人完成缴费次日起重新计算。

三、信息处理费属于中央设立的行政事业性收费,按照政府非税收入和国库集中收缴管理有关规定纳入一般公共预算管理,及时足额缴入同级国库,原则上通过非税收入收缴系统收缴,收费时使用财政部门统一监(印)制的财政票据。具体收缴方式按照《北京市财政局、北京市发展和改革委员会关于做好北京市政府信息公开信息处理费收费工作的通知》(京财税〔2021〕229号)及市财政部门有关规定执行。

四、请各有关单位严格按照国办函〔2020〕109号文件精神和非税收入收缴系统要求,切实做好信息处理费收缴工作。不得擅自增加收费项目、扩大收费范围、提高收费标准或加收其他任何费用,不得通过其他组织、个人以有偿服务等方式提供政府信息。执收单位要按规定实行收费公示,向社会公布收费项目、收费标准及收费依据文件等。信息处理费收取情况要纳入政府信息公开工作年度报告，并自觉接受相关部门和社会监督。

本通知自下发之日起执行。

北京市政务服务管理局
2021 年 2 月 12 日

附　件
政府信息公开信息处理费收费通知单

　　：

　　您好。本机关于　　年　月　　日收到您（贵单位）提出的政府信息公开申请，申请公开　　　　　　　　　，共计　　件（A4 及以下幅面纸张的单面为 1 页，共计　　页）。

　　根据《国务院办公厅关于印发〈政府信息公开信息处理费管理办法〉的通知》（国办函〔2020〕109 号）规定，本次申请按件计收（按量计收）计算，您需缴纳信息处理费　　元。

　　缴费方式：1. 银行柜台（仅限北京市内）；2. 在线缴费。

　　请您（贵单位）在收到本收费通知次日起 20 个工作日内缴纳费用，逾期未缴纳的视为放弃申请，行政机关不再处理该政府信息公开申请。政府信息公开申请处理期限从完成缴费次日起重新计算。

　　衷心感谢对我们工作的理解与支持。

（单位盖章）
年　月　日

19.《公共企事业单位信息公开规定制定办法》
（国办发〔2020〕50号）

第一条 为了建立健全公共企事业单位信息公开制度，深入推进公共企事业单位信息公开，加强对公共企事业单位的监督管理，提升公共企事业单位服务水平，更好维护人民群众切身利益，助力优化营商环境，根据《中华人民共和国政府信息公开条例》有关规定，制定本办法。

第二条 国务院有关主管部门应当根据《中华人民共和国政府信息公开条例》第五十五条和本办法的要求，制定或者修订教育、卫生健康、供水、供电、供气、供热、环境保护、公共交通等领域的公共企事业单位信息公开规定。

全国政府信息公开工作主管部门根据经济社会发展情况和工作实际，逐步扩大本办法适用范围。

第三条 制定公共企事业单位信息公开规定，要以习近平新时代中国特色社会主义思想为指导，坚持以人民为中心的发展思想，坚持依法依规、便民实用、稳步推进的原则。

第四条 公共企事业单位信息公开规定应当对适用主体作出界定，可以普遍适用于本领域所有公共企事业单位，也可以只适用于本领域部分公共企事业单位。条件具备的，可以列出适用主体清单。

公共企事业单位信息公开规定适用主体重点包括：具有市场支配地位、公共属性较强、直接关系人民群众身体健康和生命安全的公共企事业单位，或者与服务对象之间信息不对称问题突出、需要重点加强监管的公共企事业单位。

第五条 公共企事业单位信息公开的方式，以主动公开为主，原则上不采取依申请公开的方式。公共企事业单位信息公开规定对依申请公开作出规定的，应当明确办理期限、处理方式、监督救济渠道等内容，确保依申请公开程序具备可操作性。

公共企事业单位信息公开规定应当要求公共企事业单位设置信息公开咨询窗口，建立健全相应工作机制，加强沟通协商，限时回应关切，优化咨询服务，满足服务对象以及社会公众的个性化信息需求。信息公开咨询窗口设置方式，以开通热线电话或者网站互动交流平台、接受现场咨询等为主，注重与公共企事业单位客户服务热线、移动客户端等的融合，避免不当增加公共企事业单位负担。

第六条　公共企事业单位信息公开规定应当根据实际情况灵活确定公开渠道，并对加强日常管理维护提出要求。在确定公开渠道时，应当坚持务实管用、因地因事制宜的原则，防止"一刀切"。

第七条　公共企事业单位信息公开规定应当以清单方式明确列出公开内容及时限要求，并根据实际情况动态调整。

在确定公开内容时，应当坚持既尽力而为又量力而行，重点包括下列信息：

（一）与人民群众日常生产生活密切相关的办事服务信息；

（二）对营商环境影响较大的信息；

（三）直接关系服务对象切身利益的信息；

（四）事关生产安全和消费者人身财产安全的信息；

（五）社会舆论关注度高、反映问题较多的信息；

（六）其他应当公开的重要信息。

公开内容原则上以长期公开为主，如果涉及公示等阶段性公开的内容，应当予以区分并作出专门规定。

第八条　公共企事业单位信息公开的监督方式，以向各级主管部门申诉为主，原则上不包括申请行政复议或者提起行政诉讼。法律、行政法规另有规定的，从其规定。

各级主管部门应当建立专门工作制度，明确处理期限，依法及时处理对有关公共企事业单位信息公开的申诉。

第九条　公共企事业单位信息公开规定应当包括专门的责任条款，通过通报批评、责令整改、行政处罚等方式强化责任落实。公共企事业单位信息公开规定设定的行政处罚，以相关法律、行政法规授予有关主管部门的行政处罚权为依据。

第十条　制定公共企事业单位信息公开规定，应当坚持科学立法、民主立法，充分听取服务对象、公共企事业单位、行业协会、群众代表、专家学者等各方面意见，积极采纳合理建议。

第十一条　公共企事业单位信息公开规定应当妥善处理好信息公开与国家秘密、公共安全、产业安全、商业秘密、个人信息保护等其他重要利益的关系，注意区分信息公开与业务查询服务事项。

第十二条 公共企事业单位信息公开规定应当加强与上市公司信息披露、企业信息公示等相关制度的衔接，综合考虑法律、行政法规、规章关于本领域公共企事业单位信息公开的规定。

第十三条 公共企事业单位信息公开规定应当以规章的形式制定。制定规章条件暂不成熟的，可以先制定规范性文件，并在条件成熟后尽快制定规章。

第十四条 本办法由全国政府信息公开工作主管部门负责解释。

第十五条 本办法自 2021 年 1 月 1 日起施行。

20.《国务院办公厅转发司法部关于审理政府信息公开行政复议案件若干问题指导意见的通知》

（国办函〔2021〕132号）

第一条 为进一步规范政府信息公开行政复议案件审理工作，根据《中华人民共和国行政复议法》《中华人民共和国行政复议法实施条例》《中华人民共和国政府信息公开条例》《政府信息公开信息处理费管理办法》，结合工作实际，制定本指导意见。

第二条 公民、法人或者其他组织认为政府信息公开行为侵犯其合法权益，有下列情形之一的，可以依法向行政复议机关提出行政复议申请：

（一）向行政机关申请获取政府信息，行政机关答复不予公开（含部分不予公开，下同）、无法提供、不予处理或者逾期未作出处理的；

（二）认为行政机关提供的政府信息不属于其申请公开的内容的；

（三）认为行政机关告知获取政府信息的方式、途径或者时间错误的；

（四）认为行政机关主动公开或者依申请公开的政府信息侵犯其商业秘密、个人隐私的；

（五）认为行政机关的其他政府信息公开行为侵犯其合法权益的。

第三条 公民、法人或者其他组织对政府信息公开行为不服提出行政复议申请，有下列情形之一的，行政复议机关不予受理：

（一）单独就行政机关作出的补正、延期等程序性处理行为提出行政复议申请的；

（二）认为行政机关提供的政府信息不符合其关于纸张、印章等具体形式要求的，或者未按照其要求的特定渠道提供政府信息的；

（三）在缴费期内对行政机关收费决定提出异议的；

（四）其他不符合行政复议受理条件的情形。

第四条 公民、法人或者其他组织认为行政机关未依法履行主动公开政府信息义务提出行政复议申请的，行政复议机关不予受理，并可以告知其先向行政机关申请获取相关政府信息。

第五条 公民、法人或者其他组织对行政机关或者行政机关设立的依照法律、法规对外以自己名义履行行政管理职能的派出机构（以下简称派出机构）作出的依申请公开政府信息行为不服提出行政复议申请的，以作出该政府信息公开行为的行政机关或者派出机构为被申请人；因逾期未作出政府信息公开行为提出行政复议申请的，以收到政府信息公开申请的行政机关或者派出机构为被申请人。

公民、法人或者其他组织认为行政机关主动公开政府信息行为侵犯其合法权益提出行政复议申请的，以公开该政府信息的行政机关或者派出机构为被申请人。

公民、法人或者其他组织对法律、法规授权的具有管理公共事务职能的组织作出的政府信息公开行为不服提出行政复议申请的，以该组织为被申请人。

第六条　申请人认为被申请人逾期未处理其政府信息公开申请的，行政复议机关应当重点审查下列事项：

（一）被申请人是否具有执行《中华人民共和国政府信息公开条例》的法定职责；

（二）被申请人是否收到申请人提出的政府信息公开申请；

（三）申请人提出政府信息公开申请的方式是否符合被申请人政府信息公开指南的要求；

（四）是否存在《中华人民共和国政府信息公开条例》第三十条规定的无正当理由逾期不补正的情形；

（五）是否存在《政府信息公开信息处理费管理办法》第六条规定的逾期未缴纳信息处理费的情形。

第七条　被申请人答复政府信息予以公开的，行政复议机关应当重点审查下列事项：

（一）被申请人向申请人告知获取政府信息的方式、途径和时间是否正确；

（二）被申请人向申请人提供的政府信息是否完整、准确。

第八条　被申请人答复政府信息不予公开的，行政复议机关应当重点审查下列事项：

（一）申请公开的政府信息是否属于依照法定定密程序确定的国家秘密；

（二）申请公开的政府信息是否属于法律、行政法规禁止公开的政府信息；

（三）申请公开的政府信息是否属于公开后可能危及国家安全、公共安全、经济安全、社会稳定的政府信息；

（四）申请公开的政府信息是否属于涉及商业秘密、个人隐私等公开后可能会对第三方合法权益造成损害的政府信息；

（五）申请公开的政府信息是否属于被申请人的人事管理、后勤管理、内部工作流程三类内部事务信息；

（六）申请公开的政府信息是否属于被申请人在履行行政管理职能过程中形成的讨论记录、过程稿、磋商信函、请示报告四类过程性信息；

（七）申请公开的政府信息是否属于行政执法案卷信息；

（八）申请公开的政府信息是否属于《中华人民共和国政府信息公开条例》第三十六条第七项规定的信息。

第九条 被申请人答复政府信息无法提供的，行政复议机关应当重点审查下列事项：

（一）是否属于被申请人不掌握申请公开的政府信息的情形；

（二）是否属于申请公开的政府信息需要被申请人对现有政府信息进行加工、分析的情形；

（三）是否属于经补正后政府信息公开申请内容仍然不明确的情形。

第十条 被申请人答复对政府信息公开申请不予处理的，行政复议机关应当重点审查下列事项：

（一）申请人提出的政府信息公开申请是否属于以政府信息公开申请的形式进行信访、投诉、举报等活动，或者申请国家赔偿、行政复议等情形；

（二）申请人提出的政府信息公开申请是否属于重复申请的情形；

（三）申请人提出的政府信息公开申请是否属于要求被申请人提供政府公报、报刊、书籍等公开出版物的情形；

（四）申请人提出的政府信息公开申请是否属于申请公开政府信息的数量、频次明显超过合理范围，且其说明的理由不合理的情形；

（五）申请人提出的政府信息公开申请是否属于要求被申请人确认或者重新出具其已经获取的政府信息的情形。

第十一条 申请人要求被申请人更正政府信息而被申请人未予以更正的，申请人应当提供其曾向被申请人提出更正申请的证明材料。

第十二条 有下列情形之一的，行政复议机关应当决定维持政府信息公开行为：

（一）申请公开的政府信息已经主动公开的，被申请人告知获取该政府信息的方式、途径正确；

（二）申请公开的政府信息可以公开的，被申请人完整、准确地提供了该政府信息，或者告知获取该政府信息的方式、途径和时间正确；

（三）申请公开的政府信息不予公开符合《中华人民共和国政府信息公开条例》第十四条、第十五条、第十六条、第三十六条第七项的规定；

（四）申请公开的政府信息无法提供或者对政府信息公开申请不予处理的，属于本指导意见第九条、第十条关于无法提供或者对政府信息公开申请不予处理的情形；

（五）其他依法应当维持政府信息公开行为的情形。

属于前款所列情形，政府信息公开行为认定事实清楚、适用依据正确、答复内容适当但程序违法的，行政复议机关应当决定确认该政府信息公开行为程序违法。

第十三条 有下列情形之一的，行政复议机关应当决定驳回行政复议申请：

（一）申请人认为被申请人未履行政府信息公开职责，行政复议机关受理后发现被申请人没有相应法定职责或者在受理前已经履行政府信息公开职责的；

（二）受理行政复议申请后，发现该行政复议申请属于本指导意见第三条规定情形之一的；

（三）被申请人未对申请人提出的政府信息公开申请作出处理符合《中华人民共和国政府信息公开条例》第三十条、《政府信息公开信息处理费管理办法》第六条规定的；

（四）其他依法应当决定驳回行政复议申请的情形。

第十四条 被申请人未在法定期限内对政府信息公开申请作出处理的，行政复议机关应当决定被申请人在一定期限内作出处理。

第十五条 有下列情形之一的，行政复议机关应当决定变更政府信息公开行为：

（一）政府信息公开行为认定事实清楚、适用依据正确、程序合法但答复内容不适当的；

（二）政府信息公开行为认定事实清楚、答复内容适当、程序合法但未正确适用依据的。

第十六条　有下列情形之一的，行政复议机关应当决定撤销或者部分撤销政府信息公开行为，并可以责令被申请人在一定期限内对申请人提出的政府信息公开申请重新作出处理，或者决定被申请人对申请公开的政府信息予以公开：

（一）被申请人答复政府信息予以公开，但是告知获取政府信息的方式、途径、时间错误，或者提供的政府信息不完整、不准确的；

（二）被申请人答复政府信息不予公开、无法提供或者对政府信息公开申请不予处理，认定事实不清、适用依据明显错误或者答复内容明显不当的；

（三）其他依法应当撤销或者部分撤销政府信息公开行为的情形。

属于前款所列情形，申请人提出行政复议申请前，或者行政复议机关作出行政复议决定前，申请人已经获取相关政府信息的，行政复议机关应当决定确认该政府信息公开行为违法。

第十七条　行政复议机关在案件审理过程中，发现被申请人不依法履行政府信息公开职责，或者因政府信息公开工作制度不规范造成不良后果的，可以制作行政复议意见书并抄送相关政府信息公开工作主管部门；情节严重的，可以提出追究责任的意见建议。

上级行政复议机关应当加强对下级行政复议机关政府信息公开案件审理工作的指导监督。

第十八条　本指导意见自印发之日起施行。

21.《国务院办公厅关于进一步做好政府信息公开保密审查工作的通知》(国办发〔2010〕57号)

各省、自治区、直辖市人民政府,国务院各部委、各直属机构:

《中华人民共和国政府信息公开条例》(以下简称政府信息公开条例)施行以来,各地区、各部门认真贯彻落实政府信息公开条例各项规定,积极稳妥地推进政府信息公开工作,有效保障了公民、法人和其他组织依法获取政府信息。但同时,一些地区和部门政府信息公开保密审查制度不落实、机制不健全,保密审查不严格、不规范,泄漏国家秘密案件时有发生,严重危害国家秘密安全。为进一步加强政府信息公开保密审查工作,经国务院同意,现就有关事项通知如下:

一、高度重视政府信息公开保密审查工作

加强政府信息公开保密审查工作,是确保国家秘密安全,维护国家安全和利益的必然要求,也是政府信息公开工作顺利推进的重要保障。各地区、各部门要切实提高认识,严格按照《中华人民共和国保守国家秘密法》(以下简称保密法)和政府信息公开条例有关规定,建立健全政府信息公开保密审查机制。要明确审查机构,落实审查职责,做到审查工作有领导分管、有部门负责、有专人实施。各机关、单位分管政府信息公开工作的负责同志,要切实担负起指导、管理、监督政府信息公开保密审查工作的重要责任。各地区、各部门要加强对本地区、本系统尤其是市、县级政府及其部门政府信息公开工作人员的保密教育培训,使他们切实增强保密防范意识,掌握有关法律法规和知识技能。

二、进一步规范政府信息公开保密审查程序

(一)各地区、各部门要将政府信息公开保密审查程序与公文运转程序、信息发布程序结合起来,防止保密审查与政府信息公开工作脱节。各机关、单位在制作政府信息时,要明确该信息是否应当公开,以及如何公开、是否需要删减后公开,从源头上做好保密审查工作。

(二)要坚持"先审查、后公开"和"一事一审"原则。各机关、单位

对拟公开政府信息进行保密审查，应由承办单位提出具体意见，经机关、单位指定的保密审查机构审查后，报机关、单位有关负责同志审批。未经审查和批准，不得对外公开发布政府信息。

（三）在保密审查过程中，对是否属于国家秘密不明确的事项，应报有确定权限的保密行政管理部门确定；涉及业务工作的，要听取业务主管部门的意见。遇有可能涉及国家安全、公共安全、经济安全和社会稳定的重大拟公开事项，要与有关部门协调会商。

（四）对密码电报、标有密级的文件等属于国家秘密且尚未解密的政府信息，一律不得公开。密码电报确需公开的，经发电单位批准和保密审查后只公开电报内容，不得公开报头等电报格式。

（五）各机关、单位网站管理部门要建立政府信息发布登记制度。在政府网站上发布政府信息，承办单位应向网站管理部门提供保密审查机构的审查意见和机关、单位负责同志的审批意见。机关、单位网站管理部门要做好相应记录备查。

三、加强对政府信息公开保密审查工作的督促检查

各地区、各部门要加强对政府网站和其他信息公开平台发布政府信息的监管。要立即对本地区、本部门政府信息公开保密审查工作进行一次专项检查，及时发现并纠正存在的问题，切实采取有效措施，加强薄弱环节的保密管理。对违反保密法和政府信息公开条例规定，未建立政府信息公开保密审查机制的，要暂停信息发布，责令改正；情节严重的，要对有关责任人员依法给予处分。对在政府网站上发布涉密文件资料的，要及时采取补救措施，并依法严肃追究有关人员的责任。各级保密行政管理部门应当指导、督促行政机关建立健全政府信息公开保密审查制度。要坚持常抓不懈，确保国家秘密安全。

22.《公共交通企业信息公开规定》
（中华人民共和国交通运输部令 2022 年第 11 号）

第一条 为了加强公共交通企业信息公开工作，提升公共交通企业服务水平，切实维护公民、法人和其他组织获取信息的合法权益，根据《中华人民共和国政府信息公开条例》等法规，制定本规定。

第二条 铁路、公路、水路、民航领域的公共交通企业信息公开及监督管理活动，适用本规定。

前款所称公共交通企业，是指为不特定社会公众提供出行服务并按照固定线路、时间、站点、班次运行的运输经营企业和港站经营企业。

公路、水路领域公共交通企业，包括从事城市公共交通、道路班车客运、道路客运站、水路旅客班轮、港口客运站运营的企业。

第三条 公共交通企业在提供公共服务过程中制作或者获取的、直接关系社会公众出行并以一定形式记录、保存的信息，应当按照本规定进行公开。

第四条 公共交通企业公开信息，应当采取主动公开的方式，坚持便民实用、及时全面的原则，满足社会公众信息需求。

第五条 交通运输部负责指导全国公路、水路领域公共交通企业的信息公开工作。

县级以上地方人民政府交通运输主管部门按照职责实施本行政区域内公路、水路领域公共交通企业的信息公开监督管理工作。

各级铁路、民航监管部门按照职责指导和监督铁路、民航领域公共交通企业的信息公开工作。

第六条 公共交通企业应当建立健全信息公开制度，明确信息发布流程、审核程序等。

第七条 公共交通企业应当主动公开运营服务、安全防范、应急处置、权益维护等信息。

鼓励公共交通企业主动公开有利于推动公共交通服务高质量发展、提升社会公众出行满意度的其他相关信息。

第八条 城市公共交通运营企业应当主动公开以下信息：

（一）运营线路、站点名称、服务时间、运行方向、票价、乘车（船）

规则等运营服务信息;

(二)乘客安全须知、禁止携带的物品目录、安全警示标志等安全防范信息;

(三)安全锤、灭火器等应急救援设备设施使用方法,以及安全疏散标识等应急处置信息;

(四)企业服务监督电话、行业监督电话、投诉受理制度等权益维护信息。

城市轨道交通运营企业还应当主动公开运行间隔时间、周边换乘、路线指示标识、服务质量承诺,以及站台紧急停车按钮、车辆紧急解锁按钮使用方法等信息。

城市轮渡运营企业还应当主动公开载客定额、消防救生演示图、救生衣使用方法等信息。

第九条 道路班车客运、道路客运站运营企业应当主动公开以下信息:

(一)企业名称、驾驶员姓名和从业资格证号、票价、里程表、乘车规则等道路班车客运运营服务信息,客车类型等级、运输线路、配客站点、班次、发车时间、票价等道路客运站运营服务信息;

(二)乘客安全须知、禁止及限制携带和托运的物品目录、安全警示标志等安全防范信息;

(三)安全锤、灭火器等应急救援设备设施使用方法,以及安全疏散标识等应急处置信息;

(四)企业服务监督电话、行业监督电话等权益维护信息。

第十条 水路旅客班轮、港口客运站运营企业应当主动公开以下信息:

(一)船舶名称、目的港、始发港、班期、班次、票价、乘船规则等运营服务信息;

(二)载客定额、乘船安全须知、禁止及限制携带和托运的物品目录、安全警示标志、救生衣使用方法等安全防范信息;

(三)灭火器等应急救援设备设施使用方法、安全疏散标识、消防救生演示图等应急处置信息;

(四)企业服务监督电话、行业监督电话等权益维护信息。

第十一条 综合客运枢纽内的公共交通企业应当做好枢纽内导向标识、换乘路径、集疏运路线图等信息的主动公开。

第十二条 公共交通企业对下列信息不予公开:

（一）涉及国家秘密的；

（二）公开后可能危及国家安全、公共安全、经济安全、社会稳定的；

（三）涉及商业秘密、个人隐私等公开会对第三方合法权益造成损害的；

（四）法律、法规禁止公开的其他信息。

公共交通企业内部管理信息可以不予公开。

第十三条 公共交通企业应当及时主动公开相关信息，并根据实际情况动态调整。

因运营线路、站点等信息发生变更影响社会公众出行的，公路、水路领域公共交通企业应当在实施之日 3 日前予以公开；因交通管制、重大公共活动、恶劣天气、突发事件等导致临时变更的，应当及时公开。

第十四条 公共交通企业应当设置信息公开咨询窗口，及时回复社会公众咨询，并针对不同群体优化咨询服务。

设置信息公开咨询窗口可以采取电话、网站、现场咨询等方式，并注重与客户服务热线、移动客户端等进行融合。

第十五条 公共交通企业可以通过文字、标识、图示、视频、音频等方式公开信息。公开方式应当便于社会公众知晓。

第十六条 公共交通企业可以通过以下一种或者几种渠道公开信息：

（一）交通运输场站；

（二）交通运输工具及其服务设施；

（三）网络平台；

（四）其他便于社会公众及时、准确获取信息的渠道。

公共交通企业通过交通运输场站、交通运输工具及其服务设施设置广告的，不得覆盖、遮挡应予公开的信息。

第十七条 城市公共交通运营企业未按照规定公开相关信息的，由城市人民政府交通运输主管部门或者城市人民政府指定的城市公共交通运营主管部门责令限期整改。

道路班车客运、道路客运站、水路旅客班轮、港口客运站运营企业未按照规定公开相关信息的，由县级以上人民政府交通运输主管部门责令限期整改。

铁路、民航领域公共交通企业未按照规定公开相关信息的，分别由铁路、民航监管部门责令限期整改。

第十八条 社会公众对公共交通企业信息公开内容、时限、渠道等事项有异议的，有权向相关交通运输主管部门、铁路、民航监管部门进行申诉。

相关交通运输主管部门、铁路、民航监管部门应当建立专门工作制度，明确处理时限，对社会公众的申诉予以受理登记，及时进行调查处理，并将处理结果告知申诉人。

第十九条　国家铁路局、中国民用航空局可以根据社会公众出行需要细化铁路、民航领域公共交通企业类别、具体公开内容和期限。

第二十条　法律、法规、规章对信息公开内容、公开期限以及信息保存期限等公共交通企业信息公开及监督管理活动另有规定的，从其规定。

第二十一条　从事道路客运站运营的事业单位信息公开依照本规定执行。

第二十二条　本规定自 2022 年 4 月 1 日起施行。

23.《上海市政府信息公开规定》
(上海市人民政府令第32号)

第一章 总 则

第一条 (目的和依据)

为了保障公民、法人和其他组织依法获取政府信息,提高政府工作的透明度,促进政府依法行政,更好地服务人民群众生产、生活和经济社会活动,建设法治政府和服务政府,依据《中华人民共和国政府信息公开条例》(以下简称《条例》)和其他有关法律、法规的规定,结合本市实际,制定本规定。

第二条 (定义)

本规定所称的政府信息,是指行政机关在履行行政管理职能过程中制作或者获取的,以一定形式记录、保存的信息。

第三条 (原则)

行政机关公开政府信息,应当坚持以公开为常态、不公开为例外,遵循公正、公平、合法、便民、及时的原则。

第四条 (组织领导)

本市各级人民政府应当加强对政府信息公开工作的组织领导,建立健全政府信息公开工作协调推进机制,逐步增加政府信息公开的内容,加强对政府信息公开工作的监督。

第五条 (主管部门)

市人民政府办公厅是本市政府信息公开工作的主管部门,负责推进、指导、协调、监督全市的政府信息公开工作,制定相关工作规范。

区人民政府办公室是本行政区域政府信息公开工作的主管部门,负责推进、指导、协调、监督本行政区域的政府信息公开工作。

第六条 (工作机构)

市和区人民政府及其工作部门、镇(乡)人民政府应当建立健全本机关的政府信息公开工作制度,并指定机构(以下统称政府信息公开工作机构)负责本机关政府信息公开的日常工作。

政府信息公开工作机构的具体职能是:

（一）具体承办本机关主动公开政府信息事宜，维护和更新本机关主动公开的政府信息；

（二）接收和处理向本机关提出的政府信息公开申请；

（三）对本机关制作的公文进行公开属性审查认定；

（四）对拟公开的政府信息组织开展相关审查；

（五）本机关的政府信息涉及其他机关的，与有关机关进行协商、确认；

（六）组织编制本机关的政府信息公开指南、政府信息公开目录和政府信息公开工作年度报告；

（七）组织开展本机关政府信息公开情况的分析、研究，并提出完善信息公开工作的意见和建议；

（八）履行本机关规定的与政府信息公开有关的其他职能。

市级行政机关的政府信息公开工作机构可以制定本系统行政机关派出机构、内设机构政府信息公开工作的具体规范，纳入本机关政府信息公开指南并向社会公布。

第七条 （专家委员会）

市人民政府办公厅应当建立由高校、科研机构以及相关部门、单位的专家组成的政府信息公开专家委员会。

政府信息公开专家委员会负责论证分析政府信息公开工作的重大问题，研究本市政府信息依申请公开办理过程中的疑难问题，对政府信息公开工作提出意见和建议。

第八条 （虚假和不完整信息的处理）

行政机关应当及时、准确地公开政府信息。

行政机关发现影响或者可能影响社会稳定、扰乱社会和经济管理秩序的虚假或者不完整信息的，应当报告本级人民政府或者上一级行政机关，并及时发布准确、完整的政府信息予以澄清。

第九条 （标准化、规范化建设）

行政机关应当加强政府信息公开的标准化、规范化建设，梳理公开事项，编制公开标准，规范公开流程，完善公开方式，不断提高政府信息公开工作水平。

第十条 （信息化建设）

各级人民政府应当加强政府信息公开的信息化建设，推进政府信息公开与"一网通办"在线政务服务融合，不断完善政府信息公开的渠道，保障公民、法人和其他组织及时、便捷获取政府信息。

第十一条 （经费保障）

行政机关应当将政府信息公开工作经费纳入本机关的年度部门预算，保障政府信息公开工作的正常进行。

第二章 公开的主体和范围

第十二条 （公开主体）

行政机关制作的政府信息，由制作该政府信息的行政机关负责公开。行政机关从公民、法人和其他组织获取的政府信息，由保存该政府信息的行政机关负责公开；行政机关获取的其他行政机关的政府信息，由制作或者最初获取该政府信息的行政机关负责公开。法律、法规对政府信息公开的权限另有规定的，从其规定。

行政机关设立的派出机构、内设机构依照法律、法规、规章对外以自己名义履行行政管理职能的，可以由该派出机构、内设机构负责与所履行行政管理职能有关的政府信息公开工作。

行政机关被撤销或者行政管理职能发生变更的，由承继其行政管理职能的行政机关负责原行政机关或者行政管理职能所涉及政府信息的公开；没有承继机关的，由作出撤销或者变更决定的行政机关负责原行政机关或者行政管理职能所涉及政府信息的公开。

第十三条 （信息公开指南和目录）

行政机关应当依照《条例》第十二条规定编制本机关的政府信息公开指南和政府信息公开目录，通过政府门户网站等渠道向社会公布并及时更新。

政府信息公开指南应当标准规范、清晰易懂，政府信息公开目录应当分类科学、内容完整，便于公众检索、查询。

第十四条 （信息公开协调机制）

行政机关应当建立健全政府信息公开协调机制。

有下列情形之一的，行政机关应当与有关机关进行沟通、确认，保证行政机关公开的政府信息准确一致：

（一）行政机关公开政府信息前，知道该政府信息涉及其他机关的；

（二）政府信息涉及两个以上机关，但与相关机关已公开的政府信息内容不一致的。

相关行政机关对政府信息发布的内容意见不一致，但政府信息内容可以根据行政机关职责权限作区分的，按照有权机关的意见办理；职责权限无法区分的,提请共同的上级行政机关确定。

行政机关公开政府信息依照法律、行政法规和国家有关规定需要批准的,经批准后予以公开。

第十五条 (公开范围与方式)

除本规定第十六条、第十七条规定的政府信息外,政府信息应当公开。

行政机关公开政府信息,采取主动公开和依申请公开的方式。

第十六条 (不予公开情形)

下列政府信息不予公开:

(一)依法确定为国家秘密的政府信息;

(二)法律、行政法规禁止公开的政府信息;

(三)公开后可能危及国家安全、公共安全、经济安全、社会稳定的政府信息;

(四)涉及商业秘密、个人隐私等公开会对第三方合法权益造成损害的政府信息,但第三方同意公开或者行政机关认为不公开会对公共利益造成重大影响的除外。

行政机关依据前款第三项规定决定不予公开政府信息的,应当书面报告市人民政府办公厅。

第十七条 (内部事务信息、过程性信息和行政执法案卷信息)

行政机关的内部事务信息,包括人事管理、后勤管理、内部工作流程等方面的信息,可以不予公开。

行政机关在履行行政管理职能过程中形成的讨论记录、过程稿、磋商信函、请示报告等过程性信息以及行政执法案卷信息,可以不予公开。法律、法规、规章规定上述信息应当公开的,从其规定。

前两款所列的内部事务信息和过程性信息如果已对公民、法人和其他组织的权利义务产生直接影响,并且作为行政机关行政管理依据的,应当公开。

第十八条 (信息公开审查机制)

行政机关应当建立健全政府信息公开审查机制,明确审查的程序和责任。

行政机关在制作公文时,应当开展公文公开属性认定,审查并明确该公文的公开属性,确定不予公开的,应当注明理由。

行政机关在公开政府信息前,应当依照《中华人民共和国保守国家秘密法》以及其他法律、法规和国家有关规定进行审查。行政机关不能确定政府信息是否可以公开的,应当依照法律、法规和国家有关规定报有关主管部门或者保密行政管理部门确定。

第十九条 （动态调整机制）

行政机关应当建立健全政府信息管理动态调整机制。

行政机关应当对本机关不予公开和依申请公开的政府信息进行定期评估审查，对不予公开的政府信息因情势变化可以公开的，应当予以公开；对依申请公开的政府信息，经认定可以主动公开的，应当主动公开。

就相同的政府信息，多个申请人向同一行政机关提出公开申请并已获取的，行政机关可以将该政府信息纳入主动公开的范围。

申请人认为依申请公开的政府信息涉及公众利益调整、需要公众广泛知晓或者需要公众参与决策，建议行政机关将该信息纳入主动公开范围的，行政机关经审核认为属于主动公开范围的，应当及时主动公开。

第三章 主动公开

第二十条 （主动公开范围）

除《条例》第二十条、第二十一条规定外，行政机关还应当主动公开下列政府信息：

（一）保障性安居工程建设、保障性住房分配、国有土地使用权出让、国有产权交易等公共资源配置领域政府信息；

（二）农村综合帮扶、社会救助和社会福利、基本医疗卫生、灾害事故救援、公共文化体育等社会公益事业建设领域政府信息；

（三）权力清单、责任清单、负面清单及其动态调整信息；

（四）基本公共服务的项目清单、服务标准；

（五）年度重大行政决策事项目录；

（六）政府实事项目立项及实施情况信息；

（七）依照本市有关规定应予公开的行政处罚决定信息；

（八）直接作为行政执法和行政管理依据的信息；

（九）国家和本市规定应当主动公开的其他政府信息。

第二十一条 （公开途径）

行政机关应当通过政府公报、政府网站或者其他互联网政务媒体、新闻发布会、政府信息查阅场所以及报刊、广播、电视等途径主动公开政府信息。

第二十二条 （政府公报）

市和区人民政府应当健全政府公报制度。

市人民政府规章、市和区人民政府制定的行政规范性文件,应当及时在本级人民政府公报上全文登载。市和区人民政府部门制定的行政规范性文件,可以在本级人民政府公报上全文登载。涉及面广、与民生关系密切、社会关注度高或者专业性强的政府规章或者重要政策文件,可以刊登配套解读材料。

政府公报免费向公众发放,并在国家档案馆、公共图书馆免费供公众查阅。

市和区人民政府应当适应移动互联网发展趋势,推出适合移动平台展示的电子版政府公报,方便公众查询、利用。

第二十三条 (政府网站)

行政机关应当依托政府门户网站统一、集中发布主动公开的政府信息。政府门户网站应当强化信息检索、查阅、下载等功能。

属于主动公开范围的政府信息,行政机关应当在本机关的政府网站上公开;行政机关未设立政府网站的,应当通过本级人民政府或者上级行政机关的政府网站公开。

第二十四条 (其他互联网政务媒体)

行政机关应当加强其他互联网政务媒体建设和管理。

对于涉及重大公共利益的主动公开信息,行政机关应当及时推送到政务微博、微信、移动客户端等政务新媒体平台,以方便公众知晓的形式发布。

第二十五条 (新闻发布会)

对重大公共事件、公共预警信息以及其他需要公众及时知晓的重要政府信息,行政机关应当及时通过发布权威信息、召开新闻发布会、接受媒体采访等方式公开。

第二十六条 (政府信息查阅场所)

市和区人民政府应当在国家档案馆、公共图书馆等设置政府信息查阅场所,并配备相应的设施、设备。

有条件的行政机关应当设立公共查阅室、资料索取点、信息公告栏、电子信息屏等场所、设施,公开政府信息。

区行政服务中心应当设置政府信息查阅专区,有条件的社区事务受理中心可以配备相应的设施、设备,方便公众查阅政府信息。

行政机关应当及时向国家档案馆、公共图书馆提供主动公开的政府信息。

第二十七条 (主动公开时限)

属于主动公开范围的政府信息,应当自该政府信息形成或者变更之日起

20 个工作日内及时公开，但法律、法规规定超过 20 个工作日的除外。

法律、法规、规章规定或者行政机关承诺少于 20 个工作日的，按照相关规定或者承诺的时限公开。

第四章　依申请公开

第二十八条　（申请公开政府信息）

除主动公开的政府信息外，公民、法人或者其他组织可以向本市各级人民政府、区级以上人民政府部门以及对外以自己名义履行行政管理职能的派出机构、内设机构申请获取相关政府信息。

第二十九条　（申请的提出）

公民、法人或者其他组织申请获取政府信息的，可以采用包括信件、数据电文在内的书面形式向行政机关的政府信息公开工作机构提出。申请人采用书面形式确有困难的，也可以口头提出申请，由接收申请的行政机关工作人员代为填写申请书，并由申请人签字或者盖章确认。

政府信息公开申请应当包括下列内容：

（一）申请人的姓名或者名称、身份证明、联系方式；

（二）申请公开的政府信息的名称、文号或者便于行政机关查询的其他特征性描述；

（三）申请公开的政府信息的形式要求，包括获取信息的方式、途径。

申请人通过邮寄、传真方式提出政府信息公开申请的，可以在信封、传真件的显著位置标明"政府信息公开申请"字样。

第三十条　（申请时间的确定）

行政机关收到政府信息公开申请的时间，按照下列规定确定：

（一）申请人通过行政机关明确的互联网渠道提交申请的，以系统提示申请提交成功之日为收到申请之日；

（二）申请人以挂号信等邮寄方式提交政府信息公开申请的，以行政机关签收之日为收到申请之日；以平常信函等无须签收的邮寄方式提交政府信息公开申请的，政府信息公开工作机构应当于收到申请的当日与申请人确认，确认之日为收到申请之日；

（三）申请人当面提交政府信息公开申请的，以提交之日为收到申请之日，行政机关应当出具书面凭证；

（四）申请人通过政府信息公开工作机构公开的传真提交政府信息公开申

请的，以双方确认之日为收到申请之日。

需要与申请人确认收到申请时间，但申请人未提供电话联系方式或者提供的联系电话无法接通的，以行政机关收件登记之日为收到申请之日。

第三十一条 （一事一申请）

一个政府信息公开申请原则上对应一个政府信息。

一个政府信息公开申请要求公开的政府信息分属多个行政机关制作、保存或者信息类别和项目繁多，行政机关可以要求申请人按照"一事一申请"原则对申请方式加以调整，并在合理期限内重新提交申请。

申请人就一个具体事项向同一行政机关提出多个内容相近的政府信息公开申请，行政机关需要对现有的信息进行拆分处理才能答复的，行政机关可以要求申请人对申请作适当归并处理，并在合理期限内重新提交申请。

答复期限自行政机关收到重新提交的申请之日起计算。申请人未按照要求重新提交申请的，视为放弃申请，行政机关不再处理该政府信息公开申请。

第三十二条 （申请的补正）

政府信息公开申请内容不符合本规定第二十九条第二款规定的，行政机关应当给予指导和释明，并自收到申请之日起 7 个工作日内一次性告知申请人作出补正，说明需要补正的事项和合理的补正期限。答复期限自行政机关收到补正的申请之日起计算。

补正的申请不符合要求或者补正后仍然无法指向特定政府信息的，行政机关可以通过与申请人当面或者电话沟通等方式，确定申请人所需获取的政府信息；仍无法确定的，行政机关应当书面告知申请人申请内容不明确，无法处理该政府信息申请。

申请人无正当理由逾期未补正的，视为放弃申请，行政机关不再处理该政府信息公开申请。

第三十三条 （第三方意见征求）

申请人要求获取的政府信息，公开可能损害第三方合法权益的，行政机关应当书面征求第三方的意见。第三方应当自收到征求意见书之日起 15 个工作日内提出意见。

对于第三方的意见，行政机关按照下列情况作出处理：

（一）第三方同意公开的，行政机关予以公开；

（二）第三方不同意公开且有合理理由的，行政机关不予公开；

（三）第三方不同意公开但无合理理由，或者逾期未提出意见的，由行政机关依照《条例》和本规定有关规定决定是否公开；

（四）第三方不同意公开或者逾期未提出意见，但是行政机关认为不公开可能对公共利益造成重大影响的，可以决定予以公开，并将决定公开的政府信息内容和理由书面告知第三方。

第三十四条　（联合发文机关意见征求）

申请公开的政府信息由两个以上行政机关共同制作，但是未明确公开属性或者需要变更公开属性的，牵头制作的行政机关收到政府信息公开申请后，应当征求相关行政机关的意见。被征求意见机关应当自收到征求意见书之日起15个工作日内提出意见；逾期未提出意见的，视为同意公开。联合发文机关意见不一致的，提请共同的上级行政机关确定。

第三十五条　（依申请公开的答复期限）

行政机关收到政府信息公开申请，能够当场答复的，应当当场予以答复；不能当场答复的，应当自收到申请之日起20个工作日内予以答复；需要延长答复期限的，应当经政府信息公开工作机构负责人同意，并告知申请人，延长的期限最长不得超过20个工作日。

行政机关征求第三方和其他机关意见所需时间，不计算在前款规定的答复期限内，但是行政机关应当将征求意见的期限和理由告知申请人。

第三十六条　（申请数量、频次明显超过合理范围）

申请人申请公开政府信息的数量、频次明显超过合理范围，行政机关可以要求申请人在合理期限内说明理由。申请人未说明理由的，视为放弃申请。行政机关认为申请理由不合理的，告知申请人不予处理；行政机关认为申请理由合理，但是无法在本规定第三十五条规定的期限内答复申请人的，可以确定延迟答复的合理期限并告知申请人。

行政机关适用前款规定告知申请人不予处理的，应当书面报告市人民政府办公厅。

第三十七条　（申请的撤回）

申请人申请撤回政府信息公开申请的，行政机关自收到撤回申请之日起终止政府信息公开申请的处理。

第三十八条　（答复）

对公民、法人或者其他组织提出的政府信息公开申请，行政机关根据下列情况分别作出书面答复：

（一）所申请公开信息已经主动公开的，告知申请人获取该政府信息的方式和途径；

（二）所申请公开信息可以公开的，向申请人提供该政府信息，或者告知申请人获取该政府信息的方式、途径和时间；

（三）所申请公开信息行政机关依法决定不予公开的，告知申请人不予公开并说明理由；

（四）经检索没有所申请公开信息的，告知申请人该政府信息不存在并说明情况；

（五）所申请公开信息不属于本机关负责公开的，告知申请人并说明理由；能够确定负责公开该政府信息的行政机关的，告知申请人该行政机关的名称、联系方式；

（六）行政机关已就申请人提出的政府信息公开申请作出答复、申请人重复申请公开相同政府信息的，告知申请人不予重复处理；

（七）所申请公开信息属于工商、不动产登记资料等信息，有关法律、行政法规对信息的获取有特别规定的，告知申请人依照有关法律、行政法规的规定办理。

第三十九条 （特别情形处理）

申请内容属于下列情形之一的，行政机关应当作出相应处理：

（一）所申请公开内容不属于《条例》及本规定所指政府信息的，告知申请人并说明有关情况；

（二）所申请公开内容需要行政机关对现有政府信息进行加工、分析的，可以不予提供；

（三）以政府信息公开申请的形式进行咨询，要求行政机关解答特定问题的，告知申请人不作为政府信息公开申请处理，可以根据便民原则作出解答或者指引；

（四）所申请内容属于信访、行政复议、诉讼、国家档案馆保管的档案等信息，或者以政府信息公开申请的形式进行信访、投诉、举报等活动，告知申请人不作为政府信息公开申请处理，并可以告知通过相应渠道提出；

（五）所申请内容为要求行政机关提供政府公报、报刊、书籍等公开出版物的，可以告知申请人获取的途径。

第四十条 （区分处理）

申请公开的信息中含有不应当公开或者不属于政府信息的内容，但是能够作区分处理的，行政机关应当在进行区分处理后，向申请人提供可以公开的政府信息内容,并对不予公开的内容说明理由。

第四十一条 (获取方式和载体形式)

申请人可以选择邮寄、电子数据传输等方式获取政府信息。

行政机关应当根据申请人的要求以及行政机关保存政府信息的实际情况,确定提供政府信息的具体形式;按照申请人要求的形式提供政府信息,可能危及政府信息载体安全或者公开成本过高的,可以通过其他适当形式提供,或者安排申请人查阅、抄录相关政府信息。

第四十二条 (自身信息的更正)

公民、法人或者其他组织有证据证明行政机关提供的与其自身相关的政府信息记录不准确的,可以要求行政机关更正。有权更正的行政机关审核属实的,应当予以更正并告知申请人;不属于本行政机关职能范围的,行政机关可以转送有权更正的行政机关处理并告知申请人,或者告知申请人向有权更正的行政机关提出。

第四十三条 (便民服务)

行政机关应当为申请人申请政府信息提供必要的便利服务:

(一)提供申请书的格式文本,方便公民、法人和其他组织提出申请;

(二)申请人描述所需政府信息的文件名称、文号或者确切特征等有困难,向行政机关咨询的,行政机关应当提供必要的帮助;

(三)为存在阅读困难或者视听障碍的公民提供必要的帮助;

(四)申请内容不属于政府信息的,相关信息已获取并可以公开的,可以便民提供给申请人;

(五)申请内容不属于本行政机关负责公开的政府信息,相关信息已主动公开的,可以便民告知申请人获取该政府信息的方式和途径。

区人民政府可以设立本行政区域的集中接收申请窗口,方便公民、法人或者其他组织申请公开政府信息。

第四十四条 (收费)

行政机关依申请提供政府信息,不收取费用。但是,申请人申请公开政府信息的数量、频次明显超过合理范围的,行政机关可以收取信息处理费。行政机关收取信息处理费的具体办法按照国家有关规定执行。

第四十五条 (依申请公开工作规范)

行政机关应当建立健全政府信息依申请公开工作制度,完善申请登记、审核、办理、答复、归档等工作流程的具体工作要求,加强工作规范。

行政机关收到政府信息公开申请后,应当及时通过统一的政府信息公开业务平台进行登记、办理。

第五章 监督和保障

第四十六条 (评议和考核)

市和区人民政府应当对本级人民政府部门和下一级人民政府的政府信息公开工作进行评议和考核。具体评议和考核工作,由本级政府信息公开工作主管部门组织实施。

政府信息公开工作主管部门开展评议工作,可以委托第三方实施,并可以邀请人大代表、政协委员、社会公众等参与。评议结果应当作为对本级人民政府部门和下一级人民政府的考核依据之一。相关考核情况应当纳入行政机关绩效考核范围,并向社会公布。

第四十七条 (工作监督)

政府信息公开工作主管部门应当加强对政府信息公开工作的日常指导和监督检查,按季度通报本级人民政府部门和下一级人民政府的政府信息公开工作情况;对未按照要求开展政府信息公开工作的,予以督促整改或者通报批评;需要对负有责任的领导人员和直接责任人员追究责任的,依法向有权机关提出处理建议。

第四十八条 (培训)

政府信息公开工作主管部门应当定期对行政机关的政府信息公开工作人员进行培训。

市人民政府部门应当建立本系统政府信息公开工作定期培训机制,加强业务培训。

第四十九条 (年度报告)

市和区人民政府部门应当于每年1月31日前,编制、公布本机关上一年度政府信息公开工作年度报告,并报送本级政府信息公开工作主管部门。区人民政府办公室应当于每年2月28日前,编制、公布区人民政府上一年度政府信息公开工作年度报告。市人民政府办公厅应当于每年3月31日前,编制、公布市人民政府上一年度政府信息公开工作年度报告。

政府信息公开工作年度报告应当包括下列内容:

(一)行政机关主动公开政府信息的情况,重点领域的政府信息公开工作推进情况,政策解读情况等;

（二）行政机关收到和处理政府信息公开申请的情况；

（三）因政府信息公开工作被申请行政复议、提起行政诉讼的情况；

（四）政府信息公开工作存在的主要问题以及改进情况，市和区人民政府的政府信息公开工作年度报告还应当包括工作考核、社会评议和责任追究结果情况；

（五）其他需要报告的重要事项。

有条件的行政机关可以通过图表图解、音频视频等形式，对政府信息公开工作年度报告进行解读。

第五十条 （社会监督与救济途径）

公民、法人或者其他组织认为行政机关未按照要求主动公开政府信息或者对政府信息公开申请不依法答复处理的，可以向政府信息公开工作主管部门提出。政府信息公开工作主管部门查证属实的，应当予以督促整改或者通报批评。

公民、法人或者其他组织认为行政机关在政府信息公开工作中侵犯其合法权益的，可以向上一级行政机关或者政府信息公开工作主管部门投诉、举报，也可以依法申请行政复议或者提起行政诉讼。

第五十一条 （责任追究）

行政机关未按照《条例》及本规定建立健全政府信息公开有关制度、机制的，由上一级行政机关责令改正；情节严重的，对负有责任的领导人员和直接责任人员依法给予处分。

行政机关有下列情形之一的，由上一级行政机关责令改正；情节严重的，对负有责任的领导人员和直接责任人员依法给予处分；构成犯罪的，依法追究刑事责任：

（一）不依法履行政府信息公开职能；

（二）未及时更新公开的政府信息内容、政府信息公开指南和政府信息公开目录；

（三）违反《条例》及本规定的其他情形。

第六章 附 则

第五十二条 （党的工作机构和法定授权组织）

依法履行行政管理职能的党的工作机构以及法律、法规授权的具有管理公共事务职能的组织公开政府信息的活动，适用本规定。

第五十三条 （公共企事业单位信息公开）

教育、卫生健康、供水、供电、供气、供热、环境保护、公共交通等与人民群众利益密切相关的公共企事业单位，公开在提供社会公共服务过程中制作、获取的信息，依照相关法律、法规和国务院有关主管部门或者机构的规定执行；法律、法规和国务院有关主管部门或者机构尚未作出规定的，本市相关主管部门或者机构可以根据实际制定具体操作办法。

第五十四条 （政府信息向档案馆移交）

行政机关依法向国家档案馆移交的档案涉及政府信息的，应当将该政府信息公开属性的情况书面告知国家档案馆。

第五十五条 （施行日期）

本规定自 2020 年 6 月 1 日起施行。2008 年 4 月 28 日上海市人民政府令第 2 号公布，根据 2010 年 12 月 20 日上海市人民政府令第 52 号修正并重新发布的《上海市政府信息公开规定》同时废止。